Des idées plein la tête

Exercices axés sur le développement cognitif et moteur

Geneviève Daigneault,
neuropsychologue

Josée Leblanc,
ergothérapeute

Chenelière McGraw-Hill
CHENELIÈRE ÉDUCATION

Des idées plein la tête
Exercices axés sur le développement cognitif et moteur

Geneviève Daigneault et Josée Leblanc

Coordination : Josée Beauchamp
Révision linguistique : Stéphanie Bourassa
Correction d'épreuves : Caroline Bouffard
Conception graphique et infographie : Le Groupe Flexidée
Illustrations : François Boutet et Stéphane Morin

Données de catalogage avant publication (Canada)

Daigneault, Geneviève, 1972-

Des idées plein la tête : exercices axés sur le développement cognitif et moteur

(Chenelière/Didactique)
Comprend des réf. bibliogr.

ISBN 2-89461-864-6 (manuel)
ISBN 2-89461-926-X (disque optique)
ISBN 2-89461-927-8 (série)

1. Cognition chez l'enfant. 2. Activité motrice chez l'enfant. 3. Éducation psychomotrice. 4. Enfants - Développement. 5. Apprentissage cognitif. 6. Cognition chez l'enfant - Problèmes et exercices. I. Leblanc, Josée, . II. Titre. III. Collection.

BF723.C5L43 2002 155.4'13 C2002-941020-7

Chenelière McGraw-Hill

CHENELIÈRE ÉDUCATION

7001, boul. Saint-Laurent
Montréal (Québec)
Canada H2S 3E3
Téléphone : (514) 273-1066
Télécopieur : (514) 276-0324
info@cheneliere-education.ca

ISBN 2-89461-864-6

Dépôt légal : 1er trimestre 2003
Bibliothèque nationale du Québec
Bibliothèque nationale du Canada

Imprimé au Canada

4 5 6 7 8 A 10 09 08 07 06

Dans cet ouvrage, afin d'alléger le texte, le masculin a été utilisé. La lectrice et le lecteur verront à interpréter selon le contexte.

Nous reconnaissons l'aide financière du gouvernement du Canada par l'entremise du Programme d'aide au développement de l'industrie de l'édition (PADIÉ) pour nos activités d'édition.

L'Éditeur a fait tout ce qui était en son pouvoir pour retrouver les copyrights. On peut lui signaler tout renseignement menant à la correction d'erreurs ou d'omissions.

Table des matières

REMERCIEMENTS

Nous tenons à remercier Brigitte Stanké, orthophoniste, qui nous a permis de transmettre nos idées et nos connaissances dans cet ouvrage réalisé en collaboration avec la merveilleuse équipe des Éditions Chenelière/McGraw-Hill. Un merci tout particulier à Josée Beauchamp pour son engagement, son écoute, sa patience et son respect tout au long de la réalisation de cet outil de travail.

Sur une note plus personnelle...

Je désire aussi souligner la collaboration d'amis et de collègues qui œuvrent dans le domaine pédagogique (un petit clin d'œil à Martine Harpin et à Anne Richer, enseignantes) et dans le domaine de la neuropsychologie clinique.

Merci à mes parents et amis pour leur soutien et leurs encouragements.

Merci également à mes deux fils, Christophe et Jacob, pour avoir ensoleillé mes journées, ainsi qu'à ma mère Francine, qui est toujours disponible en cas de besoin.

Geneviève Daigneault

Merci à tous les enfants et les familles auprès desquels j'interviens quotidiennement pour la confiance qu'ils m'accordent. C'est pour eux que je prends plaisir à garder la tête pleine d'idées.

Merci à Natasha Rouleau et Kathleen Sirard, mes associées, pour leurs conseils, leur passion, leur vision et, surtout, pour leu amitié.

Merci à l'équipe exceptionnelle de « L'ergothérapie de la maison à l'école » pour son dynamisme, sa cohésion et son engagement quotidien dans ce beau projet qu'est l'ergothérapie de la maison à l'école.

Merci à tous les enseignants et intervenants avec lesquels j'œuvre chaque jour pour leur disponibilité à partager expériences et connaissances.

Merci à ma famille et à mes amis pour leur soutien constant.

Merci, surtout, à ma fille Sarah. Merci d'avoir prêté tes petites mains pour la séance de photos. Merci aussi d'avoir compris que maman devait souvent travailler fort et tard. Merci, enfin, pour tes sourires qui chaque jour m'inspirent...

Josée Leblanc

PRÉFACE

Le présent ouvrage est un outil pédagogique qui a pour objectif d'offrir un support théorique, et surtout technique, aux enseignants, aux professionnels et aux parents désireux de stimuler les habiletés cognitives et motrices des enfants âgés entre 5 et 12 ans qui éprouvent ou non des difficultés d'apprentissage. Certains des exercices proposés sont basés sur une approche multisensorielle afin de préparer ou favoriser l'apprentissage scolaire des enfants. Dans le cadre de notre pratique professionnelle, nous avons perçu de nombreux besoins sur le plan scolaire; de là est née l'idée de concevoir un tel outil de travail. En effet, plusieurs enseignants et parents soulevaient qu'il n'existe que très peu de matériel portant sur le développement cognitif et moteur normal de l'enfant ou sur la rééducation de déficits spécifiques.

Nous n'avons pas la prétention d'inventer de nouvelles théories ou de nouveaux outils. L'objectif poursuivi est plutôt le regroupement d'exercices de stimulation, afin de comprendre les objectifs qu'ils sous-tendent et dans quel contexte ils peuvent être utilisés. Ces exercices peuvent également servir dans un processus de dépistage en vue d'orienter un enfant en difficulté vers les professionnels appropriés.

Les chapitres se divisent toujours relativement de la même façon; ils comportent trois sections distinctes. La première section, intitulée La définition de la problématique et les notions de base, vise à favoriser la compréhension du fonctionnement des enfants et de son impact sur leurs apprentissages. Il faut aussi mentionner que les concepts théoriques et les modèles présentés dans cette section ont été simplifiés afin de les rendre plus facilement compréhensibles; le principal objectif de cet ouvrage étant d'offrir des exercices de stimulation.

La deuxième section, intitulée Les exercices de rééducation, propose différents exercices. Il est important de comprendre que pour être efficaces, les enfants doivent être en mesure d'utiliser adéquatement plusieurs fonctions motrices et cognitives (visuelle, verbale, etc.) dans différentes conditions. L'éventail d'exercices offert dans cette section vous permet de stimuler certaines fonctions cognitives et motrices de l'enfant. Il importe de s'assurer ensuite du transfert de ces habiletés dans les apprentissages scolaires, ce qui ne sera pas une tâche facile en soi. La plupart des exercices peuvent s'effectuer en groupe ou individuellement, et peuvent être réalisés dans divers contextes d'apprentissage.

Nous croyons par ailleurs qu'il est judicieux d'expliquer aux enfants ce que sont les fonctions motrices et cognitives afin qu'ils prennent conscience de leur propre fonctionnement et s'approprient leurs apprentissages. Nous sommes d'avis qu'il est tout aussi important d'apprendre aux enfants des notions scolaires de base tels le français, les mathématiques, les sciences, que de leur apprendre à mieux utiliser des notions de méthodologie afin d'encourager le développement de leurs facultés cognitives. Les enfants d'aujourd'hui sont les adultes de demain; favoriser leur esprit d'analyse et leur capacité de déduction facilitera grandement leur cheminement futur.

Enfin, la dernière section de chaque chapitre, Les moyens d'adaptation et les outils palliatifs, propose des stratégies et des trucs qui permettent de contourner une faiblesse ou un déficit particulier. Ils peuvent être utilisés en concomitance avec un programme de rééducation ou pour pallier un déficit franc.

Il faut comprendre que dans certains cas, il est important d'avoir une évaluation exhaustive préalable des forces et des faiblesses de l'enfant afin de lui offrir les interventions pertinentes (ex.: évaluation en neuropsychologie, en ergothérapie, en orthophonie, etc.). De plus, pour certains enfants, le support additionnel de ces professionnels sera nécessaire afin d'orienter ou de soutenir vos interventions.

N'oubliez jamais que le cerveau de l'enfant se développe continuellement; l'enfant doit donc être encadré, supporté et valorisé.

Geneviève Daigneault
Josée Leblanc

Chapitre 1

Les processus attentionnels

La définition de la problématique et les notions de base

L'attention a été définie dès le XIXe siècle comme la sélection d'un événement (ou d'une pensée) et son maintien dans la conscience. Par contre, ce n'est qu'en 1949 que l'on découvre, en neuropsychologie, le rôle de la *formation réticulée*[1] dans la régulation des états de vigilance.

Depuis plusieurs années, dans le milieu de l'éducation, on tente également de comprendre les processus attentionnels sur le plan développemental. En effet, un enfant de maternelle ne peut être aussi attentif qu'un enfant de sixième année. De plus, la *maturation cérébrale*[2] ne se produit pas au même rythme chez chaque enfant. L'enseignant et les parents doivent donc adapter leurs interventions aux capacités de chaque enfant, qui se développe de façon différente (style et temps de développement). La psychologie cognitive propose plusieurs schémas théoriques permettant de comprendre les processus attentionnels. Ceux-ci, comme dans les autres sphères cognitives, s'appliquent cependant à un cerveau mature, un cerveau adulte. Ces schémas peuvent s'appliquer en partie seulement à l'enfant. Bien qu'ils ne puissent déterminer l'âge exact de l'apparition et de la maturation des processus, ces schémas nous permettent néanmoins d'augmenter l'efficacité de nos interventions.

Il est essentiel de distinguer deux composantes de l'attention. Une première composante est liée au maintien du niveau d'attention et elle est de nature non sélective. On appelle cette composante la *vigilance* (nommée aussi *alerte*). Elle apparaît rapidement dans le développement et devient mature vers l'âge de cinq ans. La seconde composante, *l'attention sélective*, est liée à des processus internes qui permettent à l'enfant de sélectionner l'information pertinente. Cette seconde composante, qui apparaît plus tardivement dans le développement, n'est mature qu'à l'âge de huit ans environ, et ce, *seulement* si le développement cérébral de l'enfant est normal. La sélection de l'information est un processus important puisque l'attention demeure une capacité limitée ne pouvant traiter toutes les informations simultanément. L'enfant doit donc apprendre à faire une bonne sélection et à inhiber les informations impertinentes. La maturité de cette capacité d'attention sélective ne peut être atteinte avant au moins l'âge de 12 ans chez les enfants présentant des troubles d'attention (avec ou sans hyperactivité).

Le vocabulaire utilisé en psychologie cognitive peut sembler très confus. Afin d'établir un discours similaire entre professionnels, nous croyons qu'il est souhaitable d'uniformiser la terminologie utilisée. En voici donc un résumé. Vous remarquerez que le terme *concentration* n'est pas défini malgré le fait qu'il soit fréquemment utilisé dans le domaine de la pédagogie (lorsque des enseignants décrivent le comportement d'un enfant par exemple). Ce

1. La formation réticulée est une structure située dans le mésencéphale.
2. La maturation cérébrale est le développement des connections cérébrales interhémisphériques ou intrahémisphériques.

terme peut avoir plusieurs significations différentes (tantôt il représente la mémoire de travail, tantôt la vigilance ou l'attention sélective). C'est pourquoi nous privilégions la terminologie ci-dessous.

- **La vigilance (alerte):** La vigilance est une attention liée aux réflexes où la soudaineté des événements peut engendrer des processus instinctifs (liés à la survie) permettant à l'enfant d'être en position réceptive. En effet, lorsqu'un événement nouveau se produit, la conscience se mobilise dans un état de réceptivité. La vigilance peut varier selon le temps (du matin au soir), peut diminuer lors des tâches répétitives ou peut changer rapidement après la réception d'un signal qui augmente l'état d'éveil (lors d'un événement qui suscite une réaction telle la peur par exemple). Cette capacité de variation se situe au début du processus de traitement de l'information et, par conséquent, un déficit à ce niveau peut occasionner plusieurs problèmes dans les autres sphères cognitives. La nouveauté et l'attrait du stimulus sont des éléments déterminants pour attirer l'attention.
- **L'attention sélective:** Il existe plusieurs théories expliquant les processus d'attention sélective, mais la plupart lui reconnaissent certaines propriétés. La sélection, par exemple, instaure une limite au nombre d'unités d'information pouvant être traitées simultanément. En psychologie cognitive, l'attention sélective est souvent comparée au phénomène de «cocktail party» dans lequel il y a plusieurs conversations en même temps et où une seule conversation peut être sélectionnée et suivie. En grandissant, l'enfant apprendra à ne traiter que l'information pertinente. On peut distinguer deux catégories d'attention sélective: l'attention dirigée vers un but et l'attention partagée.
  - **L'attention dirigée:** L'attention dirigée gère la capacité de sélectionner une source d'information et d'ignorer les autres. Par exemple, l'enfant est en mesure d'écouter son ami parler dans l'autobus même si d'autres enfants parlent en même temps.
  - **L'attention divisée (partagée):** L'attention divisée consiste à traiter simultanément des sources multiples d'information. Par exemple, l'enfant peut prendre des notes et écouter son enseignant en même temps. Pour que l'attention divisée soit fonctionnelle, les tâches effectuées ne doivent pas solliciter les mêmes modalités sensorielles (auditive par exemple: deux conversations ne peuvent être écoutées simultanément).

Plus un comportement (ou une tâche) est automatisé et moins il exigera d'attention. L'acquisition de routines complexes (écrire par exemple) correspond donc à la diminution de la demande attentionnelle.

L'attention sélective n'étant mature que vers l'âge de huit ans, on ne peut comparer les capacités des enfants à celles des adultes. De plus, les petits n'ont pas acquis autant d'automatismes que leurs aînés.

Il importe de souligner que la présence de difficultés affectives, de troubles de modulation sensorielle (hyperréactivité ou hyporéactivité, voir le chapitre 3, pages 37-38) ou de difficultés dans l'acquisition d'automatismes peut également avoir des répercussions sur le niveau d'attention disponible. Il s'agit d'ailleurs d'un aspect trop souvent négligé lorsqu'on essaie de comprendre les difficultés attentionnelles chez les enfants.

Chaque type d'attention est lié à une aire spécifique au niveau du cortex cérébral. Afin d'approfondir ces notions, vous pouvez consulter les ouvrages de M.I. Posner, D.A. Norman, W. Schneider et R.M. Shiffrin qui sont des spécialistes dans ce domaine.

Le tableau 1.1 reprend certains contenus de cette section.

Tableau 1.1) TYPES D'ATTENTION ET LEUR CONTEXTE DE MISE EN ŒUVRE

	Auditive	**Visuelle**
Attention soutenue	Toute tâche, souvent longue et monotone, où l'enfant doit réagir à un même élément sonore apparaissant de façon récurrente et aléatoire.	Toute tâche, souvent longue et monotone, où l'enfant doit biffer ou encercler un même stimulus.
Attention sélective dirigée	Toute tâche d'écoute nécessitant une capacité de filtrage entre plusieurs stimuli cibles et des distracteurs qui partagent certaines caractéristiques formelles.	Toute tâche d'écoute nécessitant une capacité de filtrage entre plusieurs stimuli cibles et des distracteurs qui partagent certaines caractéristiques perceptuelles.
Attention sélective divisée	Tâche double où l'enfant doit sélectionner des informations d'ordre auditif, tout en tenant compte d'une double consigne dans l'élaboration de sa réponse.	Tâche double où l'enfant doit manipuler mentalement deux informations différentes et les traiter soit en alternance ou de façon simultanée.

Source : inspiré de F. LUSSIER et J. FLESSAS (2001). *Neuropsychologie de l'enfant*, Paris, Dunod.

Les troubles d'attention chez les enfants en difficulté d'apprentissage

Depuis quelques années, on parle fréquemment du trouble déficitaire de l'attention avec ou sans hyperactivité. Ce diagnostic, qui peut se poser sur environ cinq pour cent des enfants, n'est pas facile à émettre. En effet, l'agitation motrice, souvent perçue comme de l'hyperactivité, peut être présente chez un enfant pour plusieurs raisons et peut même être adéquate.

L'enfant qui réagit à tout ce qui l'entoure et qui ne peut demeurer assis calmement peut souffrir d'un déficit au niveau de l'attention sélective, car il ne sélectionne pas la bonne information. Toutefois, ce même enfant peut être très performant lors d'une situation d'attention partagée où il doit

Pourquoi les enfants ont-ils besoin de bouger ?

Les enfants en bas âge ont besoin de bouger afin d'augmenter leur capacité attentionnelle. S'ils demeurent trop longtemps en position fixe, leur attention diminue rapidement. Il n'est pas évident d'établir dans quelle mesure l'agitation est adéquate ou problématique ; il faut avant tout regarder si elle perturbe les processus d'apprentissage de l'enfant. En proposant les apprentissages de manière à solliciter une entrée kinesthésique, on permet aux enfants de bouger, ce qui favorise le maintien du niveau d'attention tout en supportant l'acquisition de nouveaux apprentissages.

réagir rapidement à plusieurs informations simultanément. On retrouve généralement ce type de profil chez les enfants ayant un trouble déficitaire de l'attention avec hyperactivité. Les enfants qui présentent un trouble déficitaire de l'attention sans hyperactivité ont, pour leur part, des difficultés au niveau de la vigilance (alerte) ; ils sont en mesure de se concentrer sur un seul élément à la fois, mais peuvent difficilement diriger leur attention vers d'autres sources d'information même si elles sont plus pertinentes (ils deviennent hyperconcentrés). Il est bien évident que les troubles d'attention ne se distinguent pas toujours aussi facilement. Il est possible qu'un enfant ait des difficultés dans d'autres sphères cognitives, d'où la nécessité d'effectuer une évaluation exhaustive. Tel que mentionné précédemment, d'autres éléments peuvent également expliquer les difficultés attentionnelles comme les aspects affectifs et les autres troubles d'apprentissage (dyslexie, dysphasie, dyscalculie). Un élève qui ne comprend pas une tâche ne pourra garder son attention aussi longtemps puisque cela nécessite un trop grand contrôle attentionnel.

L'enseignant, l'intervenant ou le parent devra cibler les moments où les difficultés d'attention se manifestent afin d'identifier les sources pouvant affecter la capacité attentionelle de l'enfant. Il devra aussi tenter de comprendre les impacts de ces difficultés attentionnelles sur les apprentissages de l'enfant.

L'enfant, pour sa part, devra prendre conscience de son contrôle attentionnel afin d'en augmenter le potentiel (par exemple, faire remarquer à l'enfant lorsqu'il est inattentif, etc.).

LES EXERCICES DE RÉÉDUCATION

1) LE TEMPS DE RÉACTION

MATÉRIEL REQUIS

Une série de cartes avec des chiffres, des images ou des mots disponible dans le matériel d'accompagnement (voir pages 101 à 108).

Nous vous suggérons de cartonner ou de plastifier le matériel pour une meilleure utilisation.

DÉROULEMENT DE L'ACTIVITÉ

- Choisissez un item-cible (un mot par exemple). Dites à l'enfant quel item vous avez choisi.
- Présentez ensuite les cartes (en choisir cinq environ), une à la fois, à l'enfant. (Bien mélanger les cartes ou utiliser un sac pour les ranger de sorte que la présentation des items soit aléatoire.)
- Lorsque vous montrez l'item-cible, l'enfant doit réagir le plus rapidement possible soit en effectuant un geste moteur (lever la main par exemple), en donnant un indice verbal (oui!) ou en donnant une réponse écrite sur une feuille. Acceptez les dessins approximatifs lorsque l'enfant donne une réponse écrite.
- Faites l'exercice pendant au moins une minute, en présentant un nouvel item toutes les deux secondes.
- Observez le comportement de l'élève et faites-lui remarquer lorsqu'il n'est plus attentif.
- Vous changez ensuite d'item-cible et vous présentez de nouveau les cartes une à la fois à l'enfant. La réponse automatisée devra être inhibée lorsque le premier item-cible sera présenté. Par exemple, si vous lui avez d'abord demandé d'identifier le mot *nez* en levant la main, vous lui demandez à présent de lever la main lorsqu'il voit le mot *pomme* (il devra donc se retenir de lever la main lorsque le mot *nez* sera présenté).
- Vous pouvez augmenter le nombre d'items-cibles à détecter au fur et à mesure que l'enfant s'améliore.
- Une autre façon d'augmenter la capacité d'attention est de changer le type de réponses. En effet, si vous demandez à un enfant de répondre en levant la main alors qu'il a automatisé la réponse verbale dans l'exercice précédent, ce dernier devra augmenter son contrôle attentionnel. Cet exercice peut être très difficile pour un enfant qui présente un déficit à ce niveau. Il faut donc s'assurer de ne pas mettre l'élève en situation d'échec.

- Par ailleurs, avec des enfants de troisième année et plus, vous pouvez remplacer les images par des cartes sur lesquelles figurent des additions simples. Vous devez alors expliquer à l'enfant qu'il doit répondre (verbalement ou par écrit) seulement aux calculs qui contiennent un chiffre-cible.
  Exemple : Vous convenez avec l'enfant qu'il donnera sa réponse verbalement. Le chiffre-cible est 2. Vous présentez une première addition « 3 + 4 », et vous attendez quelques secondes. L'enfant reste muet, puisque l'addition ne comporte pas le chiffre 2. Vous présentez une seconde carte « 2 + 1 ». L'enfant répond « 3 ».
- Enfin, signalons que cet exercice et toutes les variantes suggérées ci-dessus peuvent aussi être travaillés oralement, c'est-à-dire que l'enfant doit réagir à votre voix plutôt qu'à des images ou des chiffres notés sur des cartons. L'exercice reste le même à une exception près : vous choisissez un item-cible que vous nommez à l'enfant ; ce dernier doit réagir de la façon convenue lorsqu'il vous entend renommer l'item-cible.
- Nous vous suggérons par ailleurs d'enregistrer les additions afin d'alléger la procédure de l'exercice.

2) LA RECHERCHE DE SYMBOLES

MATÉRIEL REQUIS

Les feuilles de recherche de symboles disponibles dans le matériel d'accompagnement (voir pages 109 à 117) et un crayon rouge.

DÉROULEMENT DE L'ACTIVITÉ

- Le but de cet exercice est de permettre à l'enfant une recherche de symboles (dessins, lettres ou chiffres).
- Identifiez, à l'aide d'un crayon rouge, le symbole à trouver (ex.: le chiffre 3) sur la feuille de l'élève, si vous travaillez avec lui individuellement, ou sur votre propre feuille, si vous travaillez en groupe (vous pouvez agrandir le symbole afin de le placer au tableau comme référence).
- Par la suite, l'enfant devra trouver tous ces symboles sur sa feuille le plus rapidement possible, mais surtout en évitant de faire des erreurs.
- Il y a trois feuilles pour une même catégorie de symboles car le niveau de difficulté augmente d'une feuille à l'autre (soit parce qu'elles contiennent plus de symboles (stimuli) à identifier ou parce que les symboles sont placés de façon aléatoire).
- Vous pouvez minuter le temps de la réalisation de l'exercice surtout lorsque vous êtes avec un seul enfant.
- Après l'exécution, demandez à l'enfant d'identifier les stratégies utilisées. Si l'exercice s'effectue en groupe, demandez aux enfants de partager leurs stratégies afin d'augmenter leurs ressources.
- Reprenez l'exercice et vérifiez le résultat avec l'enfant.
- Par la suite, changez de symbole et demandez à l'enfant d'encercler sur sa feuille ce nouveau symbole (l'enfant doit inhiber le symbole précédent). Vous pouvez également choisir deux symboles à trouver simultanément.

3) LE DESSIN SOLITAIRE

MATÉRIEL REQUIS

Les feuilles *Le dessin solitaire* proposées dans le matériel d'accompagnement (voir pages 118 à 122), ou tout autre matériel préparé par l'enseignant.

DÉROULEMENT DE L'ACTIVITÉ

- Ce jeu exige de l'enfant une bonne attention visuelle. L'enfant doit examiner les illustrations proposées et trouver celle qui n'apparaît qu'une seule fois.
- La stratégie utilisée par l'enfant est importante.

4) LES JUMEAUX IDENTIQUES

MATÉRIEL REQUIS

Les feuilles *Les jumeaux* et *Trouve le dessin identique* disponibles dans le marériel d'accompagnement (voir pages 123 à 127 et 187 à 190).

DÉROULEMENT DE L'ACTIVITÉ

- L'enfant doit regarder attentivement les dessins proposés afin de cibler le ou les éléments qui sont identiques.

5) LA STATUE

DÉROULEMENT DE L'ACTIVITÉ

- Le jeu de la statue est un jeu où l'enfant doit réagir rapidement lorqu'il entend une information. Il faut débuter le jeu simplement afin que l'enfant n'ait pas à mémoriser trop d'informations simultanément.
- L'enfant est debout dans un endroit où il peut se déplacer aisément.
- Nommez des couleurs ou montrez des cartons de couleurs qui correspondent à des consignes spécifiques que l'enfant doit exécuter.
  Exemple : Rouge : l'enfant doit demeurer immobile.
  Vert : l'enfant doit marcher.
- Par la suite, inversez les consignes pour que l'enfant inhibe le comportement appris. Il s'agit d'une étape importante de l'exercice.
- Vous pouvez également augmenter le nombre de couleurs et le nombre de consignes à retenir lorsque l'enfant devient plus habile.

6) LES SEPT ERREURS

MATÉRIEL REQUIS

La feuille de jeu disponible dans le matériel d'accompagnement (voir page 128) et un crayon rouge.

DÉROULEMENT DE L'ACTIVITÉ

- Ce jeu, connu de tous, peut améliorer significativement les capacités d'attention visuelle portée aux détails. L'enfant doit identifier, sur l'une des deux images, les différences qu'il observe en les encerclant.

LES MOYENS D'ADAPTATION ET LES OUTILS PALLIATIFS

Certains enfants présentant des troubles d'attention auront besoin d'une aide supplémentaire pour pallier les déficits résiduels (qui persistent malgré la médication par exemple). En classe ou ailleurs, les informations sont nombreuses et il est très exigeant pour un enfant de sélectionner celles qui sont pertinentes. Il faut donc s'assurer que l'élève soit disponible aux apprentissages. Certaines interventions seront similaires à celles utilisées pour les troubles de la mémoire à court terme (voir le chapitre 2) puisque, comme nous l'avons mentionné précédemment, un déficit d'attention affecte automatiquement le nombre d'informations qui peuvent être mémorisées.

Voici une liste de moyens d'adaptation et d'outils palliatifs servant à contourner les troubles d'attention.

- Se rappeler que les enfants ne sont pas volontairement inattentifs et qu'ils ont encore peu de moyens internes à leur disposition pour corriger ce déficit.
- Réduire la complexité des consignes ou leur nombre afin d'éviter toute source de distraction, et ce, tant à l'école qu'à la maison. Les consignes multiples sont trop exigeantes: «Prenez votre cahier d'écriture, inscrivez votre nom dans le coin droit de la feuille et la date dans le coin gauche. Placez-vous à la cinquième ligne et attendez mon signal.» Il est préférable de fragmenter la consigne en plus petites unités.
- Clarifier les demandes afin de maximiser les chances d'être compris (être bref, clair, affirmatif, descriptif et s'assurer du suivi de la demande).
- Avertir les enfants avant de donner une consigne afin qu'ils soient disponibles à la mémorisation. Avoir un mot clé tel «position d'écoute» ou un code comme «fermer les lumières» afin de mobiliser l'attention des enfants. Les interventions utilisées pour un enfant en particulier (le nommer ou le toucher à l'épaule par exemple)

doivent se faire discrètement afin d'éviter les répétitions excessives plaçant parfois les élèves dans une position de malaise et diminuant par le fait même leur estime de soi.

- Encourager les enfants qui n'ont pas entendu toute l'information à l'exprimer.
- Donner des appuis visuels afin d'éviter une surcharge d'informations. Les consignes peuvent, par exemple, être écrites au tableau ou sur une feuille afin que les élèves puissent s'y référer au besoin. Pour les plus petits, on peut utiliser des dessins ou des images.
- Éviter que les enfants aient à mémoriser trop d'informations à transmettre à leurs parents. Pour certains, l'adulte peut écrire la liste des devoirs à faire afin que les enfants ne les oublient pas et qu'ils ne se sentent pas coupables par la suite.
- Récompenser les comportements souhaités (par exemple, rester à sa place, ne pas déranger les autres).
- Décourager l'habitude de travailler rapidement au détriment de la précision ou de la qualité d'exécution. Ainsi, on doit encourager les enfants à prendre le temps de planifier leur exécution, d'analyser attentivement le matériel de travail ou la donnée du problème avant de l'exécuter et de vérifier son exécution.
- L'endroit où se situe un enfant dans la classe est très important. Privilégier une place près de l'enseignant pour certains enfants afin de diminuer les distractions. Le fait d'être près d'une fenêtre peut nuire parfois au maintien de l'attention. Certains élèves ne pourront être assis à l'avant, car ils seront constamment en train de tenter de voir ce qui se passe derrière eux... Il n'y a donc pas de formule magique: l'emplacement du poste de travail doit répondre aux besoins de chaque enfant et peut faire l'objet d'une période d'essai.
- Demander aux enfants de ne garder sur leur bureau que le matériel nécessaire.
- Corriger immédiatement les erreurs des enfants puisqu'ils ne le feront pas de leur propre initiative. Ils sont parfois même incapables de les détecter.
- Encadrer les enfants afin d'évaluer leurs acquis et leurs compétences réelles lors des examens. Par exemple, encourager un élève à se vérifier en lui disant qu'à un tel numéro, il a commis une erreur d'inattention qu'il doit corriger.
- Permettre aux élèves de diviser leur travail et leurs examens en deux ou même trois périodes. Au moment des pauses, qui seront de très courte durée, les enfants ne doivent pas accomplir de tâches exigeantes. Ils pourraient, par exemple, boire de l'eau, se lever et marcher quelques secondes, etc.
- Ne pas constamment exiger que les enfants restent calmes ou qu'ils ralentissent leur rythme. **L'exiger seulement lorsque c'est important**, car l'agitation motrice demeure un besoin pour les élèves. Elle leur permet parfois d'obtenir un meilleur niveau d'éveil et de fonctionnement.
- Les stimuli sensoriels permettent aux enfants d'accroître ou de soutenir leur niveau d'attention (exemple: mâcher son crayon, se balancer

sur sa chaise). Si l'attitude d'un élève est trop dérangeante en classe, il faut inciter cet élève à remplacer le comportement non adéquat par un autre plus acceptable qui lui procurera néamoins une qualité sensorielle similaire et comblera ses besoins. Permettre à l'enfant d'avoir une gomme à mâcher en classe ou lors de la période de devoirs est un bon exemple de stimulation orale et proprioceptive qui peut favoriser l'augmentation de l'attention et des capacités d'écoute de l'enfant. Boire de l'eau à l'aide d'une paille ou d'une bouteille de sport peut jouer un rôle semblable. Lors des tâches individuelles, l'élève pourrait également prendre des écouteurs sans fil (avec musique douce) afin de diminuer les sources de distraction auditive environnantes.

- ✔ Diminuer les temps d'attente : permettre aux enfants de réaliser la tâche en même temps plutôt qu'à tour de rôle, d'effectuer des ateliers en parallèle ou d'avoir une activité à réaliser pendant la période d'attente.
- ✔ Faire bouger les enfants qui en ont besoin lors de moments opportuns (déplacer des meubles de la classe, faire des courses au secrétariat, etc.).
- ✔ Proposer une approche plus motrice pour certains apprentissages afin que les enfants puissent bouger. Les enfants auront cependant besoin d'avoir une certaine routine afin de ne pas perturber la tranquillité de la classe.

  Exemple :

  Avant de commencer l'enseignement de la matière, vous pourriez proposer la routine suivante.

  – Réchauffement.

  – Activité motrice (à votre choix).

  – Retour au calme.

  Cela favorisera l'écoute lors de l'enseignement de la matière scolaire.
- ✔ Faire réaliser les devoirs dans un endroit calme (sans éléments perturbateurs telles la télévision ou la présence d'autres enfants). Certains enfants ont cependant besoin d'un environnement plus stimulant pour optimiser leur niveau d'éveil et ainsi mieux travailler.
- ✔ Faire l'essai d'un petit objet à manipuler (« fidget », petite balle texturée, ou bout de ficelle). L'enfant peut le tenir dans ses mains lorsqu'il doit être attentif. Ce petit objet remplacera certains comportements tels émietter son efface ou jouer dans ses cheveux. L'objet est choisi avec l'enfant pour ses qualités sensorielles et doit être régi par des règles d'utilisation. Il peut être utilisé pour des périodes déterminées comme lors de l'écoute des consignes ou selon les besoins de l'enfant. Ce dernier doit comprendre que ce moyen vise à faciliter le maintien de son attention.
- ✔ Vérifier si les exigences de l'activité dépassent les capacités des enfants.

Chapitre 2

Les systèmes de la mémoire

La définition de la problématique et les notions de base

Depuis les 30 dernières années, beaucoup d'études ont été réalisées sur la mémoire. En ce moment, dans le domaine de la psychologie cognitive, il existe plusieurs théories et schémas qui expliquent le fonctionnement de la mémoire, et ce, dans le but d'en améliorer la compréhension, d'accroître la justesse des diagnostics posés et d'augmenter l'efficacité des interventions. Le présent ouvrage n'est pas un exposé sur les forces et les faiblesses de ces théories, mais plutôt une description des principales notions qui sont habituellement abordées lors des évaluations en neuropsychologie. La connaissance de ces notions vous permettra de mieux comprendre les fonctions liées à la mémoire et, par le fait même, de trouver des stratégies individualisées afin d'aider un enfant qui éprouve des difficultés de mémorisation ou d'apprentissage.

Avant d'aborder les définitions, mentionnons qu'il existe différents **systèmes** de mémoire (mémoire à court terme et mémoire à long terme), différents **types** de mémoire (mémoire implicite et mémoire explicite) et différents **stades** dans le processus de mémorisation (encodage, consolidation et récupération). La même terminologie est souvent utilisée lorsque nous traitons de la mémoire de l'adulte et de l'enfant. Il faut cependant comprendre que les systèmes de mémoire de l'enfant sont en développement et ne fonctionnent pas exactement de la même façon que ceux de l'adulte. Cette distinction est d'ailleurs trop souvent négligée dans le domaine pédagogique ou dans le domaine de la psychologie clinique.

Les systèmes de mémoire

- ✔ **La mémoire à court terme (empan mnésique) :** Un empan est la quantité d'unités d'information (le nombre de chiffres par exemple) qu'un individu peut mémoriser dans un court laps de temps (en moins de 20 secondes). Cette mesure est importante puisqu'elle influence le nombre d'unités d'information qui peuvent être mémorisées en même temps. Ce type de mémoire est souvent affecté lorsqu'une personne présente des troubles d'attention.
- ✔ **La mémoire de travail :** Cette expression est utilisée depuis peu de temps. Un grand nombre d'enfants qui présentent des troubles d'apprentissage présentent un déficit de la mémoire de travail. Cette dernière représente la capacité de manipuler mentalement les informations. Elle est utilisée, par exemple, lors d'un calcul mental, lors de l'apprentissage des tables de calcul, lors de l'écoute en classe et lorsque plusieurs tâches doivent être accomplies simultanément. La mémoire de travail est donc constamment sollicitée et un déficit à ce niveau est un handicap qui doit absolument être contourné par l'utilisation d'outils et de moyens palliatifs.

- **La mémoire à long terme:** On parle de mémoire à long terme lorsqu'on fait référence à l'information qui peut être maintenue dans le temps et récupérée par la suite. L'information qui entre dans la mémoire à court terme, et qui est maintenue dans le temps grâce à un bon fonctionnement de la mémoire de travail, passe ensuite dans le système de mémoire à long terme et laisse une trace mnésique (un souvenir). Il existe plusieurs types de mémoire à long terme et ils se doivent d'être définis puisqu'ils permettent de comprendre les raisons pour lesquelles un enfant apprend bien dans une situation *X* et moins bien dans une autre.

Distinction entre la mémoire implicite et la mémoire explicite

La mémoire implicite (non déclarative ou procédurale) est le type de mémoire sollicité lorsqu'un l'individu apprend des habiletés (par opposition à la quantité d'informations qui peuvent être mémorisées). Squire (1992) affirme que la mémoire implicite est l'apprentissage du *comment* alors que la mémoire explicite (déclarative) représente davantage l'apprentissage du *quoi*, soit des événements, des faits et même des mots. Les enfants qui ont des difficultés au niveau de la mémoire explicite (c'est-à-dire qui se rappellent difficilement les informations exactes) peuvent, par exemple, répéter les procédures, mais les expliquer difficilement lors des examens. Ils auront de la difficulté à verbaliser leurs procédures alors qu'ils peuvent les appliquer.

Des activités comme la conduite d'une bicyclette ou la lecture s'effectuent d'abord sous un mode de contrôle (il faut penser à chaque étape), mais entrent peu à peu dans le fonctionnement de la mémoire implicite (c'est-à-dire qu'elles se font de façon « automatique »). Dans un processus de rééducation, le matériel doit être varié et solliciter des modalités sensorielles différentes (visuelle, auditive, kinesthésique), afin d'utiliser la mémoire implicite.

Chaque type de mémoire et chaque stade de mémorisation est lié à une aire spécifique au niveau du cortex cérébral. Afin d'approfondir ces notions, nous vous référons aux principaux auteurs dans le domaine, soit D.A. Baddeley, E. Tulving et L.R. Squire.

La figure 2.1, inspirée du modèle de D. A. Baddeley (1986), résume le fonctionnement général de la mémoire.

Il est important de déterminer à quel niveau se situent les difficultés de l'enfant afin de lui offrir une aide appropriée, puisque chaque déficit exige une intervention spécifique.

Figure 2.1) LE FONCTIONNEMENT DE LA MÉMOIRE

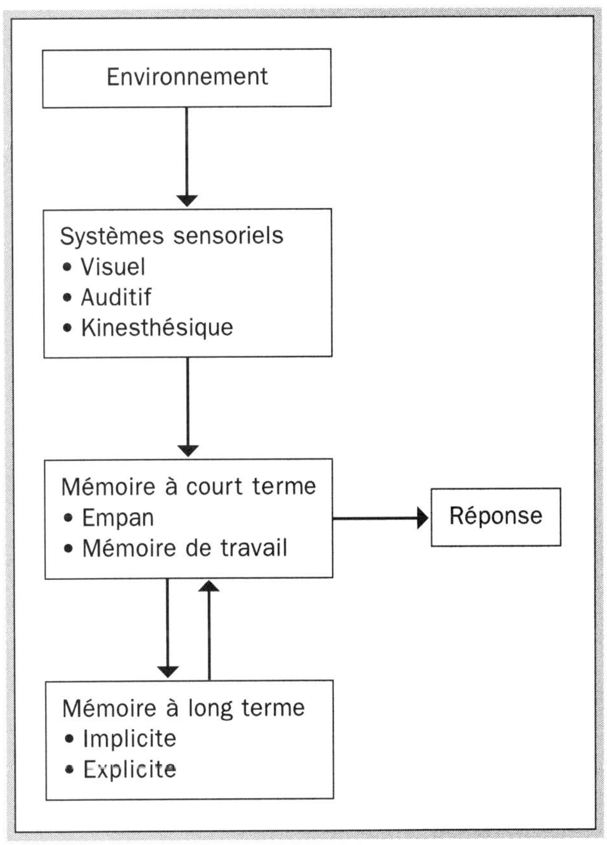

La mémoire des sens

Comme le démontre la figure 2.1 de la page 15, la mémorisation passe par un ou plusieurs de nos cinq sens. Il est important de comprendre que plus il y a de sens impliqués lors de la période d'encodage, plus la possibilité de mémorisation augmente. Les méthodes d'apprentissage multisensorielles favorisent donc l'acquisition de nouveaux apprentissages.

Les différents stades du processus de mémorisation

Bien qu'il existe plusieurs types de mémoire, ces derniers obéissent aux mêmes stades du processus de mémorisation, soit l'encodage, la consolidation et la récupération.

- **L'encodage :** L'encodage est en fait le premier stade du processus de mémorisation. Tel que mentionné précédemment, ce stade est influencé en grande partie par la quantité d'informations qui peuvent être mémorisées au départ (l'empan). La répétition permettra d'augmenter cette quantité d'informations ainsi que les liens établis par l'enfant lors de cette période. En effet, il est habituellement plus difficile de mémoriser une liste de non-mots (groupe de syllabes ne faisant aucun sens) qu'une liste de mots (un adulte les reliera automatiquement entre eux à leur sens).
- **La consolidation :** Les difficultés de mémoire se définissent habituellement par une perte des informations apprises à travers le temps. La consolidation représente donc le stade entre la période active de mémorisation et la période de récupération. Certains enfants perdent des informations lorsqu'ils doivent apprendre de nouvelles informations, ce qui devra être pris en considération lors des apprentissages (par exemple, l'apprentissage d'une nouvelle table de calcul efface les notions acquises sur les autres tables).
- **La récupération :** C'est à ce stade que l'individu se sert de ses acquis. Certains enfants peuvent apprendre de nouvelles notions, ils les consolident bien (les maintiennent à travers le temps), mais peuvent cependant difficilement les récupérer car l'information est très souvent mal structurée en mémoire ou la recherche (en mémoire) s'effectue difficilement. Dans le premier cas, l'enfant aura besoin de stratégies au moment de l'encodage, alors que dans le second cas, il devra apprendre à mieux se questionner afin de bien diriger la récupération de l'information.

L'analogie suivante est souvent utilisée pour faciliter la compréhension des stades du processus de la mémorisation et de l'importance de bien organiser l'information :

La mémoire peut être comparée à un classeur dans lequel nous mettons des informations importantes. Lorsque nous apprenons de nouvelles notions, il est important de les classer dans les bonnes chemises et, ensuite, de placer les chemises dans les bons tiroirs. Lorsque nous tentons de nous souvenir d'événements ou d'informations précises, nous devons également ouvrir le bon tiroir afin de trouver la bonne chemise. Plus les informations sont bien organisées dans notre classeur et plus il sera facile de les récupérer par la suite.

Cette analogie peut être appliquée concrètement à l'aide de fiches. Par exemple, vous présentez des mots sur des fiches et placer les fiches dans une boîte. Demandez-lui ensuite de se rappeler chacun des mots dans la boîte. Répétez l'expérience avec les mêmes mots, mais cette fois, l'enfant les aura préalablement classés par catégories; demandez-lui alors de se rappeler les mots par catégorie. Vous pouvez également faire cet exercice en groupe.

Voici un exemple de mots (choisir les mots en fonction de l'âge) que l'enfant pourrait inscrire sur des fiches:

- cheval
- rose
- vache
- piment
- marguerite
- moustache
- chien
- oreille
- nez
- tulipe

Vous pouvez choisir les mots-étiquettes disponibles dans votre matériel pédagogique lorsque l'enfant débute l'apprentissage de la lecture.

Répétez l'exercice en créant avec lui des catégories à l'aide de chemises.

Exemple:

- Animaux
- Fleurs
- Légumes
- Parties du corps

De cette façon, les enfants apprennent que pour mémoriser, il faut d'abord bien organiser l'information en mémoire. En répétant l'exercice et en l'appliquant aux apprentissages scolaires, leur mémoire explicite et leur mémoire implicite sont sollicitées: les enfants apprennent non seulement les faits mais aussi la procédure de mémorisation. Ils prennent ainsi conscience qu'ils ne doivent pas simplement tout apprendre par cœur, mais qu'ils doivent établir des liens entre leurs connaissances et trouver des trucs pour se les rappeler.

Apprendre aux enfants comment apprendre

Les problèmes de mémoire chez les enfants qui présentent des difficultés d'apprentissage

Il est bien important de comprendre que mémoriser et apprendre sont deux concepts différents. Le premier implique une aire spécifique du cerveau qui sert à emmagasiner l'information, le second implique plusieurs aires du cortex cérébral qui servent à établir des liens entre les connaissances. Il existe également différents styles d'apprentissage. En effet, certains enfants vont privilégier un apprestissage «par coeur», axé sur la généralisation, la synthèse et les liens. Le premier style d'apprentissage atteint habituellement sa limite lorsque l'information à mémoriser devient trop importante ou lorsque la matière à apprendre exige d'avoir une vision d'ensemble, ce qui est habituellement le cas dès la troisième année. D'autres enfants vont plutôt adopter un style inverse. Ils apprennent en faisant des résumés ou font rapidement des liens entre les informations apprises, mais vont avoir plus de difficultés à faire des apprentissages «par cœur» (tables de calcul, l'orthographe d'un mot, etc.). L'enfant qui ne présente pas de troubles d'apprentissage se sert adéquatement de plusieurs styles, adaptés aux apprentissages à effectuer. Il importe donc de bien comprendre le style d'apprentissage ou la fonction mnésique qui cause un problème afin d'aider un enfant qui présente des difficultés.

> L'enseignant, l'intervenant ou le parent devra adopter et démontrer plusieurs styles d'apprentissage afin de favoriser le développement d'habiletés diversifiées chez l'enfant.
>
> L'enfant devra apprendre à faire des associations afin de relier les différentes informations en mémoire, ce qui facilite le rappel en chaîne par la suite.

Les associations peuvent se faire avec des notions connues (par exemple, associer le mot *lunette* au mot *oreille*). Elles peuvent également se faire avec des notions plus abstraites invitant ainsi l'enfant à utiliser son imaginaire (techniques de visualisation). Plus les associations sont frappantes, animées, insolites et colorées, mieux les informations sont retenues. Les techniques de visualisation s'utilisent spontanément lorsqu'on prend l'habitude d'y avoir recours (elles sont utiles pour l'orthographe, les tables de calcul, etc.). En voici un exemple avec le mot *flamme* dont les deux «m» sont associés au feu: FlaMMe.

Les exercices de rééducation

L'empan et la mémoire de travail

Les exercices suivants ont pour objectif d'augmenter l'efficacité de l'empan et de la mémoire de travail.

1) L'empan spatial

Matériel requis

Les séries de cartes et la grille de l'empan disponibles dans le matériel d'accompagnement (voir pages 101 à 106 et 129).

Déroulement de l'activité

- Vous pouvez faire cartonner ou plastifier la grille de base pour plus de commodité.
- Présentez à l'enfant des dessins que vous aurez placés à des endroits spécifiques sur la grille (voir l'exemple ci-dessous) pendant deux secondes. L'exercice peut se faire avec des symboles, des dessins ou des mots.
- Cachez la grille. L'enfant doit montrer où l'objet se situait en l'inscrivant sur sa feuille-réponse. Dans notre exemple, l'enseignant dit : *chien*, *oreille* et *main* et l'enfant doit placer les dessins au bon endroit.

  Exemple :

Grille avec cartes

Feuille-réponse

- Augmentez le nombre de symboles au fur et à mesure que l'enfant s'améliore. Cet exercice est utile pour vérifier les stratégies employées par l'enfant. En situation de groupe, invitez les enfants à partager leurs stratégies.

2) L'EMPAN DE CHIFFRES OU DE MOTS

MATÉRIEL REQUIS

Les séries de cartes disponibles dans le matériel d'accompagnement (voir pages 101 à 106). Si vos cartes sont plastifiées, vous pourrez les fixer à l'aide d'une gommette sur un carton afin de préparer votre tâche. Vous aurez donc besoin de reproduire les chiffres ou les mots. Vous pouvez également les écrire sur un carton.

Exemple :

2	4	6
3	4	8

Un xylophone pour la reproduction de sons.

DÉROULEMENT DE L'ACTIVITÉ

- L'élève doit répéter, dans l'ordre, ce qu'il a vu ou entendu.
- Le but ici est d'élargir l'empan en augmentant progressivement le nombre d'informations soumises à l'élève (sons avec un xylophone, chiffres, mots). Commencez par deux items à répéter. Après quatre essais, augmentez à trois items et ainsi de suite.
- L'enfant devra adopter des stratégies lorsqu'il atteindra un plafond (seuil maximal). Il pourra ainsi prendre conscience qu'il est plus facile de mémoriser les informations entendues lorsqu'elles sont regroupées.

  Exemple : 172849902 est plus difficile à apprendre que 172 849 902
- Faites répéter à l'enfant les informations à voix haute, faites-lui écrire sur une feuille ou faites-le taper dans ses mains en même temps. Vous pouvez les présenter visuellement sur des cartes ou oralement. Plus l'enfant aura recours à différents sens (la vue, l'ouïe, etc.), plus il augmentera ses chances d'utiliser sa mémoire implicite.

3) LA MÉMOIRE DES SYMBOLES

MATÉRIEL REQUIS

Les feuilles *La mémoire des symboles* proposées dans le matériel d'accompagnement (voir pages 130 à 133).

DÉROULEMENT DE L'ACTIVITÉ

- Chaque symbole correspond à une lettre. L'enfant doit, le plus rapidement possible, trouver les mots qui se cachent sous les symboles. Vous remarquerez que le premier exemple proposé en annexe est constitué de petits dessins et que le deuxième est constitué de symboles plus complexes (voir pages 130 et 131).
- Les enfants peuvent également produire leur propre matériel. Ils bâtissent leur jeu et demandent aux autres élèves de le réaliser. Afin de vérifier la mémorisation, l'enfant peut également, après avoir effectué l'exercice, vous nommer quel symbole était associé à quelle lettre. Reprenez ensuite l'exercice et demandez à l'enfant d'essayer de mémoriser les symboles.

- Nous vous suggérons d'utiliser les séries de cartes (voir pages 101 à 108) pour créer d'autres exemples de mots.
- Il est également possible de reproduire les symboles en grand format afin de créer vos propres mots cachés devant le groupe.

4) Décode les messages

Matériel requis

Les feuilles *Le code secret* disponibles dans le matériel d'accompagnement (voir pages 134 à 139).

Déroulement de l'activité

- Pour décoder les messages, l'enfant doit remplacer chaque lettre par la lettre précédente selon l'ordre alphabétique. Notez que le A devient un Z.
- Cet exercice peut facilement être refait à partir d'un texte de votre choix.

5) La grotte

Matériel requis

Les feuilles *La grotte* disponibles dans le matériel d'accompagnement (voir pages 140 à 142).

Déroulement de l'activité

- L'enfant doit trouver le bon personnage qui se cache dans cette grotte. Ce dernier est entouré de trois oiseaux, d'un médaillon et d'au moins un baluchon. Il n'y a toutefois pas d'épée, de bouteille d'eau ni de sage autour de lui.
- Aucune limite de temps ne doit être fixée à l'enfant.

6) Le trottoir

Cet exercice vise à solliciter la mémoire de travail visuelle.

Matériel requis

Les feuilles *Le code visuel* proposées dans le matériel d'accompagnement (voir pages 143 à 146).

Déroulement de l'activité

- L'enfant doit remplir les cases vides en respectant la séquence des dessins proposés.
- Il doit s'imaginer que la séquence se poursuit derrière les cases noires.

Exemple :

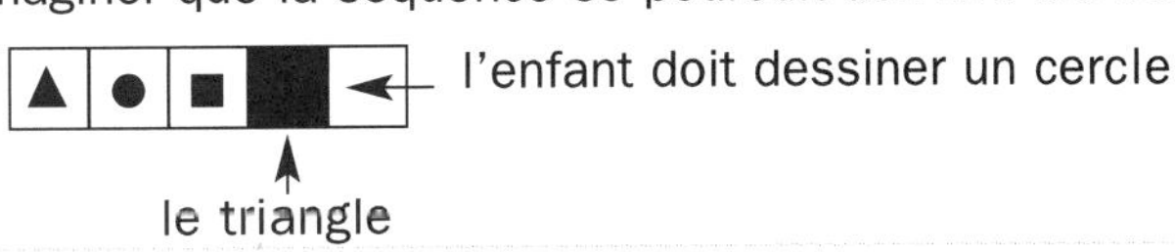

7 La mémoire des symboles

Cet exercice vise à solliciter la mémoire de travail visuelle.

Matériel requis

Les feuilles *La soustraction visuelle* disponibles dans le matériel d'accompagnement (voir pages 147 à 151).

Déroulement de l'activité

- L'enfant doit choisir le bon dessin après la soustraction.
  Exemple :

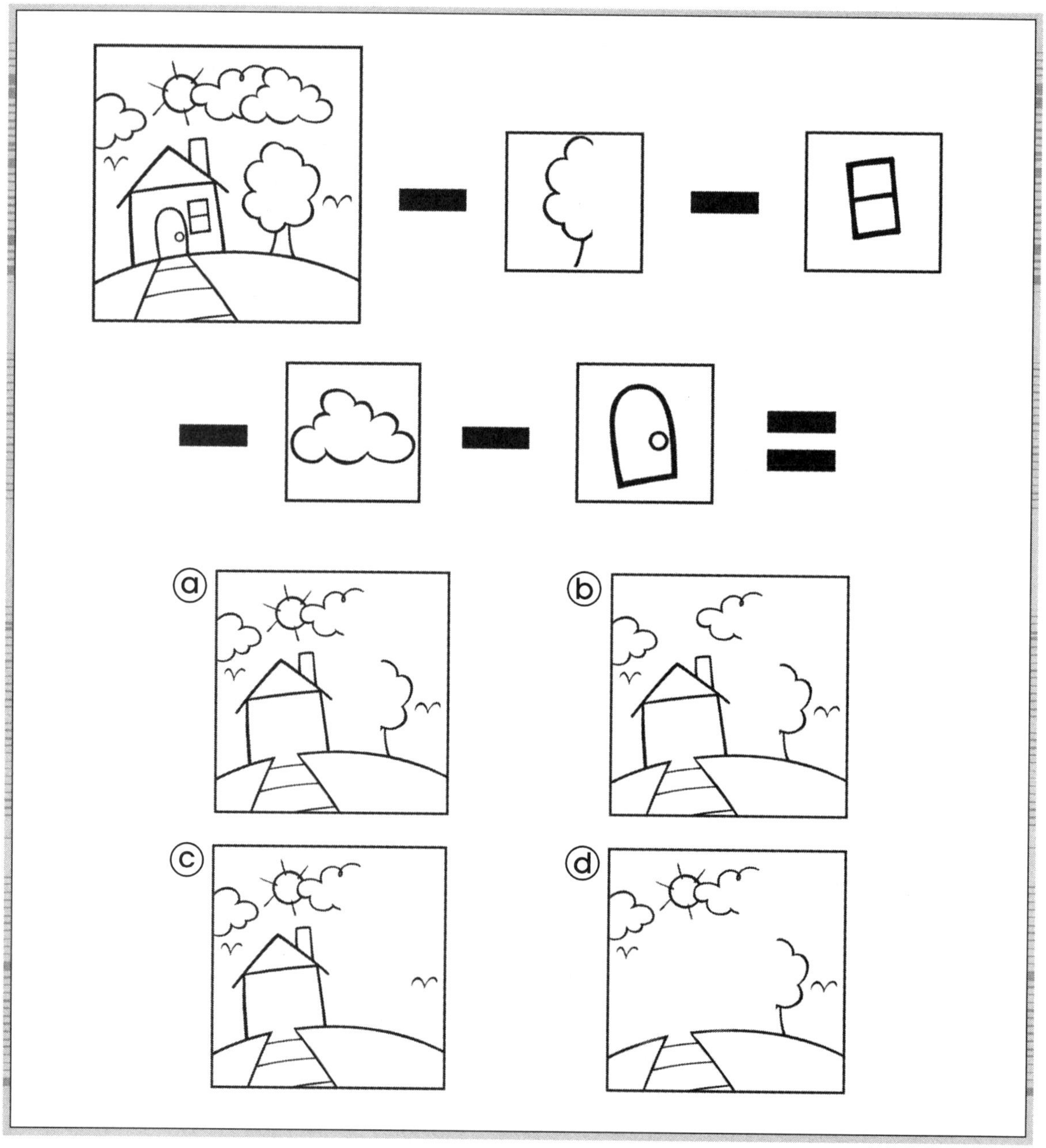

8) LA MÉMOIRE SPATIALE

MATÉRIEL REQUIS

Les séries de cartes disponibles dans le matériel d'accompagnement (voir pages 101 à 108). Nous vous suggérons de les photocopier de façon à avoir chaque carte en double.

DÉROULEMENT DE L'ACTIVITÉ

- Ce jeu est bien connu des enfants et consiste à retrouver deux informations identiques dans un ensemble d'éléments constitué de nombreuses paires (symboles, chiffres ou mots). Le jeu consiste donc à placer sur la table une série de cartes (à l'envers) qui comprend un certain nombre de paires. À chaque essai, l'enfant doit retourner un maximum de deux cartes dans le but de reconstituer des paires. Il doit se souvenir, jusqu'au prochain tour, quel(s) symbole(s) cachaient les deux cartes retournées. Lorsque l'enfant retrouve deux symboles identiques, il peut prendre les cartes. Pendant l'exercice, vous invitez l'enfant à trouver des stratégies pour stimuler sa mémoire spatiale. Augmentez le nombre de cartes lorsque l'enfant devient plus performant.

Mémoire à long terme

Les exercices suivants ont pour objectif d'augmenter l'efficacité de la mémoire à long terme.

9) L'ASSOCIATION

MATÉRIEL REQUIS

Les séries de cartes disponibles dans le matériel d'accompagnement (voir pages 101 à 108).

DÉROULEMENT DE L'ACTIVITÉ

- Ce jeu permet à l'enfant de comprendre qu'il ne suffit pas de percevoir les choses, mais qu'il faut également les associer afin de mieux les mémoriser et les comprendre.
- Montrez successivement à l'élève deux cartes (dessins ou mots) et demandez-lui d'associer les deux images. Par exemple, demandez-lui d'imaginer la tortue portant un chapeau de magicien si vous lui montrez une carte avec le dessin d'une tortue et une autre carte avec le dessin d'un chapeau de magicien.
- Lorsque toutes les cartes ont été présentées deux par deux, prenez la première carte et demandez à l'enfant de se souvenir de l'autre carte qui lui était associée. Le rappel se fait rapidement, afin de souligner l'importance de créer de telles associations. Si cette activité s'effectue en groupe, il est également possible de faire décrire les associations établies par chacun des élèves, afin de partager la fertilité de l'imagination de chacun.

- Pour accroître le niveau de difficulté, il est possible d'augmenter le nombre de dessins à associer, d'utiliser des dessins plus abstraits ou de proposer des listes de mots nécessitant une visualisation.

10) L'EMPILAGE

MATÉRIEL REQUIS

La série de cartes-images proposée dans le matériel d'accompagnement (voir pages 103 et 104).

DÉROULEMENT DE L'ACTIVITÉ

- Montrez à l'élève plusieurs cartes de la série.
- Proposez à l'élève de regrouper tous les éléments à mémoriser en une seule image. L'enfant le fera d'abord en dessinant sa représentation mentale pour éventuellement n'évoquer qu'une visualisation mentale.
- Il est bien important de changer la série de cartes à mémoriser si vous avez déjà fait l'exercice précédent.

11) LA CRÉATION D'UNE HISTOIRE

MATÉRIEL REQUIS

La série de cartes-images disponible dans le matériel d'accompagnement (voir pages 103 et 104) ou les mots-étiquettes disponibles dans votre matériel pédagogique.

DÉROULEMENT DE L'ACTIVITÉ

- Pour mémoriser une liste de mots, il est préférable pour l'élève de se créer une histoire reliant les informations à mémoriser. Ainsi, lorsque l'enfant doit apprendre des mots par cœur, il peut utiliser cette technique.
- Pour stimuler la mémoire verbale ou visuelle, faites mémoriser à l'enfant des mots ou des éléments en les classant à partir d'un critère commun (voir l'exemple du classeur à la page 17).
  Exemple de critères sémantiques: arbres, outils, parties du corps humain, etc.
  Exemple de critères lexicaux: ordre alphabétique, analogie sonore, rimes, etc.
- Présentez 15 mots ou 15 objets pendant 30 secondes.
- Vous pouvez aussi présenter 15 produits d'épicerie pendant 30 secondes.
- Une fois la structuration effectuée, demandez à l'élève de regrouper les éléments de la même famille. Faites ensuite une période de récupération de l'information (faites écrire les mots mémorisés sur une feuille par exemple).
- Si l'enfant éprouve des difficultés lors de la catégorisation, il est inutile de réaliser cet exercice puisqu'il sera doublement difficile et dépourvu de sens à ses yeux. Il vous faudra donc préalablement faire un exercice de catégorisation.

12) LA RÉPÉTITION

MATÉRIEL REQUIS

Les séries de cartes disponibles dans le matériel d'accompagnement (voir pages 101 à 108) ou les mots-étiquettes disponibles dans votre matériel pédagogique et des fiches.

DÉROULEMENT DE L'ACTIVITÉ

- La répétition demeure une méthode efficace pour certains enfants qui n'ont pas encore atteint le niveau cognitif leur permettant d'établir des liens ou de faire des synthèses.
- Bâtissez des fiches de rappel où l'on diminue de plus en plus le nombre d'indices fournis (il faut que l'élève réussisse parfaitement une étape pour passer à l'autre).

a) Avec indices de rappel progressifs :

- Dans cette méthode favorisant la mémorisation, l'enfant doit progressivement nommer les éléments manquants.
Exemple :

Poème[1]

Le chat ouvrit les yeux,
Le soleil y entra.
Le chat ferma les yeux,
Le soleil y resta.

Voilà pourquoi, le soir,
Quand le chat se réveille,
J'aperçois dans le noir
Deux morceaux de soleil.

Carte 1

Le chat ouvrit ____________
Le soleil y ____________
Le chat ferma ____________
Le soleil y ____________

Voilà pourquoi ____________
...et ainsi de suite

Carte 2

Le chat ____________
Le soleil ____________
Le chat ____________

...et ainsi de suite

1. Maurice CARÊME (1996), « Le chat et le soleil », *Les plus beaux poèmes de la langue française*, éditions Hachette jeunesse Espagne, p. 284-285.

b) Avec répétition fragmentée

- Lisez d'abord le poème en entier. Ensuite, lisez une ligne et demandez à l'enfant de fermer les yeux. Lorsque cette ligne est bien mémorisée, passez à la suivante. Après environ cinq lignes, demandez à l'enfant de réciter ce bout par cœur.
- On utilisera ce même principe pour l'apprentissage de l'orthographe des mots.
- La méthode utilisée (répétition avec indices de rappel progressifs ou répétition fragmentée) dépendra du style de l'élève.

c) Multisensorielle

- L'enfant peut utiliser d'autres modalités sensorielles afin de soutenir l'apprentissage du poème. Ainsi, il peut l'écrire sur un tableau, le lire à voix haute ou le mimer.

13) LA MÉMORISATION D'UNE HISTOIRE

MATÉRIEL REQUIS

Un livre d'histoire.

DÉROULEMENT DE L'ACTIVITÉ

- La mémorisation d'une histoire, d'un texte ou d'un récit nécessite une grande capacité d'écoute et d'attention. L'enfant doit développer sa capacité de synthèse et maîtriser l'ordre chronologique des événements. En lecture, l'enfant doit également adopter des stratégies le préparant à mémoriser et structurer sa lecture.
- Lisez une histoire et demandez aux élèves d'identifier les personnages et les objets dans leur ordre d'apparition (ils peuvent le faire par écrit ou en les dessinant). En s'aidant ensuite de leurs réponses, les enfants tenteront de reconstituer l'histoire de mémoire. Ils apprennent ainsi à repérer les éléments importants d'un texte.
- Lors d'une activité de lecture, les élèves doivent avant tout relever le titre, le nom de l'auteur et se faire un aperçu global du texte (trouver le thème dominant). Faites une première lecture en soulignant les choses importantes. Revenez sur les passages soulignés afin de bien les expliquer et d'en dégager les mots-clés permettant de faire la synthèse. Placez ces mots-clés sur une feuille de rappel afin de structurer les idées du texte et tenter de les «mentaliser» (de s'en faire une image mentale).

14) LA MÉMOIRE DES VISAGES

MATÉRIEL REQUIS

La série de cartes-visages disponible dans le matériel d'accompagnement (voir pages 107 et 108).

DÉROULEMENT DE L'ACTIVITÉ

- Asseyez les enfants devant une série de cartes (à l'envers). Dites aux enfants de se fermer les yeux.
- Invitez un élève à se lever et à choisir une carte. Il doit ensuite décrire à ses camarades (qui ont toujours les yeux fermés) le visage sur la carte choisie.
- Demandez aux enfants de visualiser les traits et les caractéristiques du visage dont ils entendent la description.
- Demandez à l'élève qui a effectué la description de replacer la carte à sa place (à l'envers) et de retourner s'asseoir. Invitez les autres élèves à ouvrir leurs yeux. Ils doivent tourner les cartes et trouver celle dont ils ont entendu la description.

15) LA MÉMOIRE DU MOUVEMENT

MATÉRIEL REQUIS

La feuille *La mémoire du mouvement* disponible dans le matériel d'accompagnement (voir page 155).

DÉROULEMENT DE L'ACTIVITÉ

- Placez l'enfant devant l'image d'un labyrinthe.
- Décrivez ensuite le parcours de l'animal que l'enfant suivra des yeux sur la feuille. « Le lapin passe devant la poire, puis il se dirige vers le chien. Il court ensuite pour sauter sur le train. Il décide ensuite d'aller chercher de la nourriture. Il continue et trouve une tomate. »
- Vos consignes ne doivent pas comporter trop de concepts d'espace (gauche, droite) puisqu'ils pourraient représenter une difficulté en soi.
- Répétez le parcours et demandez à l'enfant de fermer les yeux afin de visualiser les déplacements.
- Demandez ensuite à l'élève de dessiner le parcours sur la feuille, en utilisant moins de déplacements au début pour éventuellement les augmenter et en accroître la difficulté.

Les moyens d'adaptation et les outils palliatifs

Plusieurs des enfants qui présentent des troubles de mémoire à court terme, de mémoire de travail ou de mémoire à long terme demeureront avec des difficultés importantes malgré une rééducation cognitive intensive. Pour ces derniers, il est préférable d'utiliser, en plus des exercices, des outils ou des moyens qui leur permettront de réussir malgré leur déficit. Ils se sentiront ainsi compris et considérés dans leurs difficultés.

Voici donc une liste de moyens d'adaptation et d'outils palliatifs servant à pallier les troubles de mémoire à court terme (empan) et de mémoire de travail.

- Diminuer le nombre d'informations proposées. Par exemple, les consignes complexes impliquant plusieurs éléments ou étapes sont trop exigeantes: «Prenez votre cahier d'écriture, inscrivez votre nom dans le coin droit de la feuille et la date dans le coin gauche. Placez-vous à la cinquième ligne et attendez mon signal.» Il est préférable, dans ce cas, de fragmenter la consigne en plus petites unités.
- Donner une consigne à la fois afin d'éviter toute source de distraction, et ce, tant à l'école qu'à la maison.
- Avertir les enfants avant de leur donner une consigne afin qu'ils soient disponibles à la mémorisation.
- Encourager les enfants à signaler (lever la main par exemple) lorsqu'ils n'ont pas entendu toute l'information.
- Donner des appuis visuels pour éviter une surcharge d'informations. Les consignes peuvent, par exemple, être écrites au tableau ou sur une feuille afin que les élèves puissent s'y référer au besoin.
- Prendre en considération que l'apprentissage des tables de calcul peut s'avérer une tâche très difficile pour ces élèves, car cela exige spécifiquement une bonne mémoire de travail. Bien que ces enfants puissent apprendre les tables les plus simples, les tables les plus complexes s'avéreront une expérience difficile pour eux. Ils pourraient d'abord utiliser du matériel à manipuler (blocs, bâtonnets, etc.) afin de comprendre les notions d'algorithmes et pour développer et soutenir une certaine représentation mentale. Pour les enfants plus vieux (troisième cycle), il devient important de suggérer des moyens palliatifs (la calculatrice par exemple) afin de favoriser leur autonomie et de ne pas les désavantager lors des exercices de résolution de problèmes.

Voici une autre liste dont les moyens et les outils servent à pallier les troubles de mémoire à long terme.

- Encourager les enfants à structurer les éléments à mémoriser ou les présenter préalablement structurés afin de leur éviter cette étape et aussi pour leur permettre d'encoder les informations.

- Offrir de l'aide aux élèves en adaptant les examens ; en leur ajoutant des questions ou indices. Les élèves qui ont des difficultés dans la récupération des informations structurent mal leur recherche en mémoire. En tant que pédagogue, demandez-vous quel est l'objectif de votre test : vérifier la mémoire ou vérifier l'apprentissage des élèves.
- Encourager l'établissement de liens, le questionnement lors des apprentissages et renforcer positivement ces démarches.
- Faire fabriquer des aide-mémoire par les enfants (ce qui devient en quelque sorte un type d'apprentissage). Le nombre d'aide-mémoire **ne doit pas être excessif**. Il est donc important, pour chacun des outils utilisés, d'évaluer périodiquement son utilité et la possibilité de le modifier. Vous pouvez aussi vous servir d'outils tels que : une montre cadran, une calculatrice ou une sonnerie.

Référez-vous au matériel d'accompagnement (voir pages 152 à 154) pour l'utilisation d'aide-mémoire qui pourront servir à la maison ou à l'école. Ce type de matériel a été testé auprès de jeunes éprouvant des difficultés de mémoire et s'est avéré fort prometteur. Il est très utile pour les troubles de mémoire à long terme provoqués par des lésions cérébrales importantes. Pour les enfants ayant des difficultés au niveau de la mémoire de travail, il importe de bien cibler l'information à cocher afin que cet outil soit concis et facile d'utilisation. Cet outil doit être adapté au besoin de chaque élève et au fonctionnement de l'école et de la maison. Il faudra entraîner l'enfant à bien l'utiliser.

Chapitre 3

La motricité fine

La définition de la problématique et les notions de base

Le bon développement des habiletés motrices fines est souvent quelque chose que l'on prend pour acquis chez les enfants. Cependant, force est de constater qu'il en va autrement pour plusieurs d'entre eux. Nous n'avons qu'à penser aux élèves présentant des difficultés d'écriture, à ceux qui manipulent difficilement leurs ciseaux ou ceux qui ne réussissent pas à utiliser une règle, un compas ou un rapporteur d'angles avec succès. Les exemples sont nombreux et les difficultés scolaires rencontrées par ces élèves le sont tout autant. Lorsqu'un enfant présente des difficultés motrices fines, il en résulte un impact direct sur son fonctionnement scolaire. Ces répercussions sont d'autant plus importantes si l'on considère que 30 % à 60 % des tâches réalisées par les élèves du primaire impliquent l'utilisation d'habiletés motrices fines (Cermak).

L'impact direct de ces difficultés est facilement observable par l'entourage de l'enfant : la maladresse, la lenteur d'exécution ou l'incapacité à acquérir une nouvelle habileté sont au nombre des manifestations observées. Les retombées secondaires telles la fatigue motrice, la démotivation ou la diminution de la confiance en soi sont cependant moins connues et plus difficiles à reconnaître. Il résulte aussi des répercussions sur les apprentissages cognitifs de l'enfant qui, embourbé dans ses difficultés motrices, a moins d'attention et d'énergie à consacrer au fonctionnement cognitif.

Plusieurs composantes se développent graduellement chez les enfants et permettent l'émergence d'habiletés motrices fines adéquates utilisées quotidiennement dans toutes les sphères de la vie. Certaines de ces composantes seront donc abordées dans ce chapitre, de même que les principales problématiques qui leur sont relatives. Les exercices suggérés peuvent être abordés dès le début de la maternelle et se poursuivre tout au long du primaire afin de préparer et soutenir, notamment, les habiletés d'écriture.

Trois principes sont souvent relevés lorsqu'on aborde le développement moteur chez les enfants.

- **Premièrement, le développement s'effectue du proximal au distal (soit les parties près du corps vers les extrémités).**

  Bien que cette progression ne soit pas hiérarchique, cet énoncé peut tout de même être relevé afin de faciliter la compréhension des interrelations motrices. Il est ainsi plus facile de comprendre qu'il faille, à certains moments, reprendre des activités plus globales afin d'avoir un impact sur la fonction motrice fine.

- **Deuxièmement, les mouvements produits sont d'abord grossiers, puis se raffinent peu à peu.**

  Les mouvements effectués par les enfants sont au départ imprécis pour devenir plus précis et coordonnés au fur et à mesure qu'ils acquièrent une habileté.

- **Troisièmement, le corps doit compter sur des points de stabilité afin de produire un mouvement.**

  Il existe un principe biomécanique selon lequel il faut d'abord avoir un point de stabilité afin d'obtenir de la mobilité. Or, lors de l'exécution de mouvements, certaines structures anatomiques doivent assurer une stabilité autour des segments à mobiliser. Au cours d'une activité de découpage par exemple, il faut qu'une épaule et un avant-bras soient bien stables pour permettre la mobilité du poignet et des doigts.

Nous allons maintenant aborder certaines des composantes nécessaires à la production d'actes moteurs fins bien coordonnés.

Le contrôle postural

Le contrôle postural résulte de la force et de la judicieuse utilisation combinée des muscles extenseurs et fléchisseurs afin d'agir contre la gravité et permettre l'existence de réponses d'équilibre mature. Le contrôle postural permet de soutenir la position du tronc et du cou dans l'espace ou de les mobiliser selon les besoins.

Lorsqu'un élève présente des lacunes à ce niveau, il éprouve des difficultés, lors des causeries par exemple, à rester assis de façon stable. Il bouge beaucoup, s'appuie sur ses pairs ou s'allonge au sol. Il peut aussi arriver que lors des travaux d'écriture, son membre supérieur non dominant soutienne sa tête plutôt que de stabiliser le papier. Un pauvre contrôle postural peut entraîner des difficultés motrices fines : l'enfant ne peut soutenir une posture optimale de travail et dépense beaucoup d'énergie pour une composante qui ne devrait pas solliciter tant d'efforts. Dans cet ordre d'idées, il importe d'avoir une bonne stabilité afin d'obtenir et soutenir une meilleure mobilité.

Lorsque vous demandez à un tel enfant de rester bien assis, il doit fournir un effort conscient pour respecter cette demande puisque son corps est incapable d'y répondre de manière inconsciente tel qu'il devrait le faire. La majeure partie de son attention devient alors centrée sur le fait de bien se tenir sur sa chaise. L'enfant est, par ce fait même, moins disponible à l'écoute des consignes ou à l'exécution des tâches à effectuer. Il importe donc de se questionner sur la priorité de nos exigences dans certaines situations et sur leur impact réel sur le fonctionnement des enfants.

La stabilité et le contrôle de l'épaule

La stabilité de l'épaule repose sur la capacité de contracter les muscles entourant cette articulation. Une instabilité au niveau de l'épaule entraînera une fatigue accrue lors de mouvements de plus grande amplitude ou lors d'un travail en contre-gravité tel écrire au tableau. Les mouvements du membre supérieur seront moins fluides et précis et parfois même accompagnés de légers tremblements. Il est ainsi possible d'observer un impact notamment sur les habiletés de calligraphie, de bricolage, de même que sur les activités motrices en éducation physique ou dans la cours d'école.

La stabilité et le contrôle du coude, du poignet et des doigts

Comme pour la stabilité de l'épaule, les différents muscles, ligaments, tendons et os du bras et de la main permettent de stabiliser les articulations du coude, du poignet et des doigts. Il est ainsi possible d'obtenir une stabilité, un contrôle et une dissociation optimale des différents segments du membre supérieur.

Lorsque cette composante est lacunaire, nous pouvons observer différentes manifestations sur les habiletés motrices fines. Notons une flexion du poignet, une élévation du bras ou une absence de mobilité au niveau du bout des doigts lors des activités graphiques. La stabilité et le contrôle du membre supérieur permettent des mouvements fins des doigts et notamment la prise adéquate du crayon.

La dissociation et les mouvements fins de la main et des doigts

La dissociation des doigts permet de bouger les doigts de façon isolée. Elle est importante lors de la réalisation de tâches graphiques et de tâches quotidiennes. Elle permet d'obtenir une précision d'exécution. Plus l'articulation mobilisée est petite, moins la dépense énergétique est importante. L'enfant qui présente une bonne dissociation des doigts dépense donc moins d'énergie et est plus précis, dans sa calligraphie par exemple, que celui dont les mouvements proviennent du poignet. Ce dernier est d'ailleurs souvent fatigué et se plaint d'avoir mal à la main. Le bon fonctionnement des muscles fins est donc important pour mobiliser, mais aussi pour stabiliser plusieurs petits objets manipulés quotidiennement.

Le dépassement des lignes de contour lors d'une activité de coloriage, le non-respect des interlignes lors de l'écriture ou la manipulation malhabile des attaches lors de l'habillement peuvent être des conséquences d'une mauvaise dissociation des doigts et d'un mauvais fonctionnement des muscles fins. L'enfant peut avoir de la difficulté à retourner son crayon pour effacer en n'utilisant que sa main d'écriture ou à manipuler plusieurs petits objets à la fois (jetons lors du dénombrement); ceux-ci tombent de sa main ou il doit s'aider de son corps ou de son autre main pour réussir. Ces difficultés rendent souvent la réalisation des tâches motrices fines plus lente et laborieuse.

La prise du crayon

Une prise fonctionnelle du crayon implique une dissociation radio-ulnaire de la main, ce qui signifie que l'annulaire et l'auriculaire de la main sont repliés vers la paume et appuyés sur le papier afin d'assurer un point de stabilité. En ayant une bonne stabilité, il est ainsi possible d'obtenir une meilleure mobilité des doigts. Le pouce doit aussi être bien positionné sur le crayon pour maximiser la mobilité du bout des doigts. Lorsque le mouvement du crayon est initié par le bout des doigts on qualifie la prise du crayon de *dynamique*. La maturation de la prise du crayon s'effectue selon un processus développemental. Certains enfants vont passer par différents types de prise du crayon (voir la page suivante), alors que d'autres ont très tôt, soit vers l'âge de deux ou trois ans, une prise du crayon dite *mature*. Ce qui importe, c'est de respecter le développement de l'enfant en lui offrant l'opportunité de bouger (grimper, sauter, marcher à quatre pattes) et de manipuler une grande variété d'outils de grosseurs et de formes variées (pinceaux, crayons, étampes).

Tripode

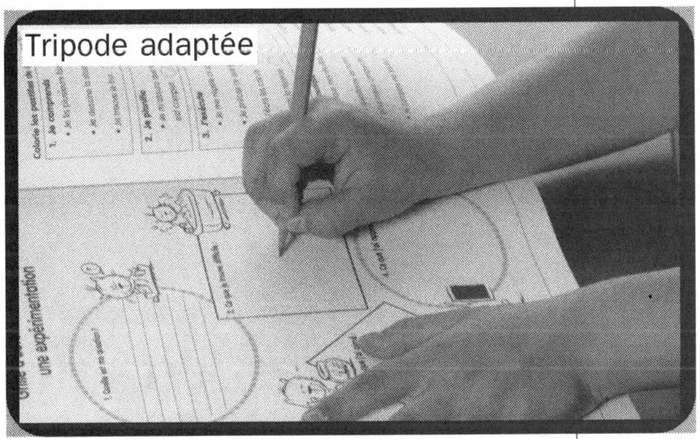
Tripode adaptée

Quadripode

Ces trois prises du crayon sont considérées fonctionnelles pour un enfant d'âge scolaire.

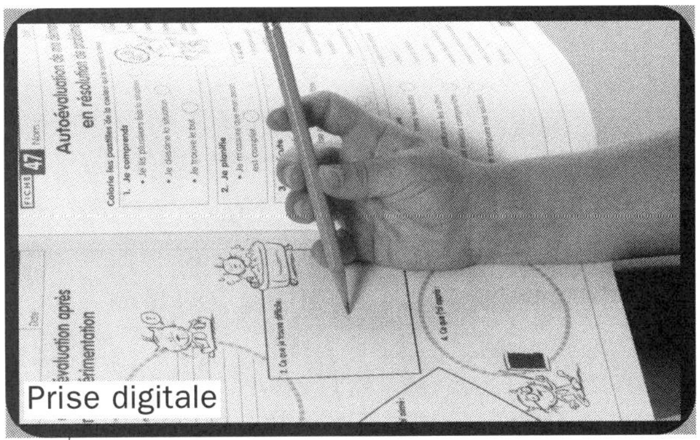
Prise digitale

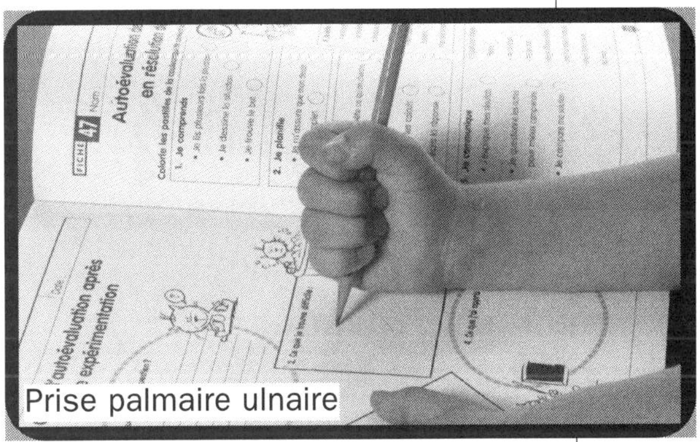
Prise palmaire ulnaire

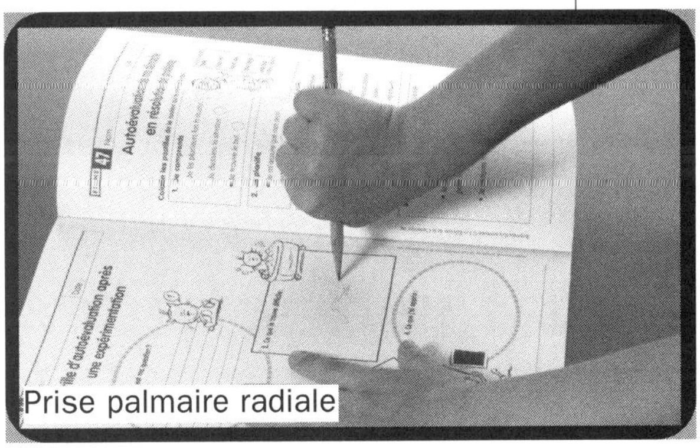
Prise palmaire radiale

Ces trois prises du crayon sont considérées inadéquates pour un enfant d'âge scolaire.

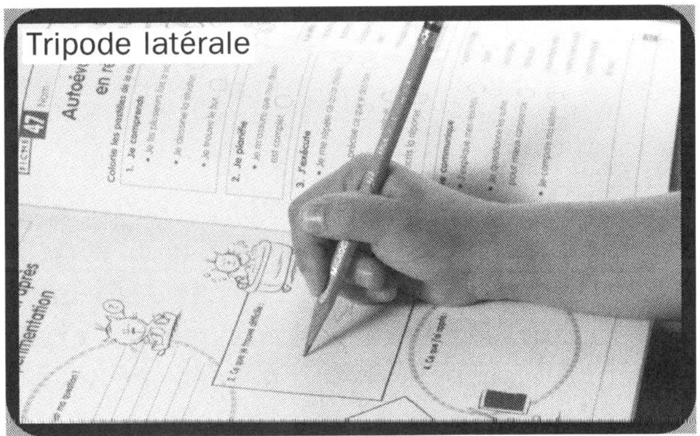
Tripode latérale

Cette prise du crayon est à surveiller. Il importe de vérifier que les mouvements sont bien initiés par les doigts (fonctionnel) et non par le poignet (inadéquat).

Il est important de comprendre que la prise du crayon ne nuit pas nécessairement aux activités graphiques. Cela dépend de chaque enfant. Il faut observer tous les segments du corps impliqués dans la tâche et déterminer où se situent les points de stabilité et de mobilité afin de porter un jugement judicieux tout en évaluant la performance fonctionnelle de l'enfant.

Certains indices cognitifs tels que « tiens ton crayon comme un bec de canard » aident surtout les enfants ayant des difficultés de planification motrice (organiser le placement de leurs doigts sur le crayon). Pour les autres enfants, ce type de remarque a peu d'impact puisque la prise du crayon ne résulte pas d'un processus cognitif, mais bien moteur. En effet, la prise du crayon s'effectue spontanément et non de manière consciente. Il faut donc offrir une variété d'activités motrices susceptibles de favoriser le développement d'une prise mature du crayon.

Les embouts

Les embouts sont de petits adapteurs pouvant être placés sur le crayon afin de favoriser une position adéquate des doigts lors de la prise du crayon. Il existe différents types d'embouts dont certains vous sont présentés ci-dessous.

Tube mousse : procure une meilleure sensation tactile, ce qui permet de réduire ou d'augmenter la pression des doigts sur le crayon.

Triangle : favorise le placement adéquat des doigts sur le crayon.

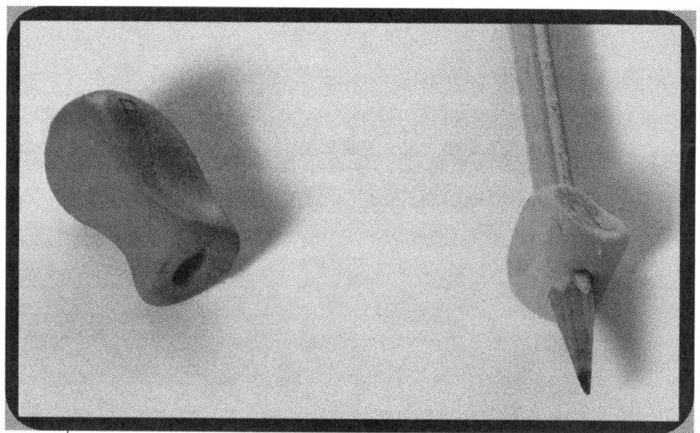

« Stetro » : favorise le placement adéquat des doigts sur le crayon. Toutefois, le plastique dont il est composé est rigide et les encavures prémoulées prévues pour le placement des doigts peuvent réduire le confort.

Bague porte-crayon (« pencil grip ») : favorise le placement adéquat des doigts. Cet embout est maléable, ce qui le rend confortable. L'extrémité arrondie favorise une meilleure position et mobilité du pouce.

L'ajout d'un embout favorise la compréhension du placement des doigts sur le crayon, mais devrait toujours être accompagné d'un programme d'activités visant le développement de la musculature fine. Sachez qu'afin d'être utilisé adéquatement, l'embout requiert un effort conscient de l'enfant alors que la prise du crayon devrait être spontanée.

Le système tactile-proprioceptif

Le système tactile, qui reçoit l'information provenant de l'environnement par les récepteurs de la peau, et le système proprioceptif, qui reçoit l'information des récepteurs logés dans nos muscles et nos articulations, sont fort importants. Ils représentent très tôt pour les jeunes enfants une source privilégiée de données sur le monde qui les entoure. Les enfants apprennent d'abord en manipulant et en bougeant. Ils peuvent ainsi commencer à se faire une image mentale des possibilités et des limites de leur corps. Progressivement, une représentation mentale des objets touchés s'effectue; cela permet aux enfants d'apprendre à graduer la force avec laquelle ils doivent manipuler ces objets, mais aussi à utiliser leur musculature de façon efficace afin de les actionner. Les principales dysfonctions affectant ces systèmes peuvent provenir d'une hyperréactivité sensorielle, d'une hyporéactivité sensorielle ou d'un problème de discrimination tactile.

Dans le premier cas, soit l'**hyperréactivité**, l'enfant réagit comme si les stimuli tactiles (ce qui touche son corps) provenant de son environnement l'agressaient ou l'indisposaient. Ainsi, il peut avoir de la difficulté à tolérer la proximité de ses pairs, ne pas aimer être en contact avec certaines textures telles la peinture (tactile), la pâte à modeler ou la colle, ou être difficile dans le choix de ses vêtements. Puisque les stimuli tactiles sont perçus comme étant désagréables, l'enfant tend à moins explorer et à moins manipuler et cela peut influencer négativement le développement de ses habiletés motrices fines. Cette problématique est très anxiogène et affecte parfois le niveau d'attention de l'enfant puisque son environnement est rempli de stimuli tactiles qu'il essaie d'éviter. Il peut devenir hypervigilant et avoir de la difficulté à garder son attention et à maintenir l'intérêt sur une tâche spécifique. Il peut aussi avoir de vives réactions (colère, cris, coups) lorsqu'il doit composer avec certains stimuli. Le support d'un ergothérapeute spécialisé dans ce type de problématique est ici nécessaire afin de déterminer correctement la nature des difficultés observées et ainsi intervenir de façon adéquate. Cependant, si ce professionnel propose des stratégies spécifiques aux besoins d'un enfant, il importe de ne pas les réutiliser pour un autre enfant sans en avoir préalablement discuté avec le professionnel en question.

Dans le second cas, soit l'**hyporéactivité**, l'enfant enregistre mal l'information sensorielle qui provient de son environnement. Il a besoin de plus d'informations ou d'informations plus intenses afin d'en comprendre la signification. Ainsi, il peut avoir de la difficulté à juger de la force nécessaire pour manipuler certains objets puisqu'il ne décode pas bien l'information que lui fournit son corps tant au niveau tactile que proprioceptif. Cet enfant peut utiliser une force exagérée ou insuffisante pour tenir son crayon, est incapable d'utiliser un portemine car il en brise continuellement les mines, peut être maladroit et trébucher sur les meubles ou peut être brusque dans ses gestes auprès des autres enfants (les serrer ou les pousser fort) ou des animaux (les caresser trop fort). Il peut aussi avoir de la difficulté à manipuler le matériel sans le briser ou faire des dégâts sans le vouloir (écraser les petits verres de carton en buvant de l'eau).

Dans le dernier cas, soit la difficulté à **discriminer l'information tactile**, l'enfant reçoit les stimuli tactiles, mais les interprète d'une façon moins efficace et précise. Il peut donc avoir de la difficulté à identifier un objet tenu dans sa main s'il ne possède pas de support visuel (trouver un objet dans son coffre à crayons ou la bonne pièce de monnaie dans sa poche). Cela peut influencer la capacité de l'enfant à se représenter mentalement les informations et peut influencer sa vitesse d'exécution.

L'enfant apprend d'abord à utiliser ses mains en se guidant à l'aide de son système visuel. Il doit ensuite pouvoir utiliser sa musculature fine sans ce support visuel afin que l'exécution des tâches soit plus rapide et efficace.

L'intégration motrice bilatérale

L'intégration motrice bilatérale est la capacité du système nerveux de coordonner les deux côtés du corps. Cette composante influence la capacité de croiser la ligne médiane (travailler avec la main droite du côté gauche ou vice versa par exemple), d'établir une préférence manuelle (gaucher ou droitier) et d'exécuter des mouvements identiques ou différents en utilisant les deux côtés du corps.

Lorsque la composante d'intégration motrice bilatérale est affectée chez un enfant, il peut avoir de la difficulté à stabiliser sa feuille lors des tâches graphiques, peut alterner les mains pour une même activité ou avoir de la difficulté à bien coordonner ses deux mains pour réaliser des tâches telles que découper, aiguiser son crayon ou prendre une mesure à l'aide d'une règle. Il peut aussi en résulter un impact sur le fonctionnement moteur global de l'enfant. Cela s'observe dans la pratique de diverses activités telles que jouer au ballon ou aller à bicyclette.

La planification motrice

La planification motrice est la fonction du système nerveux central qui permet d'élaborer le plan nécessaire à la réalisation d'une action. Les praxies (actes moteurs) impliquent donc tant la conceptualisation, l'organisation que l'exécution d'une tâche motrice. Les enfants doivent connaître le but de l'activité à effectuer, afin que leur cerveau décortique l'exercice et envoie des commandes motrices au corps, ce qui leur permettra d'exécuter la tâche puis de vérifier le résultat de leur processus. Pour certains enfants, ce processus est lacunaire. Ils ont alors de la difficulté à réaliser une nouvelle tâche, ont besoin de beaucoup de pratique afin de la réussir et peuvent présenter des difficultés à la généraliser. Ainsi, si l'une des données reliées à la tâche change (personne, endroit, objet avec lequel la tâche est réalisée), l'enfant la traitera comme une nouvelle activité plutôt que de se baser sur son expérience antérieure.

Dans le cadre scolaire, il est possible que l'acquisition des patrons moteurs d'écriture (façon de tracer les lettres) soit problématique tout comme la réalisation de bricolages séquentiels ou l'utilisation d'un nouvel instrument comme la règle, le rapporteur d'angles ou le compas. Des difficultés praxiques se révèlent aussi lors de la réalisation d'activités motrices globales en éducation physique ou dans la cour d'école. Cela peut influencer le développement de l'estime de soi et l'établissement de liens sociaux, notamment pour plusieurs jeunes garçons et filles qui se valorisent en partie par la réussite sportive. Les troubles praxiques nécessitent une intervention spécifique et prolongée.

> Il est donc possible de constater que la réalisation d'actes moteurs fins est le produit du bon développement et de l'intégration de plusieurs composantes dont certaines ont été abordées dans ce chapitre. Toutefois, une évaluation plus exhaustive est souvent nécessaire lorsque des difficultés motrices sont rencontrées, et ce, afin d'en identifier la nature et de guider les interventions.

Les habiletés fonctionnelles

Les habiletés de préécriture et d'écriture

Les difficultés éprouvées lors de la réalisation des tâches graphiques, notamment celles en calligraphie, ont des répercussions importantes sur le quotidien de l'enfant. L'enfant doit pouvoir compter sur les différentes composantes décrites préalablement afin d'apprendre et de pouvoir réussir de façon adéquate sur ce plan. En effet, la prise du crayon doit être fonctionnelle, l'avant-bras doit être appuyé sur la surface de travail et le poignet doit être en extension légère pour optimiser le travail graphique.

Les principales difficultés **motrices** concernant la calligraphie affectent:

- La lisibilité de l'écriture (utilisation de tracés inadéquats pour former les lettres, segmentation des tracés, non-respect de l'interligne ou diminution de la qualité graphique).

  Exemples:

  Non-respect de l'interligne

  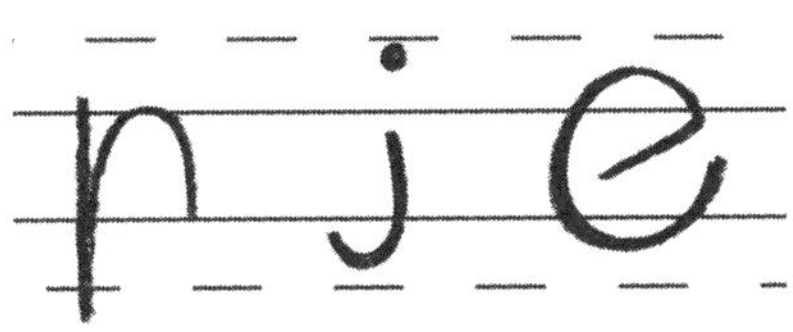

  Tracés de lettres inadéquats

  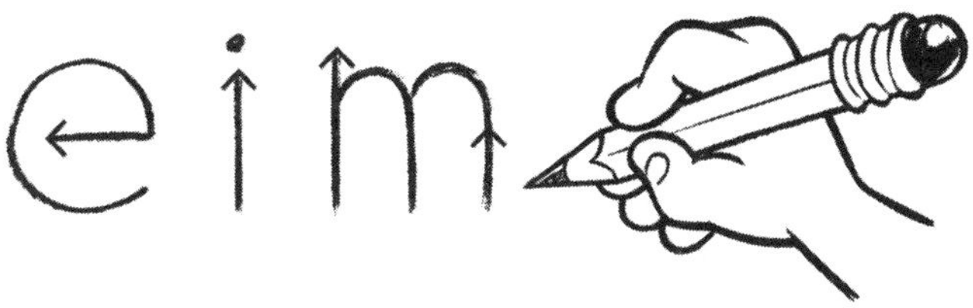

  Segmentation

  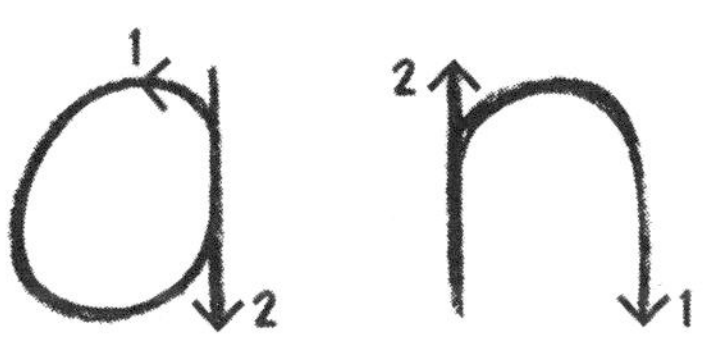

  Qualité graphique diminuée

- La vitesse d'écriture, atténuée par la fatigue motrice ou par le non-encodage du geste d'écriture en mémoire motrice.

Si la calligraphie n'est pas automatisée, c'est-à-dire encodée en mémoire motrice, il en résulte un effort conscient de l'enfant qui doit mobiliser ses fonctions cognitives sur le geste d'écriture plutôt que sur les différents éléments entourant la situation d'écriture comme la composition, l'orthographe ou la grammaire.

Il est aussi fréquent d'observer des signes de démotivation ou d'empressement à terminer les tâches de calligraphie chez plusieurs enfants ayant des difficultés motrices fines. Cela s'explique par le fait que même lorsqu'ils y mettent les efforts, les résultats graphiques obtenus ne sont que peu satisfaisants. Il devient ainsi souvent plus facile pour l'enfant de laisser croire que ses piètres performances graphiques sont associées à de l'empressement ou à un moindre effort plutôt qu'à de réelles difficultés motrices.

Il est important de reconnaître et de respecter les difficultés de l'enfant en vue de soutenir et d'encourager ses efforts. Cela permet de minimiser l'impact négatif qu'il vit au quotidien.

D'autres types de difficultés peuvent affecter les habiletés d'écriture. Ils sont abordés au chapitre 4 qui traite des habiletés perceptuelles.

Les habiletés de découpage

Afin d'obtenir de bons résultats lors des activités de découpage, les enfants doivent maîtriser certains aspects moteurs. En effet, ils doivent avoir une bonne stabilité du membre supérieur afin d'optimiser l'utilisation de leurs muscles fins. Ils doivent aussi combiner l'utilisation de leurs deux membres supérieurs et se doivent de bien coordonner leur musculature fine afin d'avoir un bon contrôle de la gradation de l'ouverture et de la fermeture des ciseaux. Il leur faut de plus une bonne coordination visuo-motrice pour ajuster les mouvements de leurs bras et de leurs mains aux informations visuelles qu'ils reçoivent.

Lors du découpage, les deux membres supérieurs doivent être en pro-supination, c'est-à-dire que la paume de la main n'est orientée ni vers le haut ni vers le bas, mais vers l'intérieur. Les poignets sont en extension légère alors que l'annulaire et l'auriculaire sont repliés tout comme lors de la prise du crayon pour assurer un point de stabilité. Lorsque ces habiletés sont maîtrisées, il en résulte un découpage contrôlé, précis et fluide. Il existe deux préhensions fonctionnelles des ciseaux (voir page 41).

Les activités quotidiennes

Les enfants utilisent l'ensemble des composantes préalablement décrites pour réaliser de nombreuses activités quotidiennes. Ces activités peuvent sembler anodines, mais elles s'avèrent parfois problématiques pour un enfant qui éprouve des difficultés motrices. Ouvrir de petits contenants, attacher ses boutons, attacher sa fermeture éclair, nouer ses lacets, se verser un verre de lait ou manipuler de petites pièces de jeux sont autant de tâches qui rendent le fonctionnement scolaire et quotidien de l'enfant en difficulté plus lourd et exigeant que pour ses pairs. Il importe donc d'être conscient des efforts que cet enfant doit déployer afin de réaliser toutes les tâches à accomplir dans sa journée.

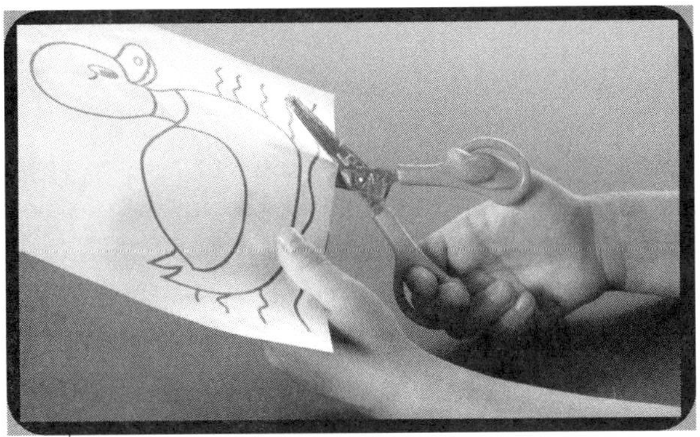

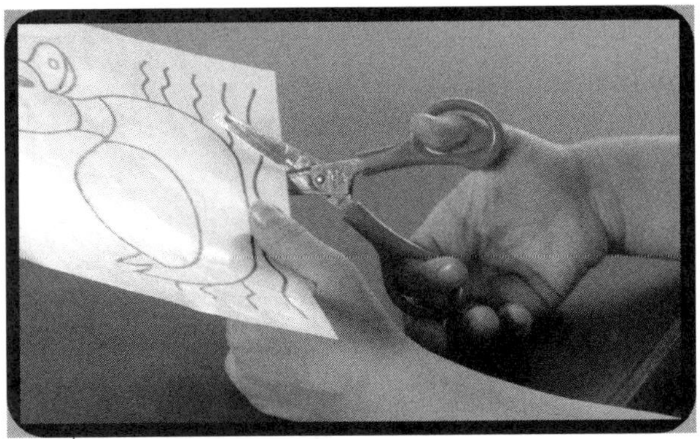

Exemples de préhension fonctionnelle.
Le pouce est dans une loupe, alors que l'index et le majeur sont dans l'autre loupe.

Exemple de préhension inadéquate.
Le pouce est dans une loupe et seul l'index est dans l'autre loupe, ce qui ne procure pas une maîtrise suffisante des ciseaux.

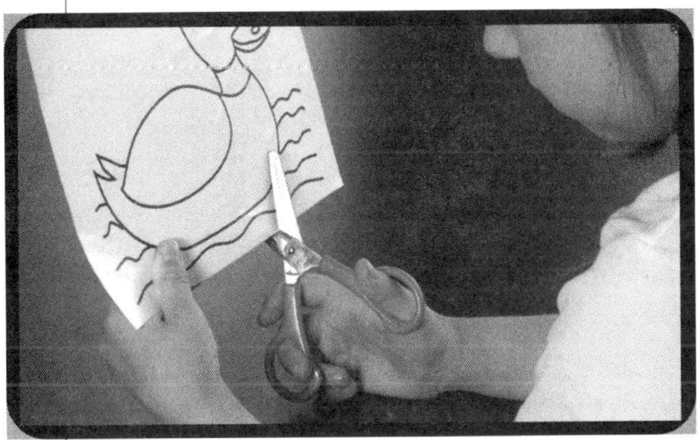

Le pouce est dans une loupe, alors que le majeur est dans l'autre loupe et que l'index stabilise le dessous des ciseaux.

Comme vous pouvez le constater, il faut orchestrer plusieurs composantes afin d'obtenir un fonctionnement moteur fin optimal. Il suffit parfois d'un grain de sable dans l'engrenage pour faire obstacle à la réalisation du plein potentiel d'un enfant. C'est donc dans cet ordre d'idées que nous vous suggérons une banque d'activités. Ces activités ont pour but de stimuler les différentes habiletés sensorimotrices des enfants. Bien que l'horaire de classe ou celui de la maison soit fort chargé, il importe d'y consacrer du temps afin de corriger ou prévenir des difficultés potentielles chez l'élève. La prévention demeure un outil essentiel puisqu'il est difficile de déterminer si un enfant de première année présentant des lacunes motrices fines, n'affectant pas sa performance pour le moment, pourra soutenir le rythme grandissant des exigences au fil des ans.

Cette banque d'activités ne remplace toutefois aucunement l'intervention d'un spécialiste. Le travail de ce professionnel permettra de cibler la nature des difficultés de l'enfant et d'intervenir de façon précise et efficace afin de les réduire ou d'y pallier. Il peut aussi vous guider dans vos interventions quotidiennes et bonifier votre banque d'activités.

Les activités qui vous sont proposées peuvent s'effectuer en groupe à l'aide de la planche de jeu (voir pages 156 et 157), en atelier; elles peuvent être intégrées aux apprentissages réguliers (voir page 51) ou être présentées sous forme de routine (voir page 42).

LES EXERCICES DE RÉÉDUCATION

Il est souhaitable de combiner les exercices proposés aux apprentissages quotidiens. Vous augmenterez ainsi l'intérêt et la motivation des enfants (notamment ceux plus moteurs). Certains de ces exercices peuvent s'effectuer à la maison, en classe, au gymnase ou dans la cours d'école.

Les exercices de rééducation sont présentés à travers cinq volets différents, soit :

- La routine du matin ;
- J'apprends en bougeant ;
- À la rescousse de Lancelot ;
- Les positions alternatives de travail ;
- Les autres exercices.

La routine du matin

Les activités présentées à l'intérieur de cette section peuvent être intégrées à la routine d'arrivée en classe. Il est possible de bâtir une routine en utilisant une bande cartonnée que vous pouvez confectionner (voir la figure 3.1 ou le gabarit disponible à la page 234 que vous pourrez agrandir et plastifier) et en y apposant trois activités de votre choix parmi celles qui vous sont proposées dans les pages suivantes (voir aussi pages 236 et 237). La routine doit être composée d'une activité issue de chacune des trois séries suggérées (A, B ou C). Faites une démonstration de la routine à exécuter. Cette routine matinale sera donc intégrée au quotidien des enfants et sera exécutée chaque matin (après avoir défait le sac d'école par exemple) pour une période de trois à quatre semaines. Vous pourrez ensuite changer les activités afin d'introduire une nouvelle routine. C'est en réalisant fréquemment ce type de travail moteur que des résultats probants seront obtenus et que les répercussions seront les plus efficaces au quotidien, notamment en ce qui concerne le maintien de la posture assise.

Figure 3.1 LA ROUTINE DU MATIN

Routine du matin		
Routine A titre de l'activité choisie ou image représentative	Routine B titre de l'activité choisie ou image représentative	Routine C titre de l'activité choisie ou image représentative

Bande cartonnée sur laquelle des cartes-activités *Routine du matin* sont fixées à l'aide de velcro, de gommettes ou autre.

Série A

Les exercices de cette série ont pour but d'améliorer le travail des muscles fléchisseurs du tronc et du cou afin de favoriser une meilleure posture assise, réduire le niveau de fatigabilité et améliorer le niveau d'attention.

1) L'ŒUF FRAGILE (inspiré de Diana Henry, 1999)

MATÉRIEL REQUIS

Un petit matelas de sol ou un tapis.

DÉROULEMENT DE L'ACTIVITÉ

- Demandez à l'enfant de s'asseoir sur le sol.
- Il doit ensuite placer ses mains sous ses jambes repliées.
- Lorsqu'il est bien positionné, demandez-lui de se balancer de l'avant vers l'arrière.
- L'enfant doit aller toucher le sol avec son dos, puis remonter à la position initiale.
- Il peut réaliser entre 15 et 30 répétitions.
- Si l'enfant a de la difficulté à réaliser le mouvement, vous pouvez le guider en plaçant une main sous sa nuque et une sur ses genoux afin d'induire le mouvement de balancier.

2) LE BERCEAU

MATÉRIEL REQUIS

Un petit matelas de sol ou un tapis.

DÉROULEMENT DE L'ACTIVITÉ

- Demandez à l'enfant de se coucher sur le dos.
- L'enfant doit croiser les bras sur sa poitrine.
- Il doit replier ses jambes sur son ventre et soulever la tête en poussant le menton vers l'intérieur.
- Lorsqu'il est bien positionné, demandez-lui de tenir la position 30 secondes.
- Si l'enfant éprouve des difficultés, demandez-lui de tenir un nombre moindre de secondes en essayant de battre son record personnel chaque semaine.
- Notez que le menton doit être près de la poitrine afin de solliciter les muscles du cou.

3) Ramasser des objets en croisé

Matériel requis

Des objets à ramasser tels des petits sacs de sable, deux petits cerceaux et une chaise.

Déroulement de l'activité

- Demandez à l'enfant de s'asseoir sur sa chaise.
- L'enfant doit garder les pieds bien à plat sur le sol.
- Placez un cerceau à la gauche de la chaise, puis un autre à la droite de la chaise.
- Placez cinq objets à ramasser dans un des cerceaux.
- L'enfant doit ramasser un objet à la fois en utilisant la main droite si les objets sont dans le cerceau à sa gauche, et en utilisant la main gauche dans le cas inverse.
- Il doit déposer chacun des objets à tour de rôle dans le cerceau vide.
- Lorsque cette première étape est terminée, il doit utiliser l'autre main afin de ramener les objets à leur point de départ, soit dans le premier cerceau.
- Les pieds de l'enfant doivent toujours demeurer bien à plat sur le sol.

4) Ramasser des objets avec les pieds

Matériel requis

Des petits sacs de sable, un cerceau et une chaise.

Déroulement de l'activité

- Demandez à l'enfant de s'asseoir sur sa chaise.
- Déposez le cerceau devant lui et les sacs de sable autour de ses pieds.
- En utilisant ses deux pieds, l'enfant doit attraper un sac de sable puis le soulever afin de le déposer dans le cerceau situé tout juste devant lui.
- L'enfant doit ainsi déplacer cinq sacs de sable ou plus.
- Le cerceau pourrait aussi être placé sur une chaise devant l'enfant afin d'augmenter le niveau de difficulté de cette activité.

5) LA STATUE SUR LA CHAISE

MATÉRIEL REQUIS

Une chaise.

DÉROULEMENT DE L'ACTIVITÉ

- Demandez à l'enfant de s'asseoir de côté sur sa chaise, de telle sorte qu'il ne puisse pas appuyer son dos sur le dossier.
- L'enfant doit croiser les bras sur sa poitrine.
- Il doit ensuite coller puis soulever ses jambes repliées comme s'il voulait se mettre en boule.
- Le menton doit être près de la poitrine afin de solliciter les muscles du cou.
- Lorsqu'il est bien positionné, l'enfant doit soutenir cette position entre 15 et 30 secondes.

Série B

Les exercices de cette série ont pour but d'améliorer le travail des muscles extenseurs du tronc et du cou afin de favoriser une meilleure posture assise, réduire le niveau de fatigabilité et améliorer le niveau d'attention.

6) L'AVION (inspiré de Diana Henry, 1999)

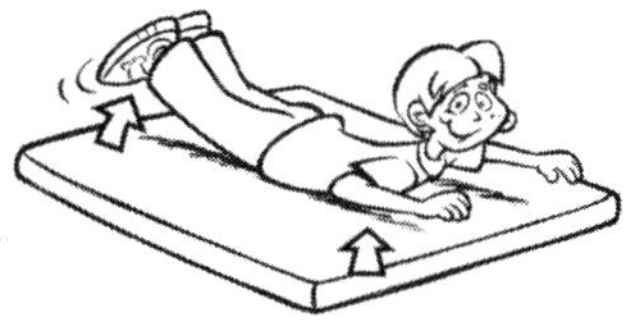

MATÉRIEL REQUIS

Un petit matelas de sol ou un tapis.

DÉROULEMENT DE L'ACTIVITÉ

- Demandez à l'enfant de se coucher sur le ventre sur le matelas ou le tapis.
- Il doit ensuite placer ses bras à 90 degrés de chaque côté de son corps.
- À votre signal, l'enfant doit soulever sa tête, ses bras et ses jambes tendues.
- Lorsqu'il est bien positionné, demandez-lui de maintenir cette position 30 secondes.
- Si l'enfant éprouve des difficultés, demandez-lui de tenir un nombre moindre de secondes en essayant de battre son record personnel chaque semaine.

7) LA PLANCHE À ROULETTES

MATÉRIEL REQUIS

Une planche à roulettes.

DÉROULEMENT DE L'ACTIVITÉ

- Cette activité peut être réalisée au gymnase.
- Demandez à l'enfant de se coucher à plat ventre sur la planche à roulettes.
- Il doit se déplacer à l'aide de ses bras dans un petit parcours de cônes par exemple.
- Les jambes ne doivent pas toucher le sol.
- Il est possible d'intégrer un apprentissage scolaire dans cette activité. En effet, l'enfant peut se déplacer afin d'aller chercher une lettre ou un mot nommé par l'adulte.

8) LES REDRESSEMENTS DU TRONC

DÉROULEMENT DE L'ACTIVITÉ

- Demandez à l'enfant de se tenir debout.
- L'enfant doit placer ses mains sur ses oreilles. *Il importe de ne pas les placer derrière la tête.*
- Il doit ensuite fléchir le tronc vers l'avant, puis remonter jusqu'à la position initiale.
- *Le dos de l'enfant doit demeurer bien droit.*
- L'enfant peut effectuer environ 10 répétitions.

9) LES REDRESSEMENTS DU TRONC COUCHÉ SUR UNE CHAISE

MATÉRIEL REQUIS

Une chaise.

DÉROULEMENT DE L'ACTIVITÉ

- Demandez à l'enfant de se coucher à plat ventre sur la chaise.
- L'enfant doit appuyer son abdomen sur la chaise de manière à être confortable.
- Il appose ensuite ses mains sur ses oreilles, puis baisse le haut de son corps vers le sol et remonte ensuite pour reprendre sa position initiale.
- L'enfant peut effectuer environ 10 répétitions.
- *Le dos de l'enfant doit demeurer bien droit.*

10) LA PAILLE-ASPIRATEUR

MATÉRIEL REQUIS

Des petits bouts de papier d'environ deux centimètres carrés et une paille.

DÉROULEMENT DE L'ACTIVITÉ

- Demandez à l'enfant de soulever un petit bout de papier en l'aspirant à l'aide d'une paille.
- L'enfant doit ensuite aller déposer ce petit bout de papier à un endroit déterminé distant d'environ un mètre (pour commencer).
- L'enfant reprend l'activité afin de déplacer les cinq morceaux de papier.
- La distance parcourue peut être diminuée ou augmentée selon la capacité de l'enfant.
- Il est possible de bonifier cette activité en écrivant sur les morceaux de papier des mots, des syllabes ou des opérations mathématiques que l'enfant devra lire et/ou résoudre.

Série C

Les exercices de cette série ont pour but d'améliorer la stabilité du membre supérieur et la coordination motrice, afin de réduire la fatigabilité liée à l'exécution des activités motrices fines (telle la calligraphie) et d'accroître la précision.

11) LE BALLON LOURD

MATÉRIEL REQUIS

Un ballon lourd « medecine-ball » (entre deux et trois kilogrammes).

DÉROULEMENT DE L'ACTIVITÉ

- Demandez à l'enfant de lancer le ballon vers le haut (jusqu'à la hauteur de son visage), puis de le rattraper.
- L'enfant peut exécuter environ 15 répétitions.
- Il est aussi possible de placer les enfants deux par deux afin qu'ils se lancent le ballon.

12) LES POMPES AU MUR

DÉROULEMENT DE L'ACTIVITÉ

- Demandez à l'enfant de se placer face au mur à une distance d'environ 50 centimètres.
- Il doit ensuite appuyer ses mains contre le mur et réaliser une série de pompes (« push-ups »).
- Le dos de l'enfant doit toujours demeurer bien droit, ses mains doivent être posées sur le mur à la hauteur de ses épaules et ses pieds doivent être parallèles et bien à plat au sol.
- Cette activité peut se réaliser avant une tâche motrice fine afin d'assurer la préparation des membres supérieurs.
- Notez que ce sont les bras qui doivent déployer la force.

13) LES POMPES SUR LA CHAISE (inspiré de Diana Henry, 1999)

MATÉRIEL REQUIS

Une chaise.

DÉROULEMENT DE L'ACTIVITÉ

- Demandez à l'enfant de s'asseoir sur une chaise, et d'appuyer ses mains sur 49le rebord de la chaise.
- Il doit ensuite pousser avec ses bras afin de soulever ses fesses de la chaise sans que ses pieds ne touchent le sol.
- L'enfant peut alors compter combien de secondes il peut maintenir cette position.
- Si cet exercice est trop difficile, l'enfant peut garder ses pieds par terre.
- Cette activité peut se réaliser avant une tâche motrice fine afin d'assurer la préparation des membres supérieurs.

14) LE JEU DU MIROIR

DÉROULEMENT DE L'ACTIVITÉ

- Demandez aux enfants de se placer deux par deux.
- L'un des deux sera le meneur et l'autre le miroir.
- Le meneur fait de grands mouvements avec ses bras et le miroir doit le suivre afin d'être son reflet.

- Les mouvements du meneur doivent être lents pour permettre au miroir de bien suivre et optimiser le travail des membres supérieurs.
- Il est possible de ne bouger qu'un bras à la fois ou de les bouger tous les deux ; il faut respecter les capacités des enfants.
- Lorsqu'un enfant présente des difficultés, l'adulte peut tenir ses bras afin de guider ses mouvements pour suivre le meneur.

15) Le ruban rythmique

Matériel requis

Un ruban rythmique (peut être fabriqué en attachant une longue bande de tissu à un bâton).

Déroulement de l'activité

- Demandez à l'enfant de se placer debout.
- Il peut tenir le ruban rythmique avec une de ses mains, puis avec l'autre, pour les activités de réchauffement.
- Il est possible de demander à l'enfant d'exécuter des cercles en variant l'amplitude de ceux-ci ou en variant la position du bras (au-dessus de la tête, devant soi ou sur le côté).
- Cette activité peut aussi être réalisée lorsque l'enfant est assis sur une chaise.
- Vous pouvez ensuite proposer des activités plus précises à l'enfant telles qu'écrire un mot dans les airs ou reproduire une séquence de formes.
- Pour ces dernières activités, l'enfant doit tenir le ruban rythmique avec sa main préférentielle (droitier ou gaucher).

16) Les croisements coudes-genoux

Déroulement de l'activité

- Demandez à l'enfant de se placer debout.
- Il doit ensuite soulever la jambe gauche afin que le genou gauche aille toucher le coude droit.
- Il répète ensuite l'activité afin que, cette fois, le genou droit aille toucher le coude gauche.
- Cette activité doit se faire lentement.
- Si l'enfant présente de trop grandes difficultés d'équilibre, il peut s'asseoir sur une chaise.
- L'enfant peut effectuer 30 répétitions.

MATÉRIEL REQUIS

Un tableau et une craie.

DÉROULEMENT DE L'ACTIVITÉ

- Dessinez au tableau une piste de course ayant la forme d'un *huit* couché. Celle-ci doit être un peu plus grande que la largeur des épaules de l'enfant.
- L'enfant doit prendre la craie et suivre le tracé sans lever la craie afin de réaliser cinq tours de piste.
- Il peut ensuite reprendre l'activité en utilisant l'autre main puis les deux mains en même temps.
- La tête doit demeurer fixe. Seuls les yeux de l'enfant bougent.
- L'enfant doit prendre son temps pour bien rester en piste.

J'apprends en bougeant

Les exercices de cette section favorisent l'utilisation d'informations kinesthésiques ou tactiles lors des apprentissages. Ces activités, à travers lesquelles les enfants bougent et manipulent, favorisent leur implication dans l'apprentissage à effectuer et permettent d'optimiser l'intérêt et l'utilisation des habiletés mnésiques et attentionnelles.

Nous vous suggérons donc de placer quatre activités de votre choix (voir page 238) sur un carton *J'apprends en bougeant* que vous pouvez confectionner en vous inspirant du modèle de la page suivante ou en utilisant le gabarit disponible à la page 235, que vous pourrez agrandir et plastifier. La flèche centrale peut être fixée à l'aide d'une attache parisienne.

Chaque jour, un enfant pourra faire tourner la flèche afin de déterminer quelle activité motrice servira pour l'apprentissage. Vous pourrez ainsi choisir de réinvestir certains apprentissages tels le dénombrement, la reconnaissance globale de mots, la réalisation d'opérations mathématiques, la lecture, le repérage d'erreurs dans un mot écrit, les tables de calcul, l'accord des verbes ou autres, au moins une fois dans la journée tout en permettant aux enfants de bouger.

Les exercices de cette section poursuivent les objectifs suivants :

- utiliser diverses modalités sensorielles ;
- améliorer la coordination motrice ;
- améliorer la stabilité des membres supérieurs ;
- améliorer le contrôle postural.

Figure 3.2) EXEMPLE D'OUTIL *J'APPRENDS EN BOUGEANT*

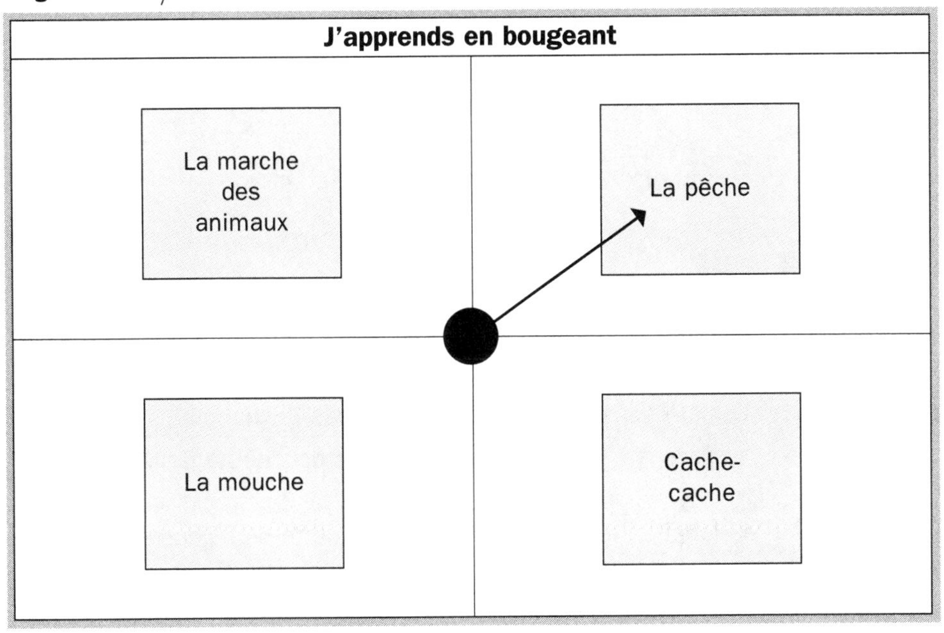

Tableau *J'apprends en bougeant* sur lequel vous pourrez fixer les activités avec du velcro ou des gommettes.

18) LA MARCHE DES ANIMAUX

DÉROULEMENT DE L'ACTIVITÉ

a) Le crabe

- Demandez à l'enfant de s'asseoir sur le sol.
- Il place ensuite ses mains et ses pieds à plat par terre, puis soulève ses fesses.
- Il peut ainsi se déplacer en reculant, en avançant ou en allant de côté tout en gardant le bassin bien élevé.

b) Le requin

- Demandez à l'enfant de s'asseoir par terre les jambes tendues.
- Il joint ensuite les mains au-dessus de sa tête afin de mimer l'aileron d'un requin.
- Il se déplace vers l'avant en soulevant une jambe, puis l'autre ; les jambes doivent demeurer tendues en tout temps.
- Lorsque l'enfant a atteint la ligne d'arrivée, il peut reculer jusqu'à la ligne de départ en gardant toujours les jambes bien tendues.

c) Le ver de terre

- Demandez à l'enfant de mettre ses mains par terre tout en gardant les jambes bien tendues.
- Il avance d'abord de quelques pas seulement avec ses mains, puis de quelques autres seulement avec ses jambes.
- Il répétera cette séquence jusqu'à la ligne d'arrivée.

19) LE TRANSPORTEUR

MATÉRIEL REQUIS

Une raquette de tennis et un petit sac de sable.

DÉROULEMENT DE L'ACTIVITÉ

- Demandez à l'enfant de tenir la raquette à l'aide de sa main préférentielle.
- Placez ensuite un sac de sable sur sa raquette.
- L'enfant doit transporter l'objet d'un point A à un point B sans l'échapper.
- Il est possible de faire des courses à relais ou de placer des activités à réaliser à la ligne d'arrivée.
- Vous pouvez aussi varier la longueur de la raquette (une raquette plus courte rend l'activité moins exigeante).

20) LE MATÉRIEL RÉSISTIF

MATÉRIEL REQUIS

Des perles à pression ou des gros blocs à assembler qui opposent une résistance motrice.

DÉROULEMENT DE L'ACTIVITÉ

- Demandez à l'enfant de réaliser des activités de dénombrement ou de mathématiques en emboîtant des perles à pression ou des gros blocs.
- La résistance motrice permet à l'enfant d'être plus conscient de ses mouvements et peut réduire les erreurs, au dénombrement par exemple.

21) LA PÊCHE

MATÉRIEL REQUIS

Un gros aimant en forme de fer à cheval, un ruban large, un rouleau de papier essuie-tout ou un gros goujon de bois et des petits poissons en carton sur lesquels on appose un trombone.

DÉROULEMENT DE L'ACTIVITÉ

- Attachez un bout du ruban autour du centre du rouleau de papier et l'autre bout au centre de l'aimant: il s'agit d'une canne à pêche nouveau genre!

- Préparez de petits poissons sur lesquels vous allez noter une question, un problème à résoudre ou une notion à pratiquer. *Exemple:* 4 + 3.
- Passez ensuite un trombone sur chaque poisson, que vous disposerez sur le sol. Les poissons ne doivent pas être trop près les uns des autres.
- Demandez à l'enfant de tenir le rouleau de papier qui lui sert de canne à pêche par les deux extrémités en s'assurant que ses deux paumes soient orientées vers le bas.
- L'enfant doit attraper un poisson et le remonter en exécutant des mouvements de poignets afin de pouvoir enrouler le ruban autour du rouleau.
- Lorsque l'enfant a bien remonté le poisson, il doit répondre à la question ou résoudre le problème qui y figure.

22) LA MOUCHE

MATÉRIEL REQUIS

Un rouleau à pâte et une balle en mousse attachée à une ficelle ou placée dans un bas de nylon.

DÉROULEMENT DE L'ACTIVITÉ

- Demandez à l'enfant de s'asseoir en tailleur.
- Il doit ensuite tenir le rouleau à pâte à l'aide de ses deux mains.
- Les paumes de ses mains doivent être orientées vers le bas.
- Placez-vous près de lui et tenez la ficelle ou le bas pour que la balle soit à la hauteur de ses épaules.
- L'enfant doit frapper la mouche (la balle) en exécutant un mouvement d'extension des deux bras vers l'avant.
- Vous pouvez vous déplacer autour de l'enfant afin qu'il puisse frapper la balle à différents endroits dans l'espace.
- L'enfant doit toujours demeurer dans la même position, soit assis, les fesses bien sur le sol.

23) Le jeu de cache-cache

Matériel requis

Un bac en plastique opaque de grandeur moyenne et des macaronis ou des pois ainsi que divers petits objets de votre choix.

Déroulement de l'activité

- Remplissez de macaronis (ou de pois) la moitié du bac en plastique.
- Cachez différents objets usuels ou des pièces de casse-tête encastré à l'intérieur du bac rempli de macaronis.
- Demandez à l'enfant de retrouver l'objet que vous lui nommez sans regarder. Il ne doit utiliser que ses mains.

24) Des yeux dans les mains

Matériel requis

De petits objets usuels, des pièces de casse-tête encastré ou d'autres objets ainsi qu'une boîte ou un sac opaque.

Déroulement de l'activité

- Vous pouvez cacher les objets à l'intérieur d'un sac ou d'une boîte percée d'un trou qui ne laisse passer que la main.
- L'enfant doit mettre sa main dans le sac (ou dans la boîte) et identifier un des objets qu'il touche sans support visuel.
- Si vous utilisez des encastrements, il est possible de placer la base du casse-tête sous les yeux de l'enfant afin qu'il soit en mesure d'identifier l'emplacement de la pièce qu'il touche.

25) La loto des textures

Matériel requis

Des morceaux de tissus différents ou de textures différentes. Vous devez avoir deux morceaux de chaque échantillon. Une boîte ou un sac opaque.

Déroulement de l'activité

- Vous pouvez cacher une série de textures à l'intérieur d'un sac ou d'une boîte percée d'un trou qui ne laisse passer que la main.

- L'autre série de textures est placée devant l'enfant.
- L'enfant doit mettre une main dans le sac et retrouver la texture qu'il touche à l'extérieur de la boîte.

26 LES DEVINETTES

MATÉRIEL REQUIS

Une craie et un tableau.

DÉROULEMENT DE L'ACTIVITÉ

- Les enfants peuvent se placer deux par deux.
- Le premier enfant trace avec son doigt quelque chose sur la main ou sur le dos du second enfant.
- Ce dernier doit deviner ce que le premier enfant a tracé et dessiner la même chose au tableau.
- Lors des premiers essais, l'enfant doit spécifier le type de dessin effectué avant de le tracer pour faciliter la tâche de son copain. *Exemple*: « Je vais dessiner une forme géométrique », « une lettre » ou « un chiffre ».
- L'identification du dessin doit se faire sans support visuel.

À la rescousse de Lancelot

Pour cette section, vous aurez besoin de la planche de jeu *À la rescousse de Lancelot*, des cartes-épreuves et des feuilles d'épreuves graphiques disponibles dans le matériel d'accompagnement (voir pages 156 à 165) ainsi que de jetons.

Afin de stimuler le développement de la musculature fine des enfants, vous pouvez utiliser le jeu *À la rescousse de Lancelot* et le matériel qui l'accompagne. Pour assembler la planche de jeu, vous n'avez qu'à coller les deux pages qui la composent. Vous pouvez plastifier ou laminer le tout pour plus de solidité.

Ces activités peuvent être proposées deux ou trois fois par semaine. Il est possible d'utiliser la planche de jeux avec un élève individuellement, en sous-groupes ou en groupe-classe. Dans ce dernier cas, vous pouvez diviser la classe en deux équipes et chaque épreuve doit être réalisée par tous les membres d'une même équipe.

Règles du jeu:

Lorsque le jeton de l'enfant tombe sur une des cases «Épreuves», il doit piger une carte afin de réaliser une épreuve et ainsi pouvoir continuer son chemin. Si le jeton de l'enfant se retrouve à trois reprises sur une case «Piège», la partie est terminée pour lui. Le but du jeu est d'atteindre le château et délivrer Lancelot.

Les positions alternatives de travail

Les positions de travail proposées aux enfants peuvent être variées. Les changements de position en classe permettent à l'enfant de bouger et aident ainsi à réactiver son niveau d'attention. Ces différentes positions de travail sollicitent l'effort de différents groupes musculaires ce qui peut avoir un impact positif sur la capacité de soutenir la position assise. Il est possible de déterminer un ou des endroits de la classe où ces positions alternatives seront proposées (le coin lecture par exemple). On pourra aussi choisir certaines activités pour lesquelles l'utilisation de positions de travail alternatives sera possible (l'écriture, la lecture ou l'étude par exemple).

Le travail à plat ventre au sol.

Le travail debout face au mur.

Le travail en génuflexion devant une table basse.

Le travail debout appuyé sur une étagère.

Les autres exercices

Les exercices de cette section vous donneront quelques idées pour améliorer certaines difficultés fonctionnelles, comme la prise du crayon ou les habiletés de découpage par exemple.

27) La brouette

Cet exercice vise à favoriser le développement des muscles nécessaires à l'obtention d'une prise adéquate du crayon.

Déroulement de l'activité

- Demandez à l'enfant de mettre ses mains à plat sur le sol.
- Attrapez ensuite ses jambes à la hauteur des chevilles et demandez-lui d'avancer ainsi.
- L'enfant peut se déplacer sur une distance de quelques mètres ou selon ses capacités.
- Si cela est trop difficile pour lui ou que son dos courbe, tenez ses jambes à la hauteur des cuisses plutôt qu'à la hauteur des chevilles.
- Cette activité peut être réalisée en équipe de deux enfants, elle peut se dérouler à l'intérieur d'un parcours ou lors de déplacements quotidiens à la maison, par exemple : « On va faire la brouette pour se rendre à la salle de bain laver nos dents. »
- Lorsque cette activité se déroule à l'école, elle peut être effectuée sur des matelas de gymnase afin d'assurer la sécurité.

28) Les craies en forme d'œuf

Ce type de craie aide le développement et le renforcement des structures nécessaires à l'obtention d'une prise adéquate du crayon.

Matériel requis

Des craies de trottoir en forme d'œuf.

Déroulement de l'activité

- Demandez à l'enfant d'utiliser la craie en forme d'œuf lorsqu'il travaille au tableau ou lorsqu'il dessine sur le sol à l'extérieur.

29 LES CRAYONS DOIGTS

MATÉRIEL REQUIS

Des craies de cire de type « Battat » aussi appelées crayons doigts.

DÉROULEMENT DE L'ACTIVITÉ

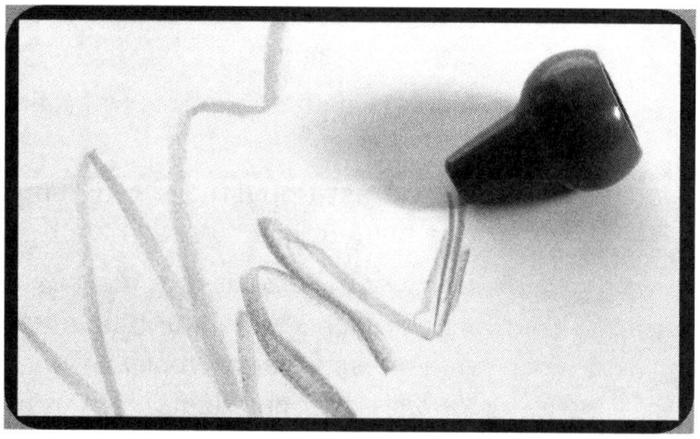

- Demandez à l'enfant d'utiliser cette craie de cire lorsqu'il fait des activités de coloriage.
- Toutefois, au lieu de la tenir en y introduisant un doigt, l'enfant doit plutôt la tenir dans la main comme la craie en forme d'œuf.
- L'enfant sollicite ainsi les structures nécessaires à la prise adéquate du crayon tout en s'amusant.

30 LES MINI-CRAYONS

Cet exercice, qui favorise le développement des muscles nécessaires à l'obtention d'une prise adéquate du crayon, peut notamment être proposé aux enfants ayant une prise du crayon de type palmaire.

MATÉRIEL REQUIS

Des petits bouts de crayons de bois.

DÉROULEMENT DE L'ACTIVITÉ

- Gardez les crayons de bois (à la mine ou à colorier) même lorsqu'ils deviennent très courts.
- Vous pouvez suggérer à l'enfant l'utilisation de ce type de crayons lors des activités de coloriage ou autres activités graphiques.

31 LES DESSINS EN RELIEF

Cet exercice vise à favoriser le développement des muscles nécessaires à l'obtention d'une prise adéquate du crayon.

MATÉRIEL REQUIS

Des plaquettes de dessins surélevés ou des feuilles de papier sablé.

Déroulement de l'activité

- Demandez à l'enfant de mettre la plaquette sous une feuille blanche.
- L'enfant utilise ensuite un crayon court, un crayon doigt ou un embout pour assurer le placement adéquat des doigts sur le crayon.
- Lorsque la prise est adéquate, demandez à l'enfant de colorier partout au-dessus de la plaquette afin de faire apparaître le dessin.
- Si l'enfant a de la difficulté à bien stabiliser la plaquette, il est possible de la fixer sous la feuille à l'aide de gommettes.
- Vous pouvez apporter une variante à cette activité en remplaçant la plaquette par une feuille de papier sablé.

32) L'arrosoir

Cet exercice est recommandé pour les enfants ayant de la difficulté à positionner le pouce sur le crayon.

Matériel requis

Des petits animaux en mousse (pour jouer dans le bain) ou des pompes nasales.

Déroulement de l'activité

- Demandez à l'enfant de remplir d'eau les pompes nasales ou les petits animaux en mousse, puis d'aller arroser les plantes en les pressant au-dessus de la terre pour que l'eau s'écoule.
- Variante : Demandez à deux enfants de faire une course en pressant sur leur animal ou sur leur pompe nasale afin que l'air poussé fasse avancer une boule d'ouate jusqu'à la ligne d'arrivée.

33) Attention on tourne !

Cet exercice a pour objectif d'améliorer les habiletés de découpage.

Matériel requis

Des autocollants de différentes couleurs, des formes à découper sur du carton et des ciseaux.

Déroulement de l'activité

- Vous collez les gommettes sur la forme à découper aux points de changement de direction. Vous allez, par exemple, en coller sur les quatre coins d'un carré.
- Lorsque l'enfant arrive à la gommette vous pouvez lui dire: «Attention on tourne!», afin de lui faire penser à déplacer ses mains selon la progression du découpage.
- Les gommettes servent de rappel aux enfants: ils savent alors qu'ils doivent repositionner leur main pour un changement de direction.

34) La confection de frites

Cet exercice a pour objectif d'améliorer les habiletés de découpage.

Matériel requis

De la pâte à modeler, des ciseaux ainsi que des papiers et des cartons de différentes textures.

Déroulement de l'activité

- Demandez à l'enfant de rouler des colombins de pâte à modeler.
- Dites-lui ensuite de prendre ses ciseaux en s'assurant que sa préhension est adéquate.
- Il peut ensuite couper les colombins en petits morceaux.
- Après, l'enfant peut faire des galettes de pâte à modeler qu'il découpe en languettes pour en faire des frites.
- Vous pouvez reprendre l'activité des frites, mais en traçant préalablement des lignes sur la pâte à modeler afin d'augmenter la précision du découpage.
- Vous pourrez ensuite demander à l'enfant de découper des formes géométriques dans de la pâte à modeler, puis progresser vers différents types de matériaux, de cartons puis de papiers.
- Il peut ainsi devenir amusant de couper une paille ou une réglisse en sections pour ensuite en faire un collier.

35) Les petits ciseaux

Cet exercice s'adresse aux enfants qui utilisent leur main de façon très globale lors du découpage, présentant donc peu de dissociation.

Matériel requis

Des petits ciseaux (ciseaux de couture).

Déroulement de l'activité

- Lors de l'utilisation de ces petits ciseaux, il est impossible de placer le pouce dans une loupe et tous les autres doigts dans l'autre.
- L'enfant doit à ce moment utiliser la préhension où le pouce est introduit dans une loupe, l'index est sous le ciseau afin de bien le stabiliser alors que le majeur se trouve dans la seconde loupe.
- On favorise ainsi une meilleure dissociation radio-ulnaire de la main.

36) Variations sur un même thème

Cet exercice a pour objectif d'améliorer les habiletés de découpage.

Matériel requis

Un poinçon, une cuillère à salade et des feuilles de papier de couleurs différentes.

Déroulement de l'activité

- Plusieurs objets requièrent l'utilisation de la même musculature que celle nécessaire au découpage. Ainsi, demandez à l'enfant de fabriquer des confettis à l'aide du poinçon ou de ramasser et transporter à l'aide d'une cuillère à salade de petits objets comme des animaux de plastique.
- L'enfant développe ainsi les muscles sollicités lors du découpage à travers différentes activités.

37) Les collants sur les pouces

Cet exercice s'adresse aux enfants dont les paumes sont orientées vers le sol lors des activités de découpage.

Matériel requis

Des autocollants de différentes couleurs.

Déroulement de l'activité

- Expliquez à l'enfant que les pouces doivent toujours « regarder vers le ciel » lorsqu'il découpe.
- Dessinez un petit soleil sur chacune des deux gommettes et collez-les sur les ongles des pouces de l'enfant.
- Lors du découpage, restez près de lui et faites des rappels au besoin afin que ses soleils soient bien orientés vers le ciel.

38) LÉGER COMME UNE PLUME

Cet exercice est suggéré pour les enfants qui mettent trop de pression sur leur crayon à mine.

MATÉRIEL REQUIS

Un crayon à mine et du papier de soie.

DÉROULEMENT DE L'ACTIVITÉ

- Demandez à l'enfant de dessiner ou d'écrire sur du papier de soie.
- Il doit être attentif à la pression qu'il effectue afin de ne pas déchirer le papier.
- L'enfant peut commencer par écrire un seul mot ou par dessiner une forme simple si cette activité est difficile pour lui.
- Lorsqu'il contrôle mieux la pression qu'il met sur son crayon, il est alors possible d'accroître la longueur et la complexité de la tâche à réaliser.
- Vous pouvez ensuite lui demander de refaire la tâche dans son cahier habituel en mettant la même pression que sur le papier de soie.

39) LOURD COMME UNE ROCHE

Cet exercice est suggéré pour les enfants qui ne mettent pas assez de pression lorsqu'ils utilisent leur crayon.

MATÉRIEL REQUIS

Un crayon à mine et du papier carbone.

DÉROULEMENT DE L'ACTIVITÉ

- Placez un papier carbone entre deux feuilles blanches ou entre deux feuilles de calligraphie.
- Demandez à l'enfant de faire un dessin ou d'écrire un mot en appuyant assez fort pour laisser une trace sous le papier carbone.
- L'enfant peut commencer par écrire un seul mot ou par dessiner une forme simple si cette activité est difficile pour lui.
- Lorsqu'il contrôle mieux la pression qu'il met sur son crayon, il est alors possible d'accroître la longueur et la complexité de la tâche à réaliser.
- Vous pouvez ensuite lui demander de refaire la tâche dans son cahier habituel en mettant la même pression que sur le papier carbone.

40) LE CRAYON VIBRANT

Cet exercice est suggéré afin d'améliorer la conscience corporelle.

MATÉRIEL REQUIS

Un crayon vibrant.

DÉROULEMENT DE L'ACTIVITÉ

- Demandez à l'enfant d'effectuer des activités de coloriage, de labyrinthe ou de calligraphie en utilisant le crayon vibrant.
- Ce type de crayon est généralement bien apprécié des enfants et stimule leur intérêt tout en favorisant leur conscience corporelle. Toutefois, si un enfant refuse de l'utiliser ou manifeste des craintes ou des inconforts lors de son utilisation, il faut le respecter et ne pas l'obliger à s'en servir. Il est alors préférable d'user d'une autre stratégie.

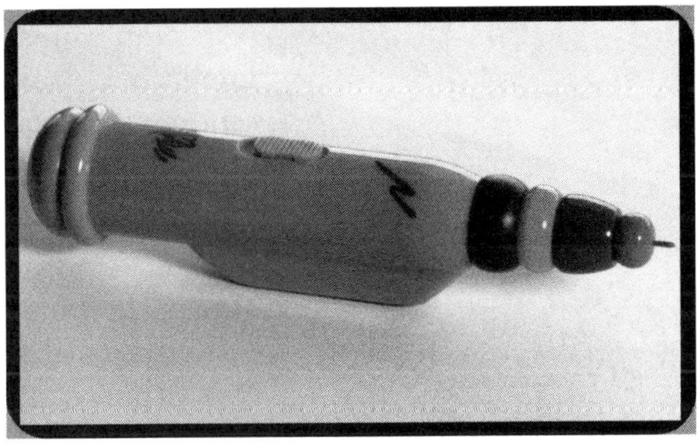

41) LE RÉVEIL DES MAINS

Cet exercice est suggéré afin d'améliorer la conscience corporelle.

MATÉRIEL REQUIS

Un petit vibromasseur (en forme de coccinelle, de cochon ou autre).

DÉROULEMENT DE L'ACTIVITÉ

- Vous pouvez suggérer aux enfants d'utiliser le vibromasseur afin de bien préparer leurs mains avant le début d'une activité motrice fine.
- Il est parfois possible d'observer une meilleure qualité graphique chez certains enfants à la suite d'un éveil tactile.
- Ce petit vibromasseur est généralement bien apprécié des enfants et stimule leur intérêt tout en favorisant leur conscience corporelle. Toutefois, si un enfant refuse de l'utiliser ou manifeste des craintes ou des inconforts lors de son utilisation, il faut le respecter et ne pas l'obliger à s'en servir. Il est alors préférable d'user d'une autre stratégie.

Les moyens d'adaptation et les outils palliatifs

Il est à noter que les moyens suggérés s'adressent aux enfants qui présentent des incapacités permanentes. Ils doivent être combinés avec des exercices de rééducation pour les enfants ne présentant que certaines difficultés. Il faut s'assurer que les moyens et les outils suggérés répondent de façon adéquate aux besoins particuliers de l'enfant.

Voici donc une liste de moyens d'adaptation et d'outils palliatifs servant à compenser les difficultés motrices fines.

- ✔ Diminuer les exigences motrices. Il est préférable de travailler moins longtemps et d'obtenir une qualité d'exécution supérieure. Nous respectons ainsi les capacités des enfants en plus d'accroître leur implication dans une activité qui leur est accessible. Cela favorise un sentiment de réussite.
- ✔ Souligner les efforts et attirer l'attention sur les parties du travail les mieux réussies.

- ✔ Vérifier la position au poste de travail. Lorsqu'ils sont assis à leur bureau, les enfants devraient avoir les pieds à plat sur le sol et les genoux fléchis à 90 degrés. Leur poste de travail devrait être deux pouces plus haut que la hauteur de leur coude fléchi à 90 degrés près de leur corps.
- ✔ Permettre l'utilisation de positions alternatives de travail. Il est recommandé de permettre aux enfants de varier leurs positions de travail. Il peut donc y avoir, dans la classe, des endroits déterminés où il est possible de travailler à plat ventre, debout face au mur ou debout en appuyant sa feuille sur le dessus d'une étagère.

- ✔ Faire l'essai d'un ballon-chaise. Pour certains enfants, l'utilisation d'un petit ballon de thérapie stabilisé par une chambre à air peut être bénéfique. Il faut toutefois bien expliquer aux enfants les règles à respecter lors de l'utilisation d'un tel ballon; le processus doit demeurer sécuritaire et être réalisé de manière à respecter les pairs. Pour certains enfants, le ballon-chaise permet d'obtenir une meilleure position assise et favorise le maintien du niveau d'attention.
- ✔ Demander aux enfants de s'asseoir pour réaliser des tâches plus difficiles à effectuer debout. Il peut être plus facile pour certains jeunes de s'asseoir sur une chaise ou par terre pour enfiler leurs vêtements d'hiver, attacher leurs souliers ou écrire au tableau par exemple.
- ✔ La stabilité et le contrôle du membre supérieur (travail musculaire permettant le soutien des articulations):
  - Procurer aux enfants du matériel antidérapant. Les enfants auront plus de facilité à pallier leurs diffcultés en ayant du matériel adapté à leurs besoins. Il est donc possible d'ajouter un morceau de matériel antidérapant sous leur règle, par exemple, pour augmenter la capacité de maîtrise des enfants lors de l'utilisation de cette dernière.

– Procurer aux enfants du matériel plus lourd à manipuler. Les enfants auront plus de facilité à manipuler ce matériel lourd et auront une meilleure conscience corporelle. Vous pouvez donc leur proposer de faire l'essai d'un crayon lourd (lesté de plomb) ou leur faire dénombrer des sacs de sable plutôt que des jetons.

– Travailler sur un plan incliné. Si vous ne possédez pas de plan incliné vous pouvez faire l'essai d'un cartable de trois pouces d'épaisseur sur lequel les enfants déposent leur feuille et effectuent leurs tâches graphiques. Ils seront ainsi plus stables, ce qui favorisera l'utilisation et le positionnement adéquat de leurs membres supérieurs.

✔ L'hyperréactivité sensorielle :

– Respecter les craintes des enfants. Même si ces craintes vous semblent injustifiées, elles sont réelles pour les enfants et proviennent d'une dysfonction tout aussi réelle. Il ne faut donc pas minimiser l'ampleur qu'elles représentent pour eux.

– Prévenir les enfants à l'avance. Les enfants peuvent être prévenus à l'avance des activités qui risquent de susciter un désagrément pour eux. Ils peuvent ainsi s'y préparer, ce qui réduit l'anxiété qui y est associée.

✔ La discrimination tactile et proprioceptive :

– Éviter l'utilisation d'un portemine. Il est plus facile pour les enfants ayant ce type de difficulté d'utiliser un crayon (plutôt qu'un portemine). Le bris de mines est ainsi évité.

– Procurer aux enfants des crayons dont la mine est plus pâle. Ainsi, même si la pression sur la mine est excessive, il leur est plus facile d'effacer et cela améliore la propreté de leur travail.

– Faire l'essai d'un embout sur le crayon. Certains enfants peuvent bénéficier du support d'un embout de type « tube mousse » afin de réduire la pression exercée sur leur crayon.

✔ L'intégration motrice bilatérale (coordination des deux côtés du corps) :

– Fixer la feuille sur le pupitre. Puisque plusieurs enfants éprouvent de la difficulté à stabiliser leur feuille lors des tâches graphiques, il est possible de la fixer avec de la gommette pour pallier cette lacune. Si la feuille est plus stable, la qualité graphique sera meilleure.

✔ La planification motrice (organisation d'un acte moteur) :

– Il est possible de supporter les activités motrices à réaliser d'indices verbaux courts ayant pour but de subdiviser la tâche en petites étapes. Ainsi, pour un enfant ayant des difficultés à faire une culbute, il est possible de lui faciliter la tâche en la décortiquant : 1. place-toi en petit bonhomme ; 2. mets tes mains au sol ; 3. mets ta tête au sol ; 4. lève tes fesses ; 5. pousse avec tes jambes.

✔ Les habiletés de découpage :

– Réduire les exigences. Il est possible d'adapter l'activité de découpage afin qu'elle puisse être réalisée par les enfants qui éprouvent des difficultés. Vous pouvez vous-même découper préalablement certaines lignes du dessin ; les enfants auront ainsi moins de lignes à découper lorsqu'ils effectueront le bricolage. Vous pouvez leur laisser les types de lignes qu'ils réussissent plus facilement (droites, courbes ou lignes complexes).

– Épaissir les lignes à découper. En augmentant l'épaisseur des lignes à découper, les enfants auront plus de succès car ils seront capables de ne pas dépasser ces lignes. Ils auraient probablement échoué cette activité avec des lignes régulières.

– Permettre l'utilisation des ciseaux à ouverture automatique. Ce type de ciseaux est maintenant vendu dans les magasins à grandes surfaces. Il est muni d'un petit ressort qui permet une ouverture automatique. Les enfants n'ont donc qu'à maîtriser une seule étape, soit la fermeture. Il est à noter que le petit ressort se replie si les enfants gagnent assez d'habiletés pour contrôler de façon autonome la fermeture et l'ouverture des ciseaux.

✔ Les habiletés d'écriture :

– Permettre l'utilisation d'un ordinateur portable. Si l'acquisition de l'écriture manuelle est impossible pour un enfant ou lui demande des efforts excessifs, l'utilisation d'un ordinateur portable peut s'avérer une alternative intéressante. Cette décision doit provenir d'un consensus entre les parents, l'équipe-école et le professionnel qui a évalué les habiletés de l'enfant. On pourra ensuite procéder à l'entraînement pour l'utilisation du clavier.

CHAPITRE 4

Les habiletés visuo-perceptivo-motrices

La définition de la problématique et les notions de base

Le système visuel est constamment sollicité. Il permet de recevoir de l'information et d'y donner un sens. C'est ce que l'on nomme la perception visuelle. Les habiletés de perception visuelle sont complexes et la terminologie utilisée par les différents professionnels peut varier, ce qui rend la compréhension encore plus difficile. Dans ce chapitre, nous traiterons de certaines composantes visuo-perceptivo-motrices en lien avec le fonctionnement scolaire des enfants. Pour ce faire, nous vous présenterons une organisation des éléments telle que proposée par Coleen Schneck, ergothérapeute.

La perception visuelle

La perception visuelle se définit comme étant un processus complet, permettant la réception et la cognition de stimuli visuels (J. Zaba). Ce processus comporte donc deux sortes de composantes : l'une de type réceptive visuelle et l'autre de type cognitive visuelle. L'utilisation combinée de ces composantes permet aux enfants de donner un sens à ce qu'ils voient et de pouvoir utiliser cette information visuelle afin d'y réfléchir et d'y répondre. Ainsi, si un enfant voit au loin un de ses pairs tomber à vélo, il recevra cette information visuelle et comprendra que son ami peut s'être fait mal. Il ira donc le retrouver pour l'aider.

La composante réceptive visuelle

La composante réceptive est responsable de capter et d'organiser l'information visuelle qui provient de l'environnement. Cela est possible via les récepteurs sensoriels situés dans l'œil. La composante réceptive se divise en huit éléments définis succinctement ci-dessous.

- La **fixation visuelle** est la capacité de stabiliser son regard sur une cible immobile.
- La **poursuite visuelle** permet de suivre des yeux une cible mobile.
- La **saccade visuelle** ou le balayage visuel est une succession rapide de fixations visuelles.
- L'**acuité visuelle** est le degré de sensibilité avec lequel l'œil peut discriminer les détails d'une image.
- L'**accommodation visuelle** est la capacité de l'œil à s'adapter afin de maintenir une vision claire.
- La **convergence** et la **divergence visuelles** représentent l'habileté des yeux à se diriger vers le centre ou vers l'extérieur. Cela se produit par exemple lorsqu'on doit garder le regard sur un objet qui s'approche de nous et s'en éloigne. C'est la divergence et la convergence qui permettent aux enfants de regarder successivement le tableau et leur feuille lorsqu'ils doivent copier de l'information.

- La **vision binoculaire** est la capacité pour le cerveau de combiner les images qui proviennent des deux yeux.
- La **stéréopsie** représente la possibilité d'obtenir une vision tridimensionnelle des images reçues.

La posture du corps et le contrôle de la tête et du cou sont importants afin de maximiser l'utilisation des yeux et ainsi optimiser les fonctions visuelles. Si le corps est bien stable, la mobilité des yeux sera meilleure.

Si la composante réceptive est affectée, il est difficile pour l'enfant d'obtenir l'information visuelle de façon adéquate ; cela amène certaines difficultés lors de son fonctionnement quotidien. Une évaluation en optométrie permet notamment de déterminer le bon fonctionnement des cinq derniers éléments (l'acuité visuelle, l'accommodation visuelle, la convergence et la divergence, la vision binoculaire et la stéréopsie) et de compenser les difficultés rencontrées en recommandant le port de verres correcteurs par exemple. Il est donc important de faire vérifier périodiquement la vision des enfants. Un peu plus loin dans ce chapitre, nous nous attarderons plus particulièrement sur les difficultés de fixation visuelle, de poursuite visuelle et de saccade visuelle, et leur impact sur les apprentissages des enfants.

La composante cognitive visuelle

La composante cognitive implique un traitement cognitif de l'information reçue afin de l'interpréter et d'y répondre. C'est ainsi que l'environnement visuel dans lequel les enfants évoluent devient significatif. Il ne suffit pas à l'enfant de voir, il doit comprendre ce qu'il voit. Cette composante se divise aussi en différents éléments.

- L'**attention visuelle** permet de sélectionner l'information visuelle qui nous entoure.
- La **mémoire visuelle** permet de comparer l'information visuelle reçue à ce que nous connaissons déjà.
- La **discrimination visuelle** permet de noter les similitudes et les différences entre diverses informations visuelles tout en les comparant à ce que nous connaissons déjà. Cette habileté permet de s'attarder aux différents détails afin de reconnaître, associer ou catégoriser ce que l'on voit. La discrimination visuelle implique, d'une part, la perception des objets qui se subdivise de la façon suivante :
  - La constance de la forme, soit un élément demeure le même malgré la variation possible de sa taille ou de son orientation.

    Exemple :

    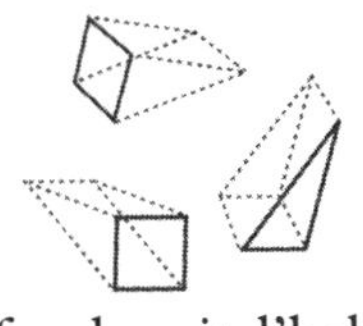

  - Le figure-fond, soit l'habileté à retrouver un élément malgré un contexte visuel distrayant.

    Exemple :

    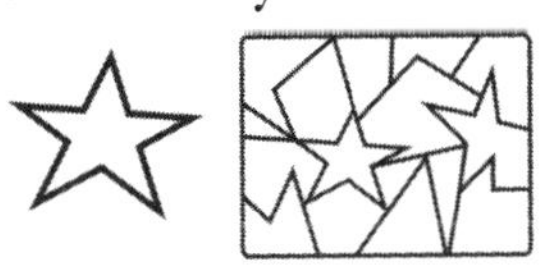

– La synthèse visuelle, soit la capacité de reconnaître un tout en n'en voyant que certaines parties.

Exemple :

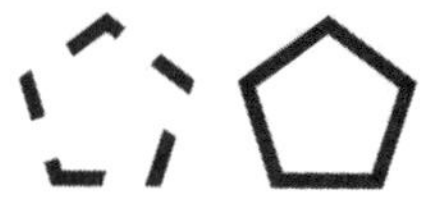

La discrimination visuelle implique, d'autre part, la perception de l'espace qui se subdivise de la façon suivante :

– La position dans l'espace, soit les relations spatiales qui existent entre différents éléments.

– La perception des profondeurs, soit la capacité d'évaluer la distance qui me sépare de quelque chose. Cette habileté permet notamment de pouvoir descendre un escalier.

– L'orientation topographique, soit la capacité de se représenter mentalement une carte de notre environnement. Ainsi, je connais l'emplacement des différents éléments qui m'entourent de même que le trajet permettant de m'y rendre.

L'**imagerie visuelle** ou la **visualisation** est la capacité de se faire des images mentales, de se représenter des idées, des objets ou des personnes sans qu'ils ne soient présents. Elle permet de se représenter les déplacements, les changements de position et les transformations d'objets ou de personnes. La visualisation permet donc aux enfants de passer du concret à l'abstrait. Des difficultés au niveau de la perception de l'objet ou de l'espace peuvent affecter les capacités de visualisation des enfants.

Pour obtenir un fonctionnement visuel optimal, les composantes visuelles réceptives et cognitives doivent être opérationnelles. Il est important de bien déterminer la nature des difficultés de l'enfant afin de lui apporter un soutien adéquat.

Les praxies visuo-constructives

Les praxies visuo-constructives, aussi nommées habiletés constructives en deux et en trois dimensions, font référence à la capacité de planifier des gestes moteurs afin de mettre en relation plusieurs éléments et ainsi construire un produit fini correspondant à notre conceptualisation ou à un modèle préétabli. Ces habiletés sont fréquemment sollicitées en classe. En effet, qu'il s'agisse de regrouper des lignes de façon structurée pour former des lettres, de dessiner, de découper puis coller différents morceaux de papier ensemble afin de réaliser un bricolage ou d'utiliser divers outils tels la règle, le compas ou le rapporteur d'angles en vue d'obtenir une mesure, ces activités nécessitent un acte moteur requérant la mise en relation adéquate de différents éléments dans le but de constituer un tout cohérent.

Les enfants ont parfois une idée claire de ce qu'ils désirent réaliser, mais sont incapables de l'exécuter ou de le représenter de façon adéquate. Il est alors possible d'observer un manque d'intérêt pour des activités tels les casse-tête, les jeux de construction ou les dessins, découlant du peu de réussites obtenues à ce niveau. S'il est difficile de reconnaître les éléments qui constituent le dessin d'un enfant ou de lire ce qu'il a écrit, il peut y avoir non-concordance entre l'idée du projet et le produit fini.

Lors de constructions en deux dimensions, les éléments sont souvent mal situés, absents, segmentés, distorsionnés ou disproportionnés. Lors de constructions en trois dimensions, l'enfant omet certaines parties, ne respecte pas leur disposition ou n'arrive pas à concevoir le lien qui existe entre ces parties. Ainsi, l'enfant peut, par exemple, essayer de placer le plus haut bloc d'un escalier en premier, sans avoir préalablement disposé les blocs qui doivent se trouver en dessous et qui servent de soutien. Il est aussi possible d'observer des difficultés d'organisation tant sur le plan scolaire (structurer son espace de travail, s'organiser sur un espace graphique) que lors des routines quotidiennes (arriver le matin, se déshabiller et défaire son sac). Cet enfant doit fournir beaucoup d'efforts lors de la réalisation de tâches qui impliquent des habiletés constructives, efforts qui malheureusement ne sont pas toujours récompensés de réussites.

L'importance de la kinesthésie et son impact sur le fonctionnement scolaire de l'enfant

La kinesthésie est la sensation interne du mouvement des parties du corps dans l'espace. Elle provient de l'information reçue par la peau, les muscles et les articulations qui donne la notion du mouvement exécuté, de la force utilisée et de la position des différents segments de notre corps. Les enfants doivent d'abord être conscients de leur situation dans l'espace et de la façon dont leur corps bouge pour pouvoir transférer cette notion dans l'environnement qui les entoure et pouvoir finalement s'en faire une image mentale. La kinesthésie est donc directement en lien avec le fonctionnement quotidien, la possibilité de comprendre et la capacité de faire de nouveaux apprentissages.

Nous allons maintenant observer brièvement quelles sont les manifestations résultant d'un mauvais fonctionnement des habiletés visuo-perceptivo-motrices sur le fonctionnement scolaire. Nous aborderons trois domaines particuliers, soit la lecture, l'écriture et les mathématiques.

La lecture

Selon la neuropsychologue Michèle Mazeau, la lecture est une activité qui, à partir d'un stimulus visuel constitué de signes conventionnels, permet d'accéder à la signification du langage écrit. La lecture s'effectue principalement via deux voies.

- La première voie est la voie indirecte (d'assemblage) ou de conversion grapho-phonologique. Elle permet aux enfants de reconnaître un groupe de lettres et de le convertir en sons. Ces différents sons sont fusionnés afin de former des mots et ainsi obtenir une signification du message écrit. Cette voie permet de décoder, par exemple, les mots *ba na ne* ou *mai son*.
- La seconde voie est la voie directe (d'adressage). Elle permet à l'enfant de reconnaître des mots ou des structures de sons déjà vus et appris, sans avoir à les convertir. L'enfant pourra reconnaître des mots tels que *papa*, *bébé* ou son propre nom, sans avoir à convertir chaque lettre ou groupe de lettres qui les compose. Cette voie permet donc une lecture plus rapide puisqu'elle ne nécessite pas de conversion et favorise un détachement de la lecture syllabique. Elle rend aussi possible le décodage des mots que nous ne pourrions identifier correctement par la voie

indirecte (d'assemblage) parce que leur prononciation diffère de leur graphie ; par exemple, le mot *monsieur*.

Certains auteurs établissent des liens entre les difficultés oculomotrices et la lecture. Ainsi, contrairement à ce que l'on pourrait croire, la lecture n'est pas constituée de mouvements oculaires lisses parcourant les lignes à lire, mais plutôt de saccades visuelles qui permettent aux yeux de se déplacer par petits bonds. Ainsi, le lecteur détermine les endroits stratégiques où poser les yeux en fonction de la longueur des mots qu'il voit venir (anticipe) et de la difficulté du texte à lire. Le nombre de saccades sera plus élevé pour un lecteur débutant. Lors de ces saccades, aucune information n'est lue ; c'est plutôt lors des fixations visuelles (lorsque les yeux s'arrêtent à un endroit du texte) que le système visuel considère l'information et l'analyse. Les saccades doivent s'effectuer de façon organisée, soit de gauche à droite, pour recevoir l'information nouvelle. Il y a aussi des saccades de retour, soit de droite à gauche, afin de retourner en arrière voir une information manquée. Ce sont aussi les saccades de retour qui permettent à l'enfant d'aller au début d'une nouvelle ligne sans se perdre dans le texte. Les mouvements des yeux sont donc importants en lecture ; lorsqu'ils sont adéquats, ils permettent au lecteur de fixer les yeux aux endroits stratégiques du texte afin d'être efficace. Les déficits oculomoteurs conduisent à différentes difficultés tels la fatigue visuelle, le saut de mots ou de lignes à la lecture, la diminution de vitesse à la lecture ou des difficultés à découper les mots au bon endroit afin de les décoder. Il est également possible d'observer des confusions séquentielles à la lecture. Ainsi, il peut arriver que certains enfants lisent *son* plutôt que *nos* lors d'une désorganisation des saccades visuelles. Cette confusion peut s'expliquer du fait que l'enfant prend en considération l'information visuelle lors des saccades de retour, alors qu'elle ne devrait être considérée que lors des fixations. Les difficultés perceptuelles, quant à elles, vont plutôt influencer la voie directe d'adressage, soit la capacité à encoder globalement les mots. Il importe de déterminer l'origine des difficultés du lecteur afin de lui fournir des stratégies efficaces pouvant améliorer ses habiletés.

L'écriture

Lors de l'apprentissage de la calligraphie, soit la manière de tracer les lettres, le système visuel est surtout sollicité dans la phase d'apprentissage du tracé précis de la lettre. Le système proprioceptif, qui reçoit l'information des muscles et des articulations, doit sentir la directionalité du tracé afin de reproduire la lettre de façon adéquate. Le geste moteur d'écriture doit se dissocier progressivement du support visuel et être encodé dans la mémoire motrice afin de s'automatiser et ainsi optimiser les habiletés de l'enfant. Cela permet au système visuel et aux fonctions cognitives de se libérer et d'être disponibles pour que l'élève puisse retrouver sa place dans le texte à recopier, enrichir le contenu de son texte ou vérifier l'orthographe d'usage et les règles de grammaire. L'apprentissage de la graphie des lettres nécessite de bonnes praxies visuo-constructives, la graphie étant, en quelque sorte, une forme de construction en deux dimensions.

Le concept d'écriture ne se compose pas que de la calligraphie. Il implique plusieurs autres éléments dont certains peuvent être altérés par la présence de déficits visuo-spatiaux. En effet, le système visuel est important pour situer la lettre au bon endroit dans l'interligne et permet, conjointement avec le système proprioceptif, de respecter l'interligne, soit ne pas dépasser.

Il permet aussi d'identifier les erreurs et de les corriger. C'est également de cette façon qu'on reconnaît l'inversion d'une lettre ou les imperfections d'une autre qui doit être effacée. Commencer à écrire n'importe où sur la feuille plutôt que de s'accoler à la marge, sauter des lignes ou des pages dans son cahier ou ne pas respecter l'espacement entre les mots sont autant de difficultés pouvant être présentes chez les enfants ayant des lacunes visuo-spatiales.

Les mathématiques

Les difficultés visuo-spatiales ont un impact certain sur les apprentissages en mathématiques, et ce, tant en arithmétique, en géométrie, en logique qu'en résolution de problèmes. La compréhension des notions mathématiques s'effectue graduellement. Les enfants s'initient d'abord à ces notions de façon très concrète pour, peu à peu, en avoir une compréhension plus abstraite. Afin de développer de nouvelles compétences, les enfants doivent être aptes à effectuer certaines manipulations concrètes et à comprendre des notions plus conceptuelles. Ces manipulations concrètes (avec du matériel), qui favorisent la conceptualisation des notions mathématiques sur un plan plus abstrait, peuvent être affectées lors de dysfonctions impliquant les praxies constructives. Il en résulte donc un impact sur le fonctionnement scolaire de l'enfant. Il peut, à ce moment, être judicieux de réduire et de simplifier les manipulations de matériel ou d'intervenir afin de supporter l'organisation de celles-ci.

Les problèmes visuo-spatiaux peuvent notamment entraîner les difficultés suivantes : l'oubli ou le recomptage du même élément deux fois lors du dénombrement, l'organisation spatiale de nombres ou de symboles (14 plutôt que 41 ou < plutôt que >), le mauvais alignement des chiffres pour effectuer une opération (voir l'exemple ci-contre), la difficulté à placer les retenues au bon endroit, des problèmes de visualisation et une mauvaise séquence de réflexion lors de résolution de problèmes ainsi que l'utilisation inadéquate d'outils tels la règle ou le rapporteur d'angles.

```
   143
+
  28
______
```

Exemple de mauvais alignement.

Le syndrome de dysfonctionnement non verbal

Les difficultés d'apprentissage sont souvent associées à un dysfonctionnement des habiletés verbales. Cependant, l'existence de difficultés d'apprentissage associées directement aux fonctions visuo-spatiales n'est reconnue que depuis peu. Le syndrome de dysfonctionnement non verbal (SDNV) présent chez certains élèves regroupe différents symptômes affectant les sphères visuo-spatiales et motrices. Les élèves en question ont par ailleurs un développement habituellement adéquat des habiletés langagières, ce qui rend le diagnostic de ce syndrome plus difficile et souvent plus tardif.

Les méthodes d'enseignement basées sur une approche multisensorielle sont encore ici fort importantes face à ce type de difficultés. Elles permettent de stimuler de plusieurs façons le système nerveux afin de faciliter la compréhension et l'acquisition de nouveaux apprentissages. Ces méthodes permettent que l'accès à un nouvel apprentissage ne repose pas sur une seule modalité (un type d'information sensorielle). Ainsi, si le système visuel ne fonctionne pas de façon optimale, l'enfant peut utiliser ses autres systèmes sensoriels. Par exemple, les mots d'une dictée seront peut-être mieux assimilés si l'enfant peut les épeler à voix haute (auditif), les écrire en gros sur le tableau (kinesthésique), les tracer des doigts dans la peinture (tactile), taper dans ses mains en nommant chaque lettre ou encore, sauter sur chacune des lettres placées au sol (kinesthésique).

Les exercices de rééducation

Afin d'améliorer les habiletés et les stratégies utilisées par les enfants, il est primordial de trouver le défi adéquat. Si l'on veut susciter l'utilisation des habiletés visuo-spatiales, il est important de débuter par des activités plus simples qui se complexifient graduellement. Une activité trop difficile est inaccessible pour l'enfant et ne fait qu'entretenir les mauvaises stratégies utilisées. Cela risque aussi d'affecter l'estime de soi.

Certaines des activités proposées peuvent être plus difficiles à réaliser dans le cadre scolaire, mais peuvent être effectuées à la maison. Celles-ci sont offertes à titre d'exemple que vous pourrez bonifier en ajoutant d'autres activités, ou en concevant de nouvelles feuilles d'exercices avec les enfants (exemple : chaque élève crée une nouvelle feuille du jeu des chemins entremêlés, page 77).

La composante réceptive

Les exercices de cette série poursuivent les objectifs suivants :

- améliorer les poursuites visuelles ;
- améliorer l'organisation des saccades visuelles ;
- améliorer l'organisation du balayage visuel.

Par conséquent, on obtient un meilleur travail du système visuel (coordination oculomotrice) permettant de soutenir les habiletés de lecture, de calligraphie, de copie ou d'attention visuelle.

1) Le chat et la souris

Matériel requis

Deux lampes de poche.

Déroulement de l'activité

- Dans une pièce sombre, dirigez rapidement le faisceau lumineux de votre lampe de poche à un endroit de la pièce.
- L'enfant doit rejoindre cet emplacement en y dirigeant le faisceau lumineux de sa propre lampe de poche.
- Il est aussi possible de varier cette activité : l'enfant doit suivre bien lentement avec son faisceau lumineux tous les mouvements exécutés par le meneur.
- Il s'agit ici d'un jeu d'ombres où l'enfant doit bien coordonner son déplacement à celui du meneur.
- Vous devez vous assurer que la vitesse de vos déplacements peut être suivie par l'enfant.

2) La cible

Matériel requis

Une cible avec de petites balles à velcro (ou un autre jeu qui possède une cible) et une chaise.

Déroulement de l'activité

- Demandez à l'enfant de s'asseoir sur une chaise et de viser la cible qui est placée sur le mur.
- La cible doit être placée à une distance similaire à celle séparant l'enfant du tableau en classe, soit environ deux à trois mètres. Il est ainsi possible de développer de meilleures habiletés de fixation à cette distance et de généraliser ces habiletés afin d'améliorer le copiage du tableau.
- Ce jeu peut être combiné aux apprentissages scolaires en demandant par exemple à l'enfant d'additionner les points obtenus.

3) La piste de course

Matériel requis

Un tableau et une craie.

Déroulement de l'activité

- Dessinez au tableau une piste de course ayant la forme d'un *huit* couché.
- L'enfant doit prendre la craie et suivre le tracé sans lever la craie afin de réaliser cinq tours de piste.
- Il peut ensuite reprendre l'activité en utilisant l'autre main puis les deux mains en même temps.
- La tête doit demeurer fixe. Seuls les yeux de l'enfant bougent.
- L'enfant doit prendre son temps pour bien rester en piste.

4) Les yeux qui bougent

Matériel requis

Un sifflet, une sucette ou une tige à bulles.

Déroulement de l'activité

- Demandez à l'enfant de se placer debout et de tenir l'objet choisi (un sifflet par exemple) avec sa main préférentielle (la droite s'il est droitier par exemple).

- ✔ Ensuite, l'enfant tend bien son bras devant lui afin que l'objet soit placé à la hauteur de ses yeux.
- ✔ Demandez-lui de suivre l'objet des yeux sans bouger la tête ou le haut du corps : indiquez à l'enfant de déplacer son bras vers la droite, de revenir au centre, de le déplacer vers la gauche et de revenir à nouveau au centre afin d'utiliser l'objet (sifflet, s'il s'agit du sifflet), ce qui permet à l'enfant de prendre une petite pause.
- ✔ Il est important que l'enfant arrête son mouvement vers la droite ou vers la gauche lorsque ses yeux ne peuvent aller plus loin.
- ✔ Vous pouvez répéter cet exercice cinq fois si les yeux de l'enfant sont toujours capables de bien suivre l'objet de façon fluide.

5) LA CHASSE AUX LETTRES

MATÉRIEL REQUIS

Un court texte.

DÉROULEMENT DE L'ACTIVITÉ

- ✔ Demandez à l'enfant d'encercler une certaine lettre à l'intérieur du texte.
- ✔ Une fois que l'enfant a terminé, vous pouvez lui faire remarquer les lettres oubliées et tenter de développer avec lui des stratégies qui, malgré le fait qu'elles nécessitent plus de temps, sont plus efficaces. En effet, suivre chaque lettre avec le doigt en le déplaçant de gauche à droite permet une recherche mieux organisée et augmente les chances de réussite, et ce, même si cette stratégie réduit la vitesse d'exécution.
- ✔ Lorsque la tâche est terminée, il est possible de s'amuser avec l'enfant en lisant le texte à voix haute afin d'entendre ce qu'il advient lorsqu'on supprime cette lettre.

6) LA LECTURE COLORÉE

MATÉRIEL REQUIS

Un texte et un crayon surligneur.

DÉROULEMENT DE L'ACTIVITÉ

- ✔ Demandez à l'enfant de lire le texte en le surlignant au fur et à mesure que sa lecture progresse.
- ✔ Les yeux de l'enfant s'habitueront ainsi à un déplacement mieux organisé, ce qui évitera le « saut » de mots ou de lignes lors de la lecture.

La composante cognitive

Les exercices de cette série poursuivent les objectifs suivants :

- améliorer les habiletés de perception de l'information visuelle ;
- améliorer les habiletés d'imagerie mentale.

Par conséquent, on obtient une plus grande capacité d'analyse et une utilisation plus adéquate de l'information visuelle permettant de soutenir les apprentissages scolaires et quotidiens de l'enfant.

7) QUI SUIS-JE ?

MATÉRIEL REQUIS

Des images familières de format 8,5 pouces sur 11 pouces.

DÉROULEMENT DE L'ACTIVITÉ

- Prenez des images représentant quelque chose de connu par l'enfant (exemple : un animal, un moyen de transport, etc.).
- Recouvrez complètement les images à l'aide de petits blocs de bois ou de morceaux de casse-tête.
- Demandez à l'enfant de retirer un bloc (ou un morceau de casse-tête) sur l'image cachée. Il doit ensuite essayer de deviner ce que représente l'image.

8) LES CHEMINS ENTREMÊLÉS

MATÉRIEL REQUIS

Les feuilles *Les chemins entremêlés* proposées dans le matériel d'accompagnement (voir pages 166 à 170).

DÉROULEMENT DE L'ACTIVITÉ

- Sur une feuille de chemins entremêlés, l'enfant doit déterminer la destination de chacun des éléments du haut.
- Vous pouvez demander à l'enfant de réaliser cette activité en n'utilisant d'abord que ses yeux.
- Il peut ensuite vérifier l'exactitude de ses réponses en suivant les chemins avec son doigt ou son crayon.
- Vous pouvez composer de nouvelles feuilles de chemins entremêlés en respectant les capacités de l'enfant. Si ce dernier éprouve des difficultés, il faudra prévoir un moins grand nombre de lignes ou des tracés comportant moins d'enchevêtrements.

- Ces nouvelles feuilles peuvent même être composées par les enfants afin de stimuler leurs habiletés et d'augmenter la banque d'activités.
- Il est aussi possible que les lignes enchevêtrées relient un mot et un son le composant ; par exemple, le mot *bonbon* et le son *on*. Cela favorisera l'apprentissage de notions scolaires.

9) L'image manquante

Matériel requis

La série de cartes-images proposée dans le matériel d'accompagnement (voir pages 103 et 104).

Déroulement de l'activité

- Utilisez les cartes-images afin de former une séquence d'images d'abord composée de trois cartes.
- L'enfant doit bien observer votre séquence d'images pendant 5 à 10 secondes, puis il doit fermer les yeux pendant que vous retirez une carte de la séquence.
- Il doit ensuite repérer la carte manquante après avoir répondu à une question simple visant à le distraire momentanément. (Exemple : « De quelle couleur est le soleil ? »)
- Cette activité pourrait aussi être réalisée à l'aide des cartes d'un jeu de mémoire ou d'objets usuels.
- Lorsque l'enfant réussit trois essais consécutifs, vous pouvez ajouter une carte de plus à la séquence.

10) Des images dans ma tête

Matériel requis

La série de cartes-images proposée dans le matériel d'accompagnement (voir pages 103 et 104).

Déroulement de l'activité

- Demandez à l'enfant de regarder attentivement la pièce dans laquelle il se trouve.
- Demandez-lui ensuite de fermer les yeux et de vous pointer l'endroit où se trouve un élément que vous lui nommez.
- Il est possible de commencer par des élémens plus évidents, la porte par exemple, et de proposer ensuite des éléments plus spécifiques (une poubelle, une horloge, etc.).

11) Les images superposées

Matériel requis

Les feuilles *Les images superposées* proposées dans le matériel d'accompagnement (voir pages 173 à 176).

Déroulement de l'activité

- Demandez à l'enfant de regarder attentivement sa feuille.
- Demandez-lui ensuite de dénombrer les différentes images superposées.
- L'enfant doit finalement tracer le contour de chacune des images superposées en utilisant une couleur différente pour chaque image.

12) La pièce manquante

Matériel requis

Les feuilles *La pièce manquante* disponibles dans le matériel d'accompagnement (voir pages 177 à 181).

Déroulement de l'activité

- Demandez à l'enfant de regarder attentivement la feuille et de repérer la pièce qui doit être insérée pour compléter l'image.

13) Trouve mon ombre

Matériel requis

Les feuilles *Trouve mon ombre* proposées dans le matériel d'accompagnement (voir pages 182 à 186).

Déroulement de l'activité

- Demandez à l'enfant de regarder attentivement l'image et de repérer son ombre.

14) TROUVE LE DESSIN IDENTIQUE

MATÉRIEL REQUIS

Les feuilles *Trouve le dessin identique* et *Les jumeaux* disponibles dans le matériel d'accompagnement (voir pages 187 à 191 et 123 à 127).

DÉROULEMENT DE L'ACTIVITÉ

- Demandez à l'enfant de regarder attentivement un dessin et de repérer celui qui lui ressemble en tous points.

Les habiletés visuo-constructives

Les exercices de cette série ont pour objectif d'améliorer les habiletés visuo-constructives en deux et en trois dimensions.

Par conséquent, on obtient de meilleures stratégies d'analyse et de planification permettant de soutenir le graphisme, les habiletés d'organisation spatiale et les apprentissages mathématiques.

15) FAIS LES TRAJETS

MATÉRIEL REQUIS

Les feuilles *Les trajets* proposées dans le matériel d'accompagnement (voir pages 192 à 200).

DÉROULEMENT DE L'ACTIVITÉ

- Demandez à l'enfant de prendre une feuille de trajets.
- L'enfant doit relier des points en respectant le modèle déjà tracé par l'adulte (les modèles des feuilles à quatre éléments sont donnés en exemple).
- Les trajets les plus faciles sont constitués de quatre petits pictogrammes que l'enfant doit relier d'une façon spécifique.
- Il pourra ensuite réussir les feuilles impliquant un plus grand nombre de pictogrammes (six ou neuf).
- Lorsque ces feuilles sont bien réussies, l'enfant peut relier des points colorés pour finalement relier des points noirs.
- Les pictogrammes et les points de couleurs représentent un indice visuel supplémentaire pour l'enfant, lui permettant éventuellement de progresser vers les points noirs.

16) Les constructions de bâtons

Matériel requis

Des bâtons de sucettes glacées (idéalement de couleurs différentes) et la feuille de modèles disponible dans le matériel d'accompagnement (voir page 201).

Déroulement de l'activité

- Utilisez des bâtons de sucettes glacées afin de construire un modèle d'abord composé de trois éléments.
- L'enfant doit refaire cette construction en utilisant sa propre série de bâtons et en respectant le modèle créé par le meneur.
- Vous pouvez débuter par des constructions incluant des bâtons de différentes couleurs afin de donner un indice visuel supplémentaire à l'enfant. Cela favorise sa capacité d'organisation.
- Lorsque l'enfant réussit trois essais consécutifs, vous pouvez ajouter un élément de plus. Vous pouvez aussi utiliser des bâtons d'une même couleur lorsque l'enfant devient plus habile.

17) Les dessins par étapes

Matériel requis

Les feuilles *Dessin par étapes* disponibles dans le matériel d'accompagnement (voir pages 202 à 206) ou des livres tel *J'apprends à dessiner*.

Déroulement de l'activité

- Demandez à l'enfant de prendre une feuille de dessin par étapes ou son livre *J'apprends à dessiner*.
- L'enfant doit d'abord écrire un chiffre dans chacune des cases afin d'en établir la séquence.
- Il doit ensuite colorier le nouvel élément qui s'ajoute à chacune des étapes.
- Il doit finalement reproduire graphiquement chacune des étapes pour en arriver à un produit fini. Vous pouvez soutenir l'enfant en favorisant le respect de chacune des étapes et en lui donnant des indices pour que son dessin corresponde à celui qui sert de modèle.

18) LES JEUX DE SYMÉTRIE

MATÉRIEL REQUIS

Les feuilles *La symétrie* proposées dans le matériel d'accompagnement (voir pages 207 et 208).

DÉROULEMENT DE L'ACTIVITÉ

- L'enfant doit compléter la symétrie du modèle déjà tracé par le meneur.
- Il est plus facile pour l'enfant de s'organiser, dans un premier temps, sur la feuille-canevas proposée dans le matériel d'accompagnement. En effet, les lignes de couleur permettent à l'enfant de mieux se repérer et de s'organiser pour accomplir la tâche. Nous vous suggérons de colorier les lignes selon la légende proposée avant de faire faire des photocopies en couleurs du document.
- Vous pouvez débuter par des modèles simples où la symétrie ne comporte que quelques lignes verticales et horizontales et augmenter progressivement le niveau de difficulté en ajoutant des lignes droites et ensuite des lignes obliques.
- L'enfant pourra ensuite réaliser les activités de symétrie sans le support des lignes de couleur.

19) LES ANGLES VARIÉS

MATÉRIEL REQUIS

La feuille *Les angles variés* disponible dans le matériel d'accompagnement (voir page 209).

DÉROULEMENT DE L'ACTIVITÉ

- Présentez à l'enfant une première carte où l'orientation de l'objet rend le discernement difficile.
- L'enfant écrit ou dit ses hypothèses, puis les justifie.
- Par la suite, vous lui présentez une seconde carte représentant le même objet dans un angle légèrement différent (environ 10 degrés).
- L'enfant écrit ou dit ses nouvelles hypothèses en les justifiant encore une fois.
- Vous répétez la même procédure jusqu'à la dernière carte (il y a trois cartes par objet).
- Cet exercice peut se faire seul avec l'enfant ou en groupe, ce qui favorisera les discussions.

20) LA DIRECTIONALITÉ DES DÉPLACEMENTS

MATÉRIEL REQUIS

Les feuilles *Direction spatiale* proposées dans le matériel d'accompagnement (voir pages 210 à 213).

DÉROULEMENT DE L'ACTIVITÉ

- Demandez à l'enfant d'aider le personnage à trouver quel nouvel outil doit être inséré dans son sac à bandoulière.
- Pour ce faire, il doit suivre les indications proposées. (Exemple: droite 3, bas 2, gauche 1, etc.)
- Si le trajet est effectué correctement, l'enfant découvrira le bon objet.

La lecture

Les exercices de cette série ont pour objectif de développer et soutenir de bonnes stratégies de lecture.

21) LE SUIVI AVEC LE DOIGT

MATÉRIEL REQUIS

Une cordelette cirée ou de la colle liquide.

DÉROULEMENT DE L'ACTIVITÉ

- Vous pouvez coller une cordelette cirée ou mettre de la colle liquide sous les lignes de lecture. Cela représente un support tactile sur lequel l'enfant peut placer son doigt afin de suivre lorsqu'il lit. Vous pouvez d'abord le faire avec lui afin de coordonner son geste à la vitesse de progression de ses yeux.

22) LE SURLIGNAGE EN COURS DE LECTURE

MATÉRIEL REQUIS

Trois crayons surligneurs de couleurs différentes.

DÉROULEMENT DE L'ACTIVITÉ

- Il est possible de surligner les lignes d'un texte en alternant trois couleurs : par exemple, la première ligne est bleue, la seconde est jaune et la troisième est rose. On recommence cette séquence jusqu'à la fin du texte. Ce système de couleurs peut aider l'enfant à mieux se repérer lors des retours à la ligne. L'enfant sait que lorsqu'il termine une ligne bleue, il doit poursuivre au début d'une ligne jaune. Quand l'enfant maîtrise cette organisation spatiale, il est possible de diminuer l'utilisation de ce support visuel.

L'écriture

Les exercices de cette série ont pour objectif de développer et soutenir de bonnes habiletés d'écriture.

23) L'APPROCHE MULTISENSORIELLE

- L'apprentissage de la calligraphie peut être favorisé par l'utilisation d'une méthode d'enseignement basée sur une approche multisensorielle telle la méthode *ABC BOUM!* [1]. Ainsi, les stimuli visuels (codes de couleur, repères visuels dans les interlignes, pictogrammes), auditifs (sons, intonations, indices verbaux), tactiles (tracer sur des cordelettes cirées, dans de la peinture tactile) et kinesthésiques (écrire en grand format sur des surfaces résistives comme un tableau vert ou sur l'asphalte) permettent de proposer à l'enfant un éventail d'informations afin de le rejoindre dans sa façon d'apprendre. Ce type d'approche permet de soutenir les apprentissages graphiques tant pour les lettres scriptes que cursives.

24) UNE ÉTAPE À LA FOIS

- Assurez-vous d'abord de l'acquisition des patrons moteurs adéquats (la façon de tracer la lettre) avant d'accorder de l'importance à la précision. L'utilisation d'intrants kinesthésiques qui impliquent de grands mouvements ou une résistance musculaire favorise l'apprentissage de la directionalité à respecter. Lorsque cette étape est bien consolidée, il est ensuite possible d'insister sur le respect de l'interligne.

1. Pour obtenir un exemplaire de cette méthode, contactez l'ergothérapeute Natasha Rouleau au (514) 337-8866.

25) L'ESPACEMENT ENTRE LES MOTS

MATÉRIEL REQUIS

De la gommette et du papier quadrillé.

DÉROULEMENT DE L'ACTIVITÉ

- Utilisez un petit bout de gommette que l'enfant pourra déplacer afin de respecter l'espacement entre les mots, plutôt que la méthode du doigt magique (soit de placer son doigt entre les mots à écrire). L'enfant peut ainsi disposer de sa main non préférentielle pour stabiliser le papier.
- Il est aussi possible de faire un entraînement sur du papier quadrillé. Chaque lettre est écrite dans une case et l'espacement est représenté par une case vide. Il peut ainsi être plus facile pour certains enfants de comprendre ce que représente l'espacement, puisque l'espace graphique est plus organisé.

Les mathématiques

Les exercices de cette série ont pour objectif de favoriser et soutenir les apprentissages mathématiques.

26) LE MATÉRIEL RÉSISTIF

- Utilisez du matériel plus lourd tels des boulons ou des sacs de sable lors du dénombrement afin que l'enfant soit plus conscient de ses gestes et augmente ses chances de réussite.

27) LE PAPIER QUADRILLÉ

- Utilisez du papier quadrillé pour faire les additions en colonnes pour faciliter l'alignement des chiffres.

Les moyens d'adaptation et les outils palliatifs

Voici une liste de moyens d'adaptation et d'outils palliatifs servant à compenser les difficultés visuo-perceptivo-motrices.

- Réduire l'information visuelle disponible dans l'environnement de l'enfant. En classe, on retrouve souvent un très grand nombre d'aide-mémoire sur les murs. Il est possible de déterminer quels sont les plus importants ou de faire une rotation afin d'éviter une surcharge visuelle qui nuira à leur utilisation.
- L'information visuelle présentée à l'enfant doit être simple et structurée. Il est aussi possible de mettre en évidence ce qui est le plus important en soulignant ou surlignant cette information.
- Augmenter la taille des caractères d'écriture et espacer les lignes afin de supporter une lecture organisée chez l'enfant.
- Utiliser deux couleurs en alternance lors de l'écriture de chacune des syllabes composant un mot afin de supporter la lecture de l'enfant. Par exemple, alterner le rouge et le noir pour écrire *locomotive*.
- Choisir un matériel didactique qui offre une présentation visuelle claire.
- Utiliser une cache ou une règle afin de suivre les lignes à lire.
- Mettre un signet, un papillon adhésif amovible ou un trombone recouvert de plastique pour identifier la page où l'enfant doit reprendre son travail lors de la prochaine période.
- Augmenter les contrastes visuels afin d'attirer l'attention lors de certaines tâches. Par exemple, lire les mots de dictée écrits en blanc sur une feuille noire.
- Présenter les nouveaux apprentissages en favorisant l'implication de plusieurs sens : l'auditif (en utilisant des sons, des comptines, des intonations de voix, etc.), le kinesthésique (en bougeant, en sollicitant un travail musculaire), le tactile (en manipulant, en touchant), afin que l'apprentissage ne repose pas exclusivement sur une modalité visuelle. Par exemple, l'apprentissage de l'orthographe de mots peut être facilité si l'enfant les récite à voix haute, les écrit en grand format au tableau ou les trace avec son doigt sur du papier sablé.
- Utiliser des cordelettes cirées pour créer des ensembles ou des frontières plutôt que de les tracer au crayon. Il est ainsi plus facile pour l'enfant de bien les discriminer.
- Lire les questions d'examen à l'enfant et lui permettre de répondre verbalement aux questions si vous désirez mesurer ses connaissances (plutôt que la lecture).
- Faire l'essai d'un ordinateur portable en classe afin de pallier les difficultés importantes rencontrées en calligraphie.
- Utiliser une cordelette cirée ou une ligne de colle liquide pour délimiter les interlignes ou les contours d'un dessin à colorier. Cela favorise la compréhension de ce que représente la limite de la ligne.

Chapitre 5

La métacognition et les fonctions exécutives

La définition de la problématique et les notions de base

Les fonctions dites frontales ne sont étudiées que depuis très récemment. Elles sont pourtant d'une importance majeure dans l'analyse du comportement humain. Comme leur nom l'indique, les fonctions frontales (incluant la métacognition et les fonctions exécutives) siègent dans les lobes frontaux qui représentent le tiers du cortex cérébral de l'humain. Ces fonctions, qui seront décrites ultérieurement, ont permis à l'homme de devenir ce qu'il est et de se distinguer de l'animal. Sur le plan développemental, nous savons que les lobes frontaux se développent jusqu'à environ 18 ans. Il est donc important, comme adulte, d'offrir un support suffisant aux enfants afin de pallier les lacunes liées aux aspects développementaux ainsi que d'enseigner les stratégies à utiliser pour favoriser le développement de ces fonctions. En effet, lorsqu'il est question de méthode de travail, de capacité d'adaptation, d'organisation ou de structuration, nous parlons en fait des fonctions exécutives et de la métacognition.

En observant les modèles théoriques qui expliquent le fonctionnement cognitif, il est possible d'extraire deux prémisses de base. D'abord, il existe un système de niveau supérieur qui module le fonctionnement cognitif, mais ne le dicte pas. Ensuite, il existe deux types de processus cognitifs : automatique et contrôlé. Selon les modèles théoriques traitant des fonctions exécutives (voir la figure 5.1), l'exécution routinière de la plupart de nos actions est possible grâce à des schémas, c'est-à-dire par une activation organisée des sous-systèmes impliqués dans la réalisation de l'action. En grandissant, l'enfant apprend une multitude de comportements et de réactions qui deviennent peu à peu automatisés (par exemple, lorsque quelqu'un sourit, on lui répond par un sourire) ; c'est ce qu'on entend par la création de schémas.

Figure 5.1) LE FONCTIONNEMENT COGNITIF

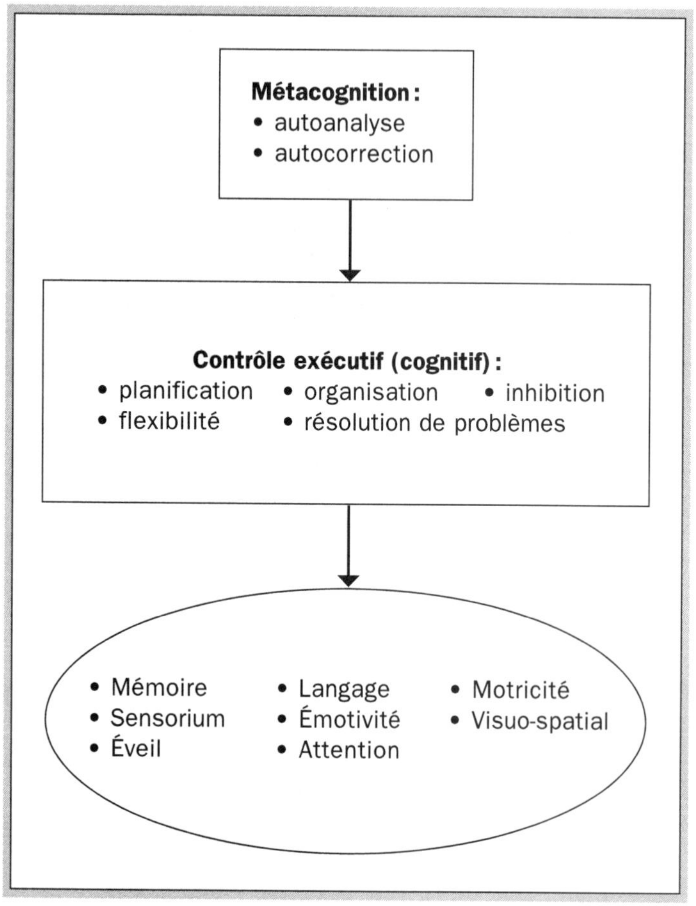

Le langage passe également par cette automatisation. En effet, alors que les premiers mots ou les premières phrases exigent un grand contrôle attentionnel, les enfants vers l'âge de cinq ans peuvent s'exprimer sans penser à la prononciation de chaque syllabe, c'est-à-dire qu'ils se créent des schémas langagiers (des mots ou des bouts de phrases par exemple). Ces schémas sont contrôlés par des mécanismes automatiques de résolution de conflits. Par exemple, les processus automatiques dans l'écriture surviennent après l'apprentissage des manœuvres motrices, des codes du langage écrit et de la grammaire.

Par contre, dans certaines situations comme lors d'une résolution de problèmes, lors de l'apprentissage de nouvelles habiletés (nouveaux mots à écrire, nouvelle langue) ou lors d'activités dangereuses ou difficiles, un mécanisme de contrôle oriente les niveaux d'activation vers certains schémas de façon à ce qu'ils puissent être sélectionnés selon l'objectif visé. Les enfants doivent donc posséder une bonne flexibilté mentale afin de percevoir l'inadéquation de la réponse automatisée (schémas habituellement utilisés) et produire une autre réponse. Par exemple, les enfants apprennent rapidement à saluer les gens qui leur disent bonjour. Cependant, un enfant salué par un inconnu inhibera sa réponse et se dirigera vers sa mère. Cela demeure un exemple simple, mais qui s'applique à toutes les situations où les automatismes doivent être inhibés. Un enfant dont le système supérieur est atteint sera capable d'exécuter les tâches routinières, mais aura des difficultés lorsque les tâches à exécuter seront nouvelles ou demanderont une certaine planification. La métacognition et les fonctions exécutives représentent donc le système supérieur qui supervise les autres systèmes cognitifs.

Ce système comprend :

- **La planification :** Mécanisme permettant l'élaboration d'un plan en fixant un point de départ et une séquence d'actions ou de stratégies à produire afin d'arriver à un but. La résolution de problèmes exige cette habileté de planification. La planification permet également d'évaluer le temps de réalisation de la tâche.
- **L'organisation :** Capacité de classer, selon des critères importants, l'environnement physique et les informations à analyser. L'organisation de l'espace, des informations en mémoire, du matériel scolaire sont, par exemple, des éléments qui favorisent la réalisation du travail à accomplir.
- **L'inhibition :** Mécanisme de contrôle sur les stimuli saillants mais non pertinents (par exemple, faire abstraction d'un bruit sans importance et demeurer attentif aux informations données en classe), sur les comportements interdits (ne pas briser le matériel du professeur par exemple), sur les comportements inacceptables (cracher en classe), sur le comportement en général (impolitesse) et sur soi-même (crise de rage).
- **L'activation :** Mécanisme permettant l'initiative et le démarrage des fonctions cognitives. Nous avons souvent recours à l'analogie du fonctionnement de l'automobile pour expliquer cette fonction, en la comparant au démarreur. Ainsi, pour qu'un enfant commence une tâche ou initie une réponse, il doit être stimulé par l'adulte en place qui, par exemple, amorce l'autoquestionnement.
- **L'ajustement :** Mécanisme qui rend l'individu flexible face aux changements de l'environnement, tant sur le plan comportemental qu'intellectuel. Grâce à ce mécanisme, l'enfant sera en mesure de passer rapidement d'une tâche à l'autre.

- **La métacognition:** Conscience de son propre fonctionnement cognitif permettant un questionnement lors d'activités et la mise en place d'un système de déduction et d'évaluation d'hypothèses. *Cela permet un questionnement intérieur sur son propre raisonnement ou sur son propre fonctionnement.*

Plusieurs chercheurs dont Norman, Shallice, Stuss et Benson se sont intéressés à ces aspects du système supérieur.

Les troubles des fonctions exécutives chez les enfants en difficulté d'apprentissage

Les troubles au niveau des fonctions exécutives se retrouvent dans plusieurs entités pathologiques. Puisque les lobes frontaux sont les dernières structures à atteindre leur maturité, ils sont par le fait même les premiers à être atteints lors de traumatismes cérébraux (infections, traumatisme crânien, etc.), intra-utérins ou survenant lors de troubles développementaux (facteurs génétiques).

Certains syndromes dont l'origine est généralement liée à un problème génétique impliquent également des déficits frontaux. En voici quelques-uns révélant des atteintes au niveau des fonctions exécutives ou de la métacognition:

- troubles d'attention avec ou sans hyperactivité;
- syndrome de Gilles de la Tourette;
- troubles de conduite et agressivité;
- troubles de comportement;
- autisme;
- syndrome d'Asperger.

Les enfants qui présentent de telles difficultés ont généralement un potentiel intellectuel normal et de bonnes capacités dans les autres sphères cognitives. Par contre, ils ont de la difficulté à l'école puisqu'ils utilisent mal leurs ressources. Par exemple, un enfant qui a de la difficulté à structurer son travail, qui n'a pas de points de repère ou qui ne se questionne pas au bon moment lors de la réalisation d'une tâche fera des erreurs et des oublis importants même s'il maîtrise bien la matière.

Ces difficultés devraient, en général, s'estomper avec le développement cérébral et l'acquisition de stratégies d'apprentissage. Certains enfants auront besoin d'apprendre à se questionner, à raisonner et à s'autoévaluer. Pour ce faire, l'adulte devient la [*métacognition*] de l'enfant, c'est-à-dire qu'il l'aide à enclencher et à réaliser le processus de questionnement. Graduellement, l'adulte peut demander à l'enfant de réaliser oralement ce questionnement afin d'automatiser la procédure (voir l'exemple à la page 91).

Il est donc important de se questionner adéquatement lorsque nous évaluons (tests, examens, travaux) les enfants présentant ce type de difficultés, afin de s'assurer que nous évaluons la maîtrise des connaissances et non les difficultés sur le plan des fonctions exécutives (planification, organisation, etc.).

Exemple : L'apprentissage de la lecture en début de première année, alors que l'enfant ne maîtrise que très peu les sons et qu'il est dans un processus d'apprentissage global.

Premiers essais
Nouveau mot : BANANE
L'enfant dit : « Je ne sais pas. »
L'adulte demande : « Par quelle lettre le mot commence-t-il ? »
L'enfant dit : « B ».
L'adulte demande : « Quel est le son de cette lettre ? »
L'enfant répond : « *b* ».
Et ainsi de suite.

Quatrième essai (l'autoquestionnement)
Mot à apprendre : PORTE
L'enfant dit : « Je ne sais pas. »
L'adulte demande : « Quelle est la question à te poser ? »
L'enfant répond : « Par quelle lettre le mot commence-t-il ? »
Et ainsi de suite.

Cet apprentissage a pour but d'automatiser le décodage et l'autoquestionnement.

Il en va de même pour tout nouvel apprentissage où l'adulte offre le raisonnement (sans donner la réponse). L'enfant peut alors automatiser l'autoquestionnement tant sur le plan de son comportement que sur le plan scolaire.

Il est important que ce processus se fasse graduellement. L'exemple le plus probant, afin d'illustrer le type de support à donner, est celui du jeune enfant qui apprend à marcher. L'adulte est un accompagnateur et s'émerveille des premiers pas réalisés par l'enfant. Ces premiers pas sont cependant très imparfaits, manquant à la fois d'équilibre et de coordination. Les élèves ont aussi besoin de soutien et d'encouragement pour l'apprentissage de *méthodes de travail qui paraissent évidentes et automatiques pour l'adulte, mais peuvent être très laborieuses pour eux.*

Un consensus entre les intervenants est important afin de favoriser la réussite de la mise sur pied des stratégies de travail. L'enfant doit être engagé dans le choix de ses stratégies et dans leur élaboration. En effet, il sera plus facile pour l'élève d'intégrer et d'utiliser les méthodes et les stratégies proposées si elles sont les mêmes d'un intervenant à l'autre et si elles tiennent compte de ses propres idées. Dans le cas contraire, l'enfant se retrouve chaque année dans un contexte d'apprentissage où de nouvelles méthodes de travail sont suggérées et il est, à ce moment, moins disponible aux apprentissages scolaires.

Les exercices de rééducation

Il est possible que certains enfants ne parviennent pas à faire ces exercices avant l'âge de huit ans.

1) La résolution de problèmes

Matériel requis

Les feuilles *Les images aide-mémoire* et *Les jeux de rôles (Résolution de problèmes)* disponibles dans le matériel d'accompagnement (voir pages 214 et 215).

Déroulement de l'activité

- Cet exercice peut être réalisé individuellement ou en groupe (petite équipe de travail). La résolution de problèmes peut se faire par écrit, oralement ou via un exercice de jeux de rôles.
- Dans cet exercice, les enfants apprendront une méthode de résolution de problèmes qui peut s'appliquer tant sur le plan scolaire que lors des difficultés de la vie courante. La façon de nommer les étapes peut changer d'un auteur à l'autre, mais la séquence demeure la même et comporte quatre étapes fondamentales. Afin de favoriser le rappel de la démarche, il faut avoir une aide mnémotechnique. L'acrostiche ci-dessous favorisera ce rappel.

IDÉE
I dentifier le problème.
Donner différentes solutions.
Essayer la meilleure solution.
Evaluer le résultat.

- **Identifier le problème :** L'enfant doit définir quel est le problème. Lors de situations sociales, il doit également apprendre à identifier les émotions qu'il ressent face à un problème (par exemple, l'enfant ne veut plus aller à l'école, car ses amis le rejettent). De plus, il est intéressant pour l'enfant de comprendre les antécédents, c'est-à-dire l'origine du problème, si le contexte le permet bien sûr.

- **Donner des solutions :** L'enfant peut émettre plusieurs solutions et tenter d'anticiper les conséquences de chacune afin de choisir celle qu'il croit être la meilleure. C'est aussi lors de cette étape que l'enfant doit planifier la réalisation de la solution.

- **Essayer la meilleure solution :** Cette étape se réalise par l'action, car l'enfant doit essayer la solution choisie afin d'en observer les conséquences.

- **Évaluer le résultat :** Après avoir essayé une solution, l'enfant évalue le résultat. Si le résultat est satisfaisant, la résolution du problème est complétée. Dans le cas contraire, l'enfant doit s'ajuster et reprendre le processus.

2) LES JEUX DE RÔLES

Les jeux de rôles sont également une bonne façon pour l'enfant d'effectuer et d'apprendre le processus de résolution de problèmes particulièrement sur le plan des habiletés sociales.

MATÉRIEL REQUIS

La feuille *Les jeux de rôles* disponible dans le matériel d'accompagnement (voir page 215).

DÉROULEMENT DE L'ACTIVITÉ

- Le même enfant peut jouer plusieurs rôles, ce qui lui permettra d'analyser différents points de vue. Les enfants peuvent ainsi reproduire une situation qui s'est déjà produite à leur école (ils en ont été témoins ou ils étaient impliqués). L'adulte distribue les rôles à chacun afin de réaliser la scène.
- Lors du déroulement, il est recommandé d'arrêter la scène afin de demander au groupe de réfléchir sur les étapes de résolution de problèmes (par exemple, vérifier l'ensemble des possibilités de réaction face à un comportement). Il est ensuite possible de reprendre la scène et de vérifier la façon dont le problème a été résolu. Vous pouvez également élaborer sur d'autres situations qui pourraient avoir des similarités avec la situation mise en scène.
- Les cartes illustrant différentes situations problématiques peuvent aussi servir de point de départ. L'enfant pourra aussi avoir recours aux étapes de résolution de problèmes pour résoudre la situation problématique.

3) LES LABYRINTHES

MATÉRIEL REQUIS

Les labyrinthes proposés dans le matériel d'accompagnement (voir pages 216 à 225) et un stylo-bille de couleur rouge.

DÉROULEMENT DE L'ACTIVITÉ

- Les labyrinthes sont présentés avec une progression du degré de difficultés afin d'exiger de plus en plus de planification.
- Montrez à l'enfant le point de départ et le point d'arrivée d'un labyrinthe. Il est bien important qu'il comprenne la consigne suivante : *Réalise le labyrinthe en faisant le moins d'erreurs possible.* L'enfant effectue le labyrinthe avec un crayon à l'encre rouge sans le lever de la feuille, de sorte que vous puissiez voir le trajet et les stratégies utilisées. Un enfant qui fait le tracé trop rapidement devra être ralenti au fur et à mesure afin de lui enseigner cet automatisme d'arrêt et de réflexion.

4) La planification visuo-spatiale

Ce jeu est une tâche de planification visuo-spatiale.

Matériel requis

Des modèles (voir troisième et quatrième de couverture) et des formes disponibles dans le matériel d'accompagnement (voir pages 226 et 227).

Déroulement de l'activité

- L'enfant manipule des formes afin de reproduire le modèle que vous lui aurez fourni.
- Invitez l'enfant à reproduire le modèle en faisant le moins d'essais possible. Cela a pour objectif de solliciter sa planification. Lorsque l'enfant fait une erreur, il doit reprendre la tâche au début.

5) La déduction

Ce jeu permet à l'enfant d'établir des hypothèses et de les vérifier. Il peut se réaliser en dyades ou en groupe.

Matériel requis

Des cartons de différentes couleurs, un écran, des crayons de mêmes couleurs que les cartons et les feuilles-réponses disponibles dans le matériel d'accompagnement (voir pages 228 et 229).

Déroulement de l'activité

- Un enfant (le meneur du jeu) doit placer des cartons de couleurs différentes derrière un écran afin que les autres joueurs ne les voient pas.
- Les autres joueurs doivent deviner dans quel ordre le meneur du jeu a placé les cartons de couleurs. Les joueurs ont en leur possession des crayons de mêmes couleurs que les cartons du meneur du jeu.
- Les joueurs tentent chacun de leur côté une première séquence de couleurs en coloriant les cases de la feuille-réponse.
- Le meneur du jeu vérifie les hypothèses de chaque joueur et indique combien de cartons sont placés au bon endroit sans indiquer lesquels. Les joueurs doivent inscrire cette information à l'endroit prévu sur leur feuille-réponse.
- Les joueurs tentent une autre séquence en tenant compte de l'essai précédent, et ainsi de suite jusqu'à ce qu'ils parviennent tous à déduire la séquence choisie par le meneur du jeu.
- Lorsque l'enfant maîtrise bien la procédure avec trois cartons, passez au jeu avec quatre cartons.

Disposition du jeu

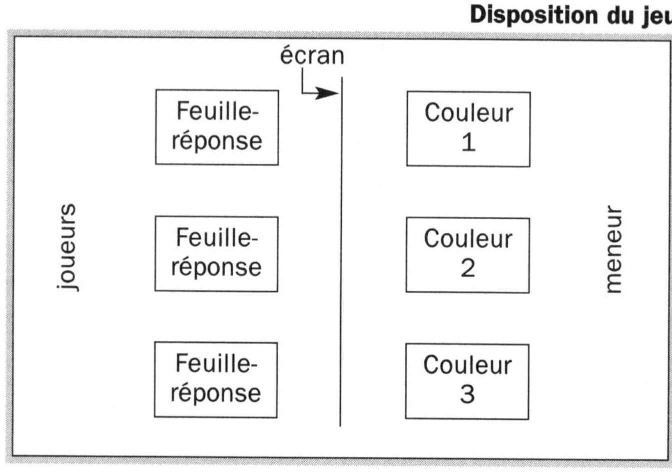

6) LES SÉQUENCES ET LES MATRICES

Ce jeu favorise la capacité d'analyse séquentielle et la capacité d'analyse globale. Il se réalise avec l'aide de séquences et de matrices.

MATÉRIEL REQUIS

Les feuilles de séquences et les feuilles de matrices disponibles dans le matériel d'accompagnement (voir pages 230 à 232).

DÉROULEMENT DE L'ACTIVITÉ

- Pour les séquences, l'enfant doit d'abord choisir (parmi quatre éléments suggérés) l'élément qui complète la suite logique. Les concepts de couleurs, de formes et de grandeurs peuvent être utilisés.
- Pour les matrices, l'enfant travaille en tableau croisé et devra alors considérer plus d'un élément avant de donner sa réponse. Les concepts de couleurs, de formes, de grandeurs, d'orientation et de calcul peuvent être abordés. Cette activité n'est présentée qu'avec des choix de réponses.

Exemples :

Séquences

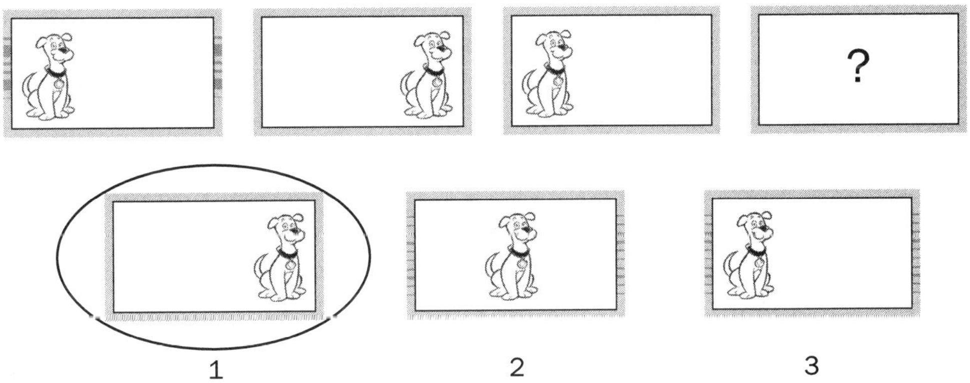

Matrices

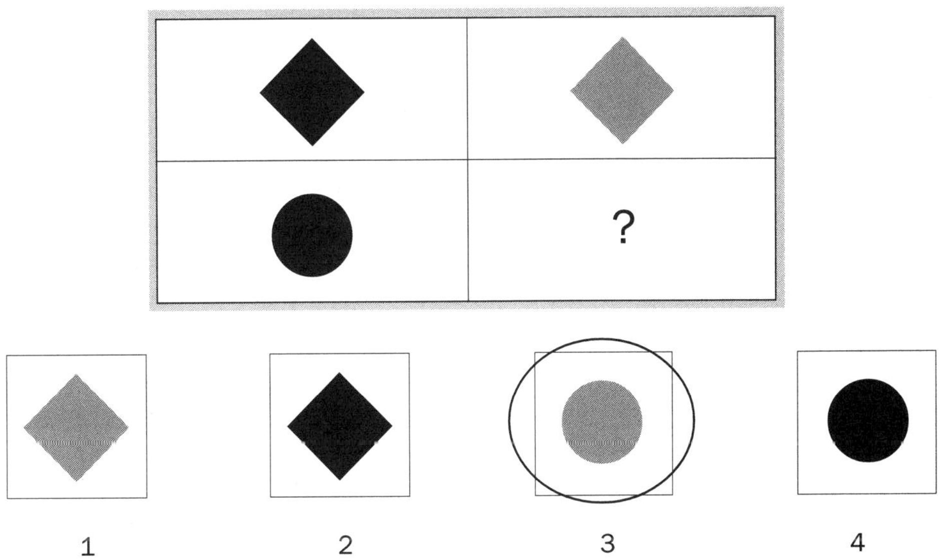

Les moyens d'adaptation et les outils palliatifs

Certains enfants ont besoin d'un plus grand soutien parce qu'ils ont un déficit particulier ou simplement parce que leurs fonctions exécutives ne sont pas encore tout à fait développées.

Bien qu'un trouble au niveau des fonctions exécutives puisse affecter plusieurs aspects de la vie scolaire, il est important de ne pas tout travailler en même temps. L'enseignant et l'élève devront établir des priorités et déterminer les étapes à suivre. Il importe de se rappeler que les élèves n'ont pas encore automatisé l'ensemble de ces fonctions.

Voici une liste de moyens d'adaptation et d'outils palliatifs servant à améliorer les fonctions exécutives et la métacognition.

- Faire en sorte que les outils de mesure de temps ne deviennent pas un facteur de stress pour les enfants (vérifier l'impact).
  - Utiliser une horloge visuelle (voir ci-dessous): cet outil permet aux enfants de visualiser le temps qui s'écoule, ce qui peut augmenter leurs capacités de planification du temps.
  - Utiliser une minuterie pour indiquer aux enfants le moment où ils doivent passer à une autre tâche.
  - Poser une gommette sur l'horloge afin d'indiquer aux enfants le moment du début ou de la fin d'une activité. Les enfants apprendront ainsi à maîtriser le concept du temps.
- Automatiser un questionnement lorsque l'enfant réalise des tâches scolaires (voir page 91). Ajouter un indice visuel afin de supporter l'enfant dans l'utilisation de stratégies d'autoquestionnement. Des images que les enfants pourront positionner, avec l'aide de l'adulte, près de la tâche à réaliser afin de soutenir le questionnement, la vérification ou le rappel se trouvent dans le matériel d'accompagnement (voir page 233). Chacune de ces étapes est représentée par une image différente. Pour la dictée cependant, les enfants pourraient avoir besoin de deux révisions. Il est alors possible de mettre deux images pour cette étape. Les enfants devront biffer une image après chaque révision.
- Comprendre que les difficultés de planification ou le manque de méthode de travail ne sont pas nécessairement le reflet d'un manque de volonté. Demander aux enfants de faire plus d'efforts pour se structurer ne fait donc aucun sens pour eux si l'adulte ne leur offre pas une solution ou un outil de compensation.

Une horloge visuelle.

Il faudra donc éviter des phrases telles que: «Fais attention à tes fautes d'orthographe!», alors qu'ils ont des difficultés d'attention et «Organise ton travail pour ne pas oublier de page», alors qu'ils ne maîtrisent pas cette habileté d'organisation. Privilégier plutôt: «Je remarque qu'il t'arrive de faire des erreurs dans tes devoirs, par exemple, hier, tu as oublié de faire la page huit» ou «Nous allons trouver ensemble un moyen pour que tu puisses t'améliorer.»

La différence entre ces deux interventions est importante. La première intervention place l'enfant devant ses incapacités sans lui offrir de solutions. L'enfant a donc une image négative de lui-même et se sent responsable de cette incapacité alors qu'elle est d'origine développementale ou autre. La seconde intervention reflète l'incapacité de l'enfant sans la généraliser à l'individu. Elle permet plutôt d'utiliser un exemple concret et de proposer à l'enfant des solutions afin de faciliter son fonctionnement. Les concepts d'attention, d'organisation ou de planification ne font parfois aucun sens pour l'enfant. La seconde intervention permet aussi de responsabiliser l'élève face à sa difficulté en lui offrant de l'aide. Cette aide est nécessaire puisque l'enfant est incapable de corriger ses erreurs seul.

Voici quelques trucs à suggérer aux élèves.

- Utiliser un aide-mémoire tel un papillon adhésif (du type « post-it ») pour reconnaître l'endroit où le travail a été interrompu et ainsi pouvoir reprendre plus tard au bon endroit. Dans cet ordre d'idées, coller une gommette sur les horaires permettra de bien déterminer la progression des différentes activités de la journée.
- Suggérer aux enfants de surligner (dans leur agenda) les tâches déjà réalisées plutôt que de les rayer. Cela permet notamment d'avoir une trace visuelle des différents éléments et de les revérifier au besoin.
- Apprendre aux enfants à écrire immédiatement les choses à faire dans leur agenda et à le faire de manière efficace (par exemple, inscrire les examens ou les devoirs non pas dans la case de la journée où ils reçoivent cette information, mais bien dans la case de la journée où les examens doivent être réalisés et les devoirs remis).
- Pour les travaux écrits, l'enfant en difficulté pourrait utiliser une feuille où l'en-tête (nom, date, titre) est déjà complété. Cette étape, longue à réaliser, exige une bonne planification ; il reste donc à l'enfant moins d'attention et moins d'énergie pour réaliser son travail.

✔ Demander aux enfants (en groupe ou individuellement) d'expliquer oralement ou par écrit les notions suivantes : être concentré, planifier son temps, organiser son travail, etc. Ces notions sont facilement compréhensibles pour un adulte, mais font peu de sens pour un enfant en développement cognitif (il faut se rappeler que les lobes frontaux atteignent leur pleine maturité vers l'âge de 18 ans seulement). Pour favoriser leur compréhension, appuyer ces concepts d'exemples concrets. Cela améliorera aussi leur fonctionnement quotidien.

Conclusion

Pour tout nouveau matériel ou méthode introduite, il importe d'accorder du temps aux enfants pour qu'ils puissent s'adaptater et automatiser cette nouvelle façon de procéder. Ce n'est pas l'introduction du matériel ou de la méthode qui donnera des résultats, mais plutôt l'automatisation graduelle de son utilisation.

Matériel d'accompagnement

Série 1A : Les chiffres

Photocopiez ce matériel selon vos besoins.

1	2
3	4
5	6
7	8
9	10

Série 1B : Les symboles

Photocopiez ce matériel selon vos besoins.

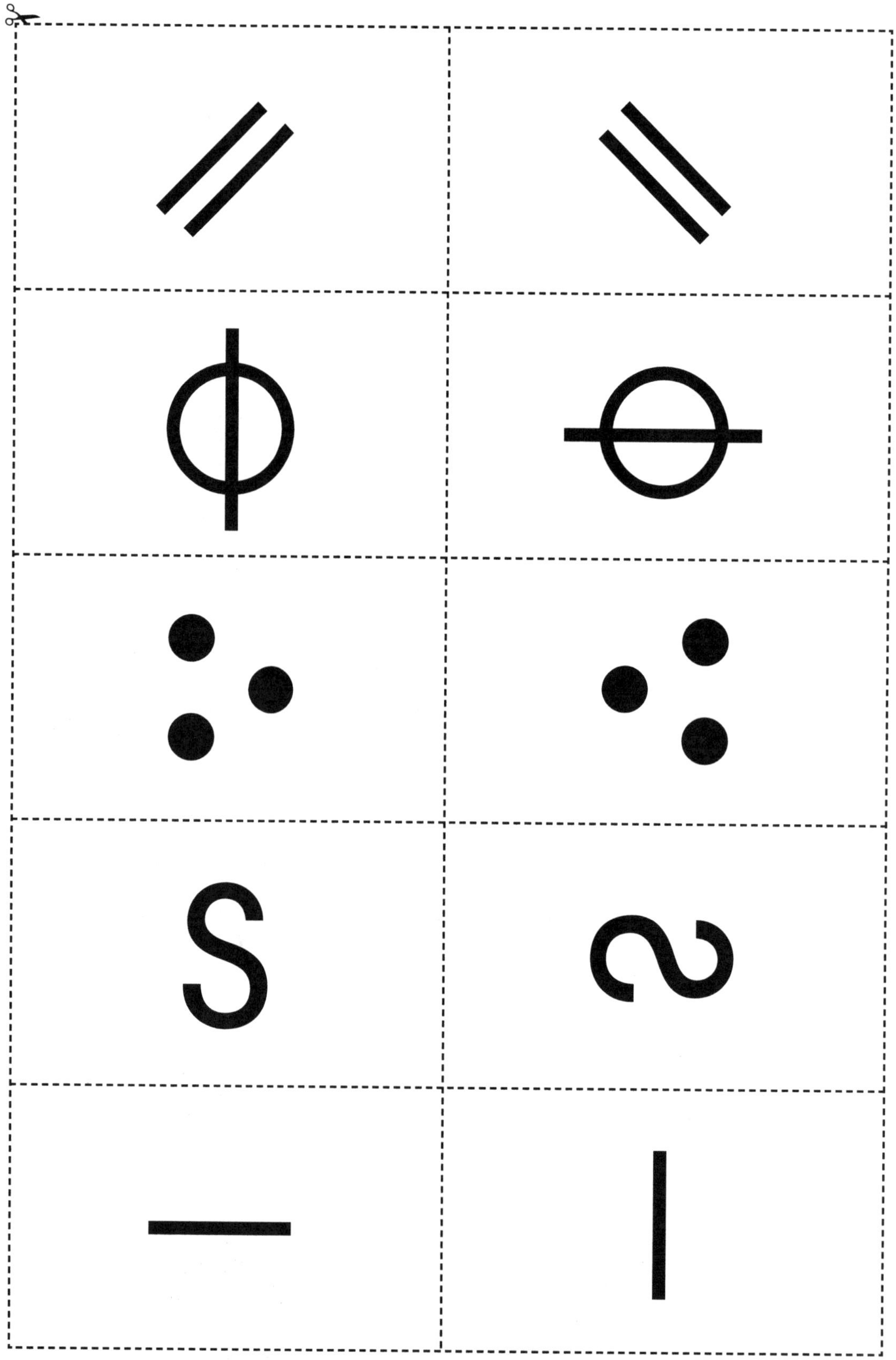

Série 2A : Les images

Photocopiez ce matériel selon vos besoins.

Série 2B : Les images

Photocopiez ce matériel selon vos besoins.

Série 3A : Les mots

Photocopiez ce matériel selon vos besoins.

nez	hibou
pied	chat
main	poule
genou	vache
cou	loup

Série 3B : Les mots

Photocopiez ce matériel selon vos besoins.

pomme	avion
chou	auto
raisin	camion
salade	vélo
orange	taxi

Série 4A : Les visages

Photocopiez ce matériel selon vos besoins.

Série 4B : Les visages

Photocopiez ce matériel selon vos besoins.

Recherche de symboles 1

Nom ____________________

Date ____________________

Encercle les chiffres 5.

1 5 3 1

2 6 4 2

5

3 1 6 3

4 2 4

5 1 5

3 4 6

6 2

1 5 3 1

6 4 2

2

1 3

3 5

2 6 4

4

Recherche de symboles 2

Nom ____________________

Date ____________________

Encercle les chiffres 8.

8 2 3 4 5

8

2 3 8 4

8 5 4 6 3

8

4 4

2

8

1 10 1

5

3

7

10 8 2

8

7

9

7 5

3

6

8 3 8 4

9 7

10 5

5

9

10 8 7 8

Recherche de symboles 3

Nom ____________________

Date ____________________

Encercle les chiffres 3.

8 1 3 1 2

9 7 2 4 9 3

5 6 2 8 9 10 4 5 3 1

3 5 7 9 1 8 3 6 5 10

1 2 3 4 6 7 4 5 9 8

7 3 1 6 4 6 8 10 3 2 5 6

7 5 5 2 8 7 8 5 1

3 6 9 8 6 2 4 1 9 10

4 5 6 7 8 3 4 5 9

10 8 6 4 2 3 6 9 7 3

Recherche de symboles

4

Nom

Date

Encercle les fraises. 

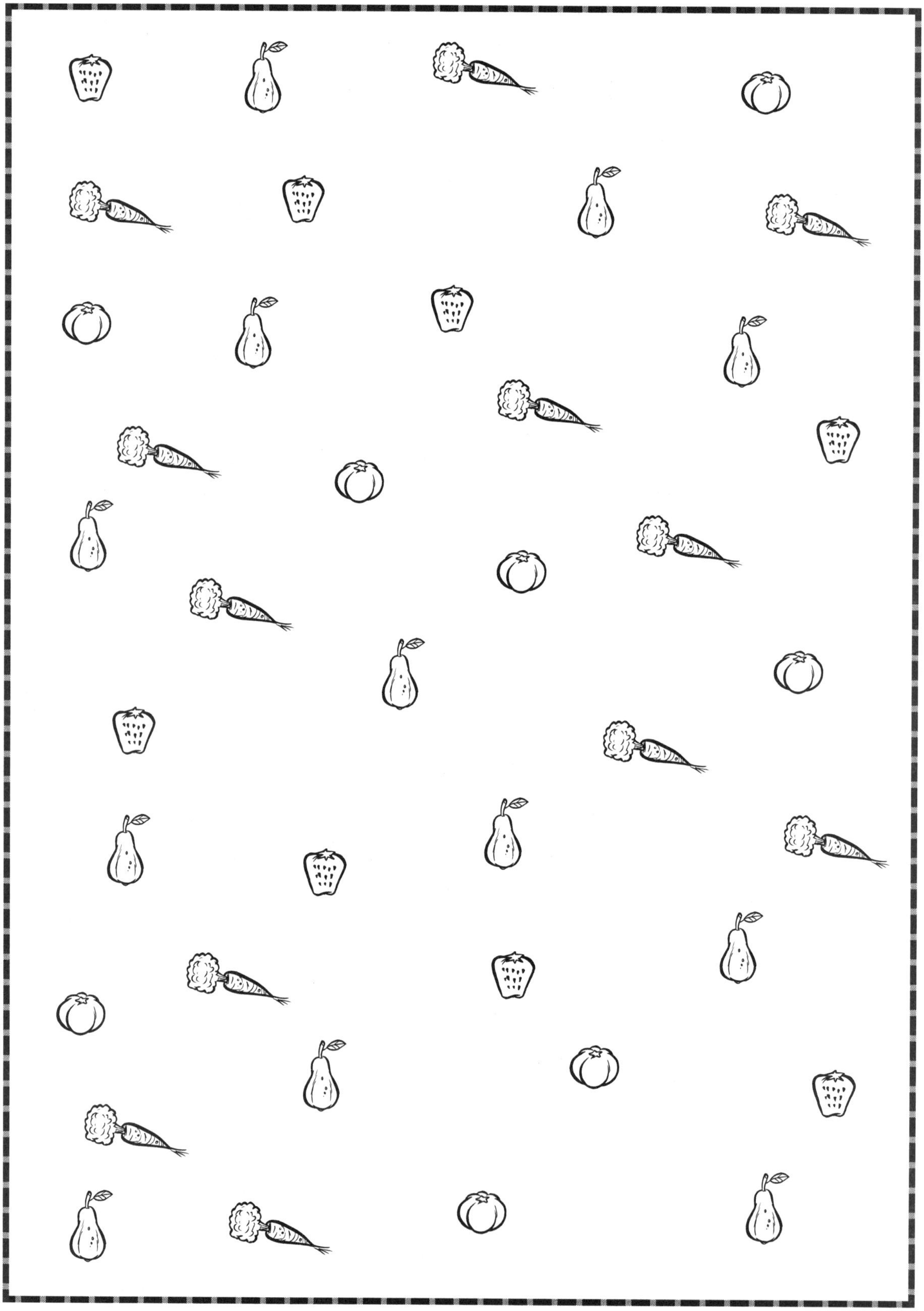

Nom ____________________

Date ____________________

Encercle les poires. 

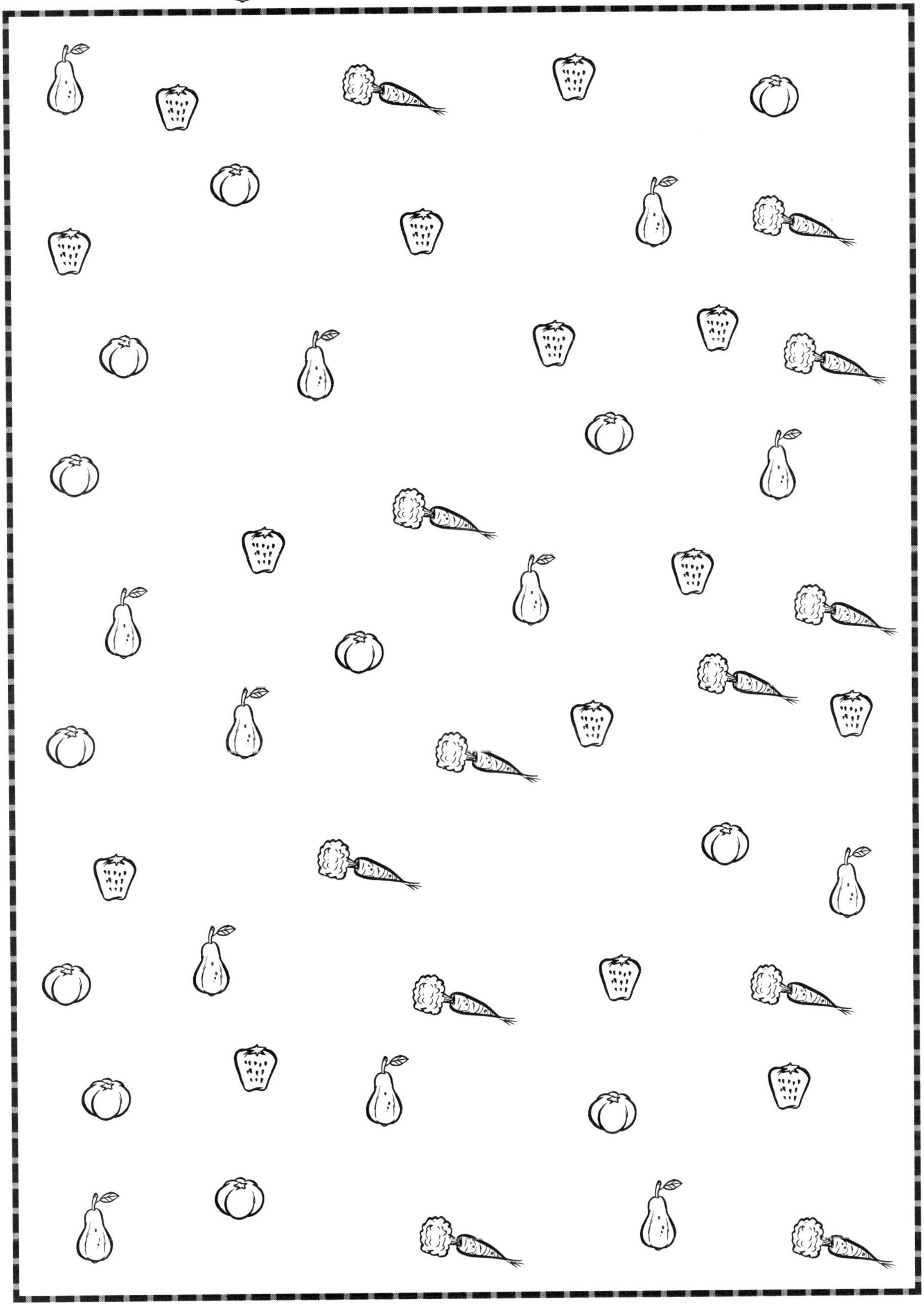

Recherche de symboles 6

Nom

Date

Encercle les tomates. 

Recherche de symboles

7

Nom ______________________

Date ______________________

Encercle les ronds. ●

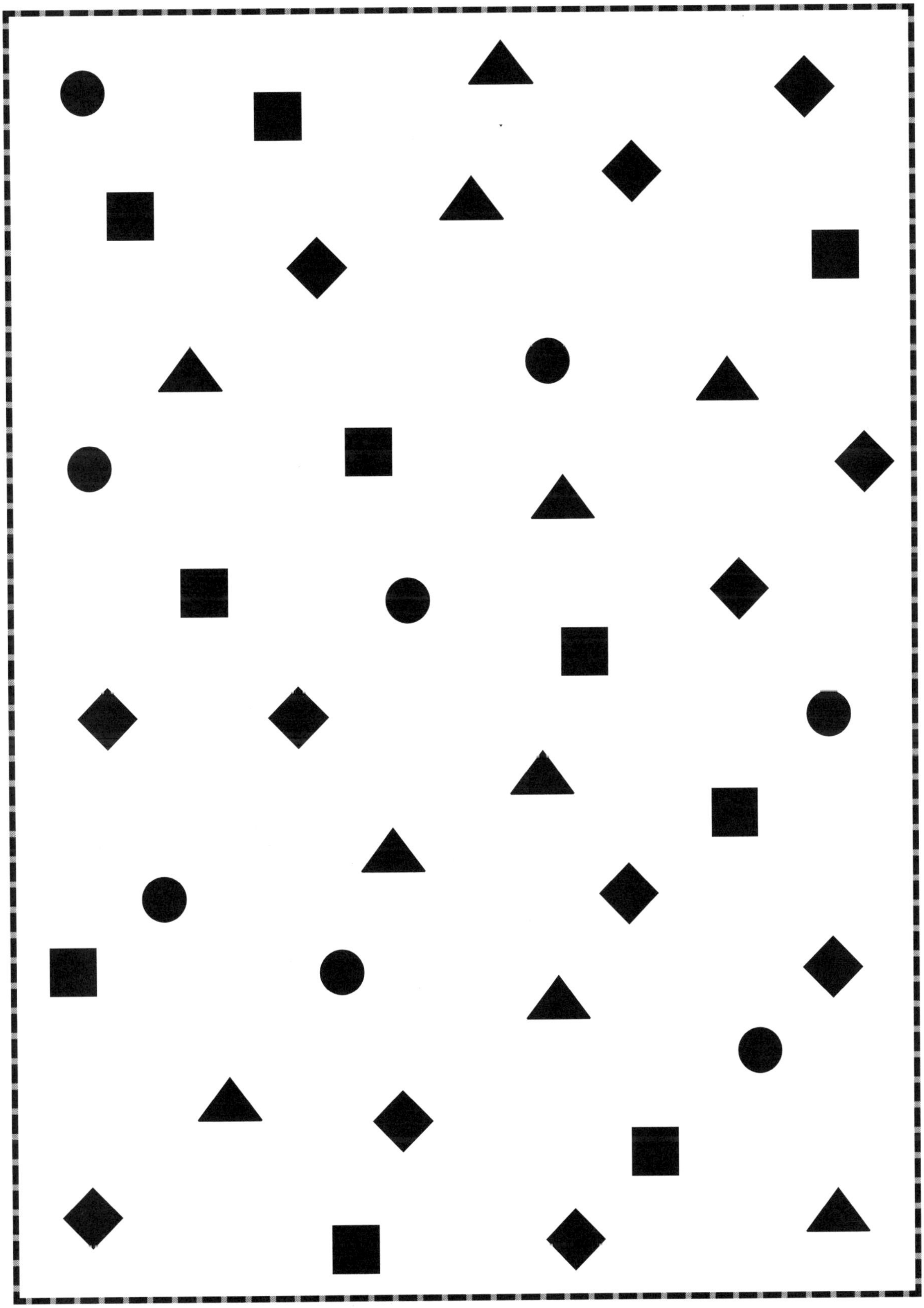

Recherche de symboles

8

Nom ____________________

Date ____________________

Encercle les carrés. ■

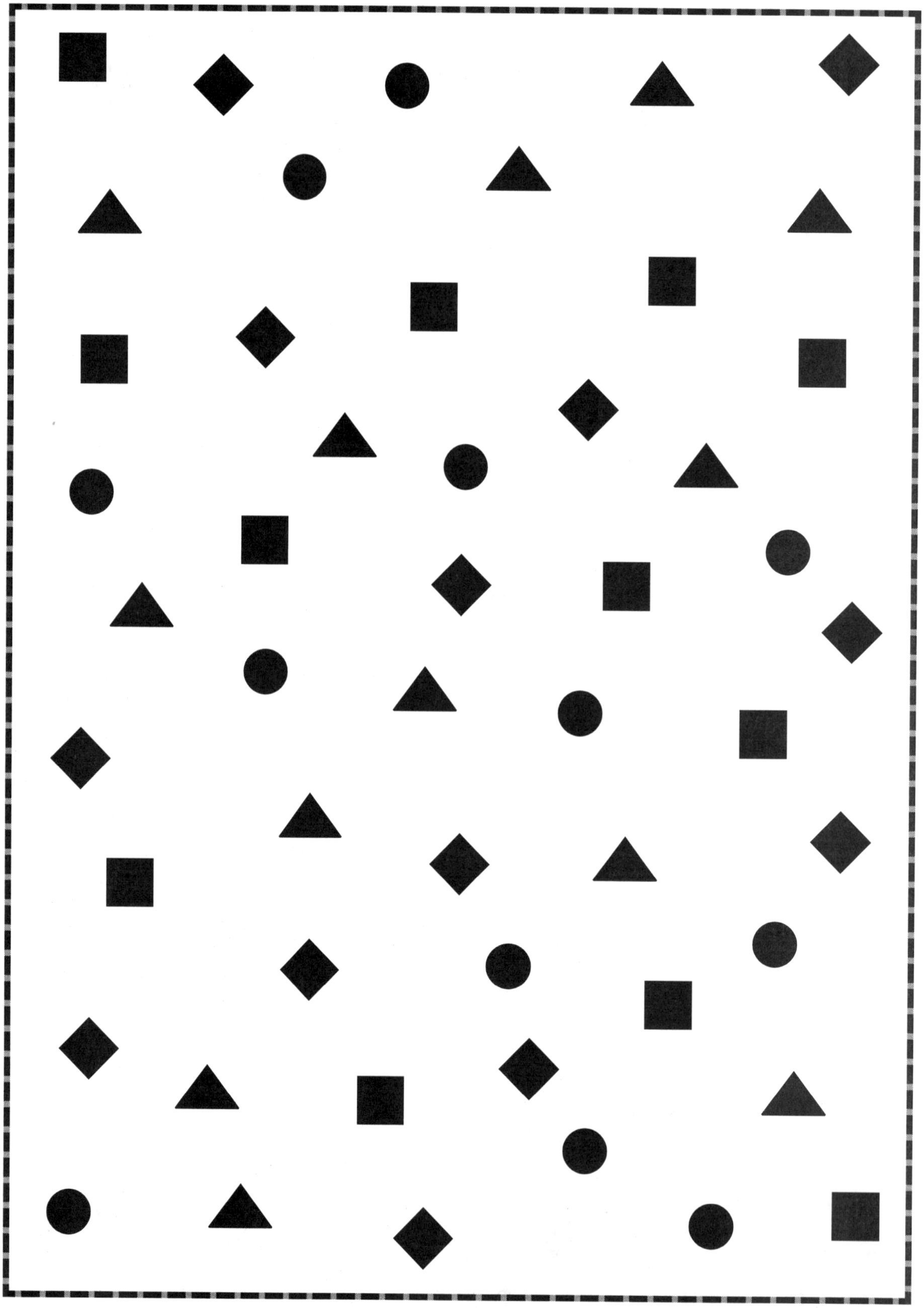

Recherche de symboles

9

Nom

Date

Encercle les triangles. ▲

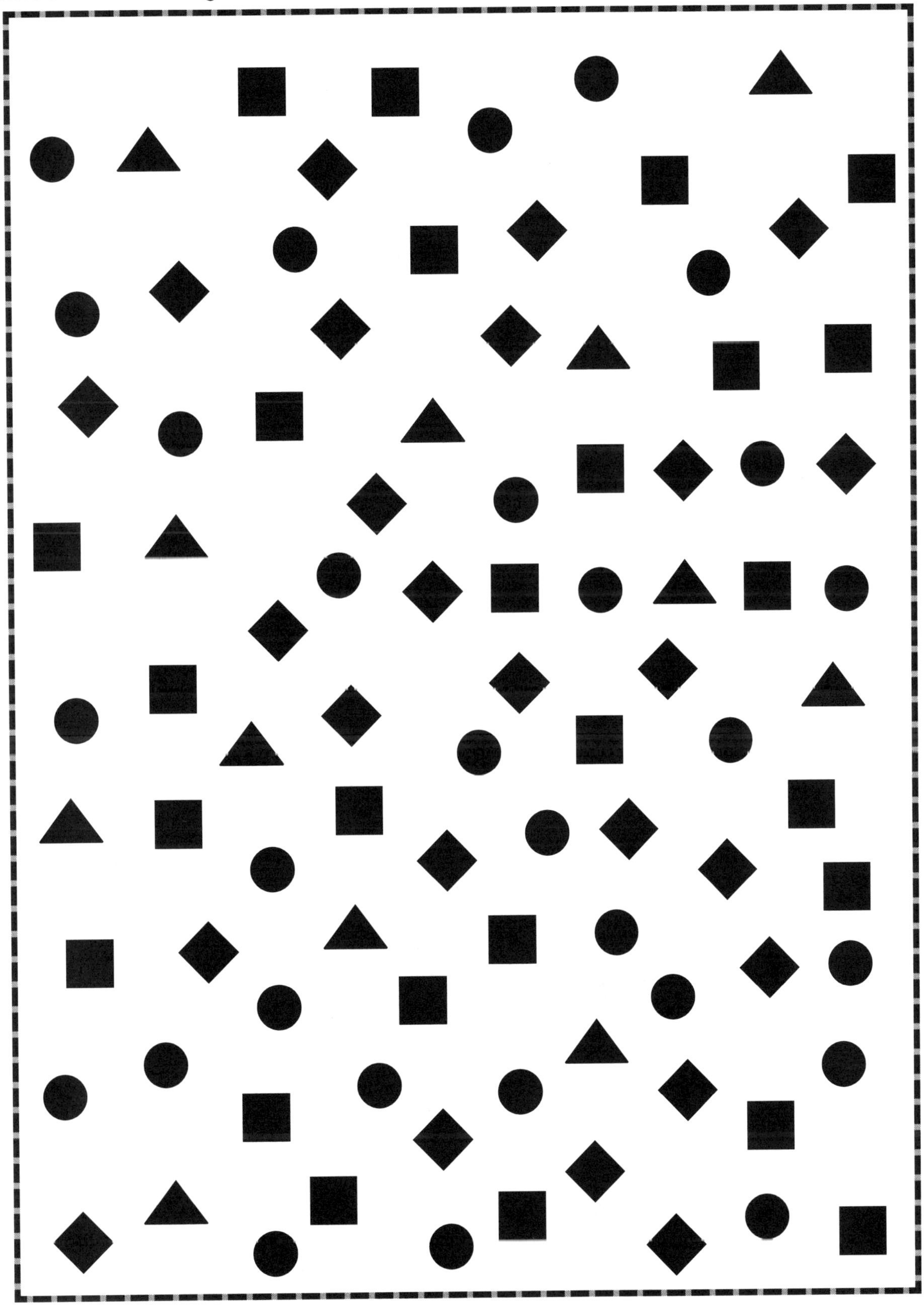

Le dessin solitaire

1

Nom

Date

Examine ces illustrations. Colorie celle qui n'apparaît qu'une fois.

Le dessin solitaire

2

Nom

Date

Examine ces flocons. Colorie celui qui n'apparaît qu'une fois.

3

Nom

Date

Examine ces hiboux. Colorie celui qui n'apparaît qu'une fois.

Le dessin solitaire

4

Nom

Date

Examine ces flamants roses. Colorie celui qui n'apparaît qu'une fois.

Le dessin solitaire

5

Nom ____________________

Date ____________________

Examine ces médaillons. Colorie celui qui n'apparaît qu'une fois.

Les jumeaux

1

Nom

Date

Parmis ces clowns, un seul est identique à celui-ci.
Trouve lequel.

Les jumeaux

2

Nom

Date

Regarde bien le médaillon que Lancelot porte à son cou.
Encercle les deux médaillons qui sont identiques à celui de Lancelot.

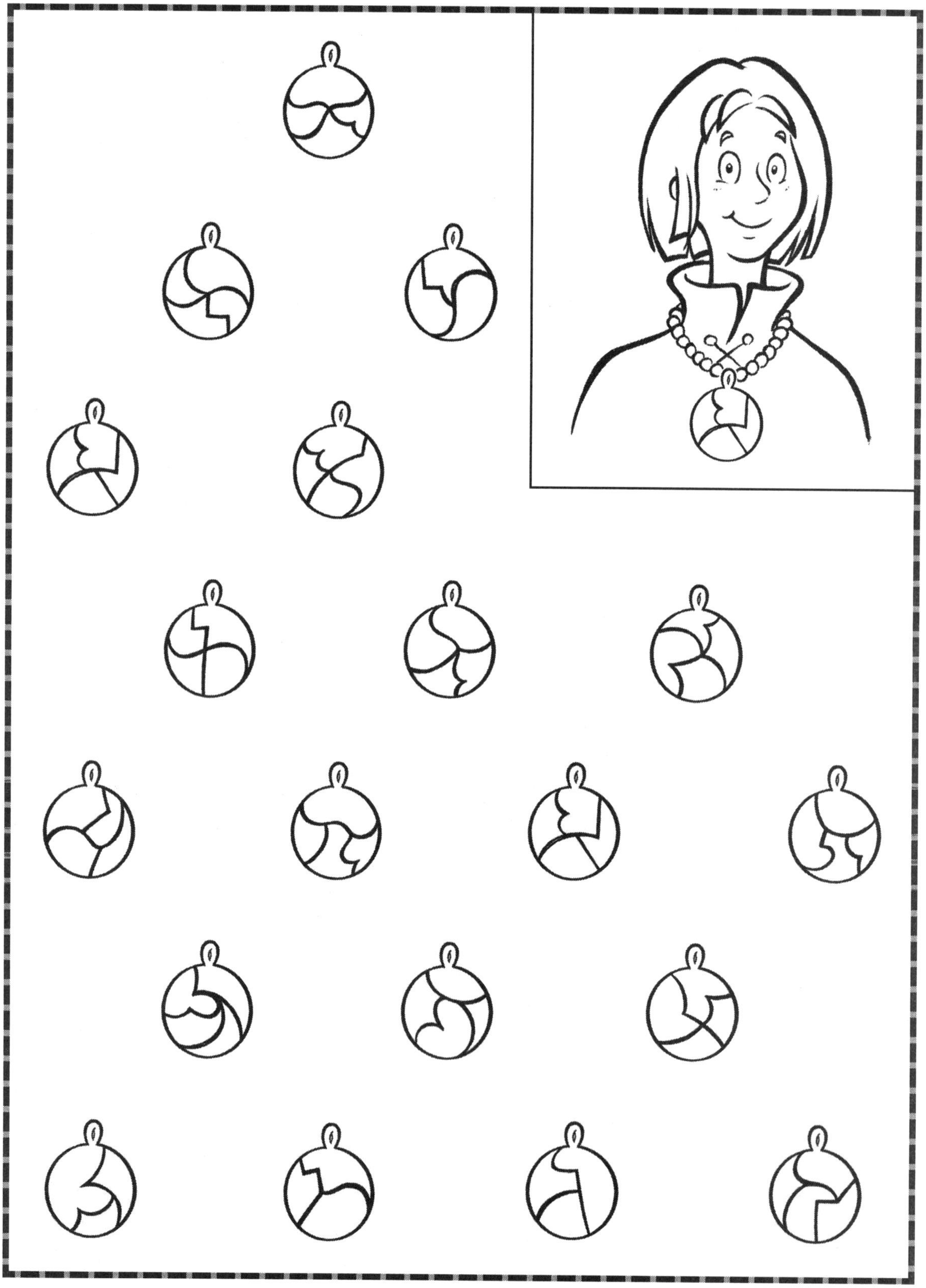

Les jumeaux

3

Nom

Date

Regarde bien le médaillon que Lancelot porte à son cou.
Encercle les deux médaillons qui sont identiques à celui de Lancelot.

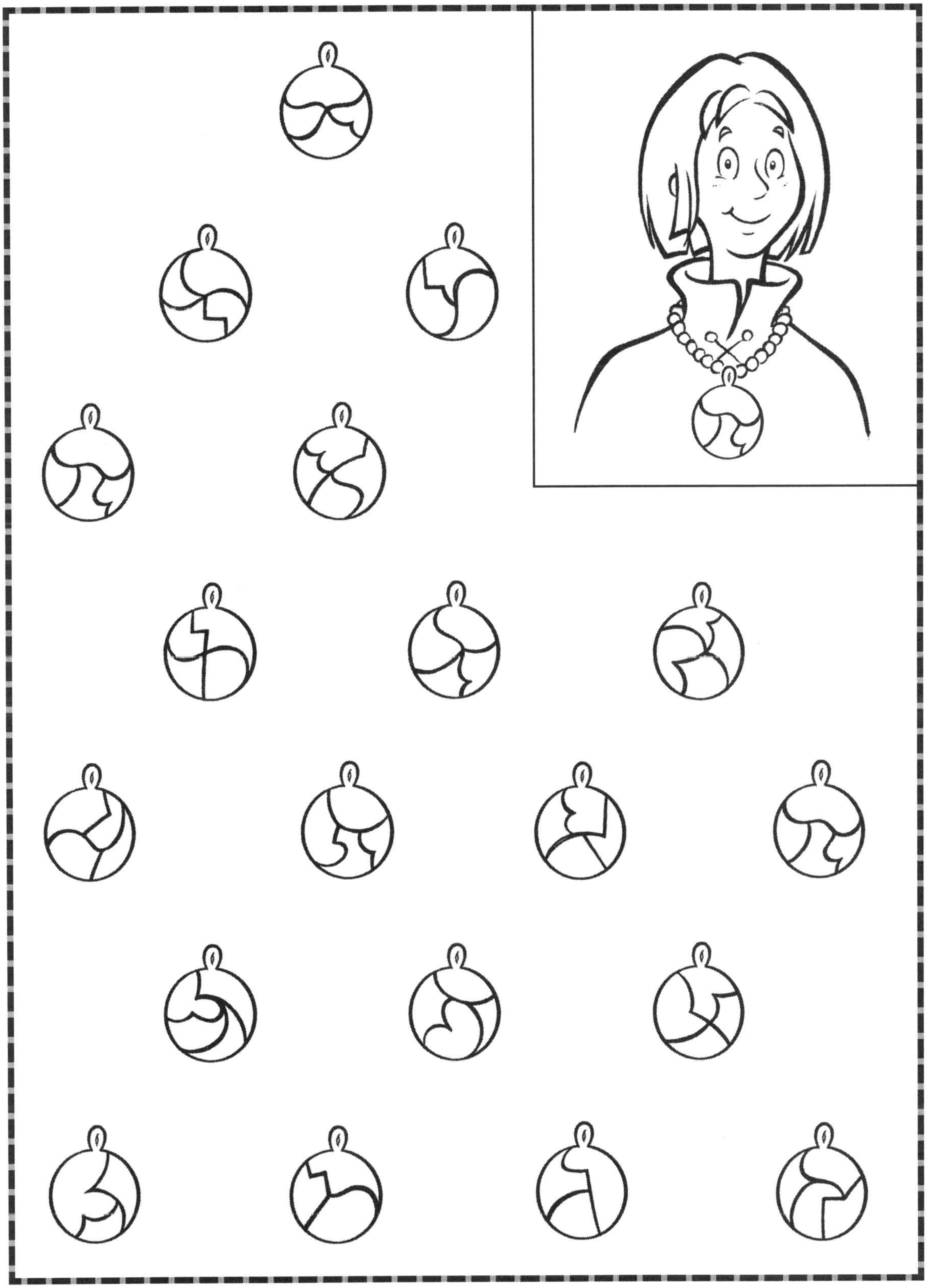

Les jumeaux

4

Nom ____________________

Date ____________________

Regarde attentivement ce flocon de neige.
Encercle les deux flocons qui lui sont identiques.

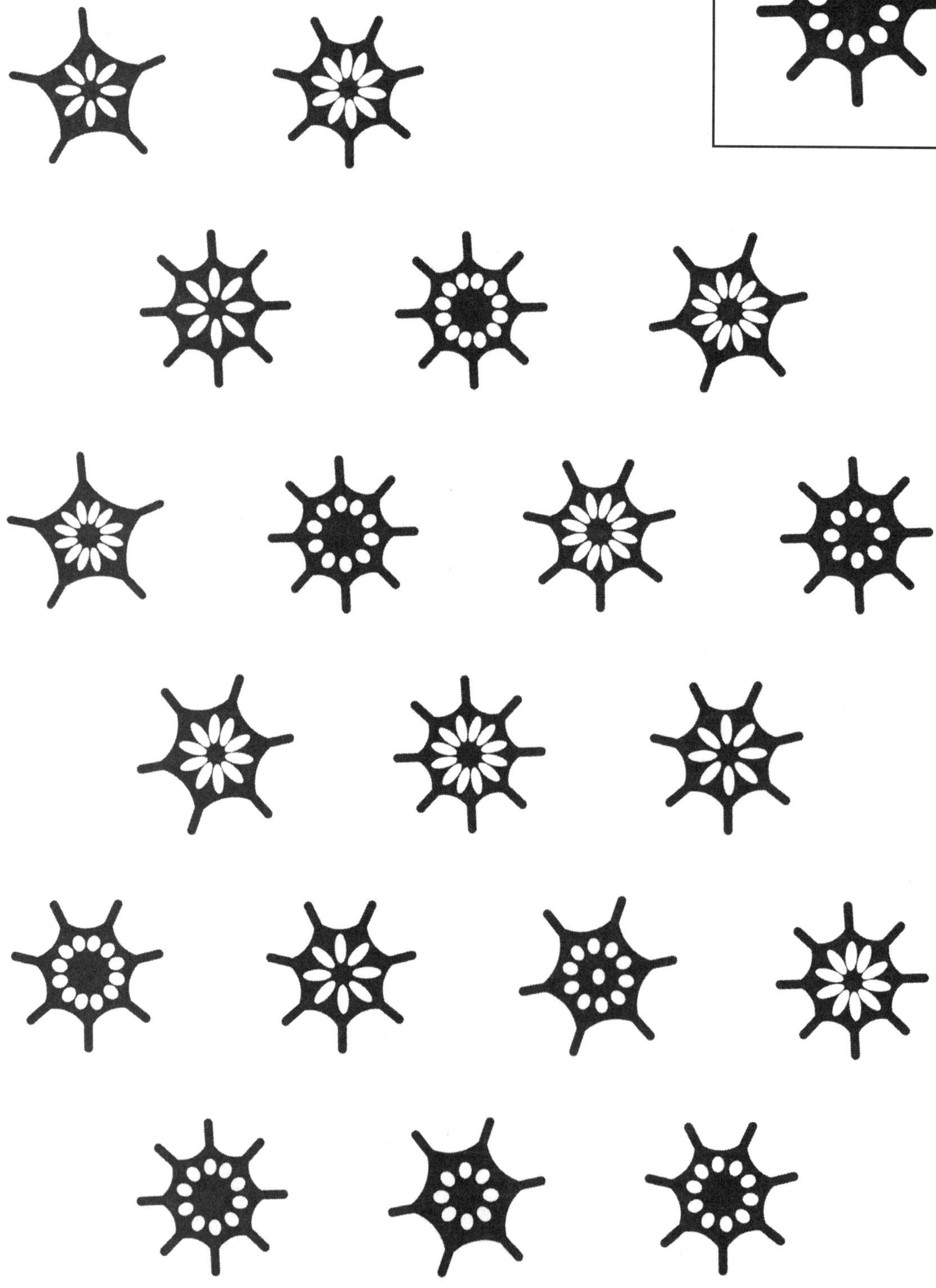

Les jumeaux

5

Nom

Date

Regarde attentivement ce flocon de neige.
Encercle les deux flocons qui lui sont identiques.

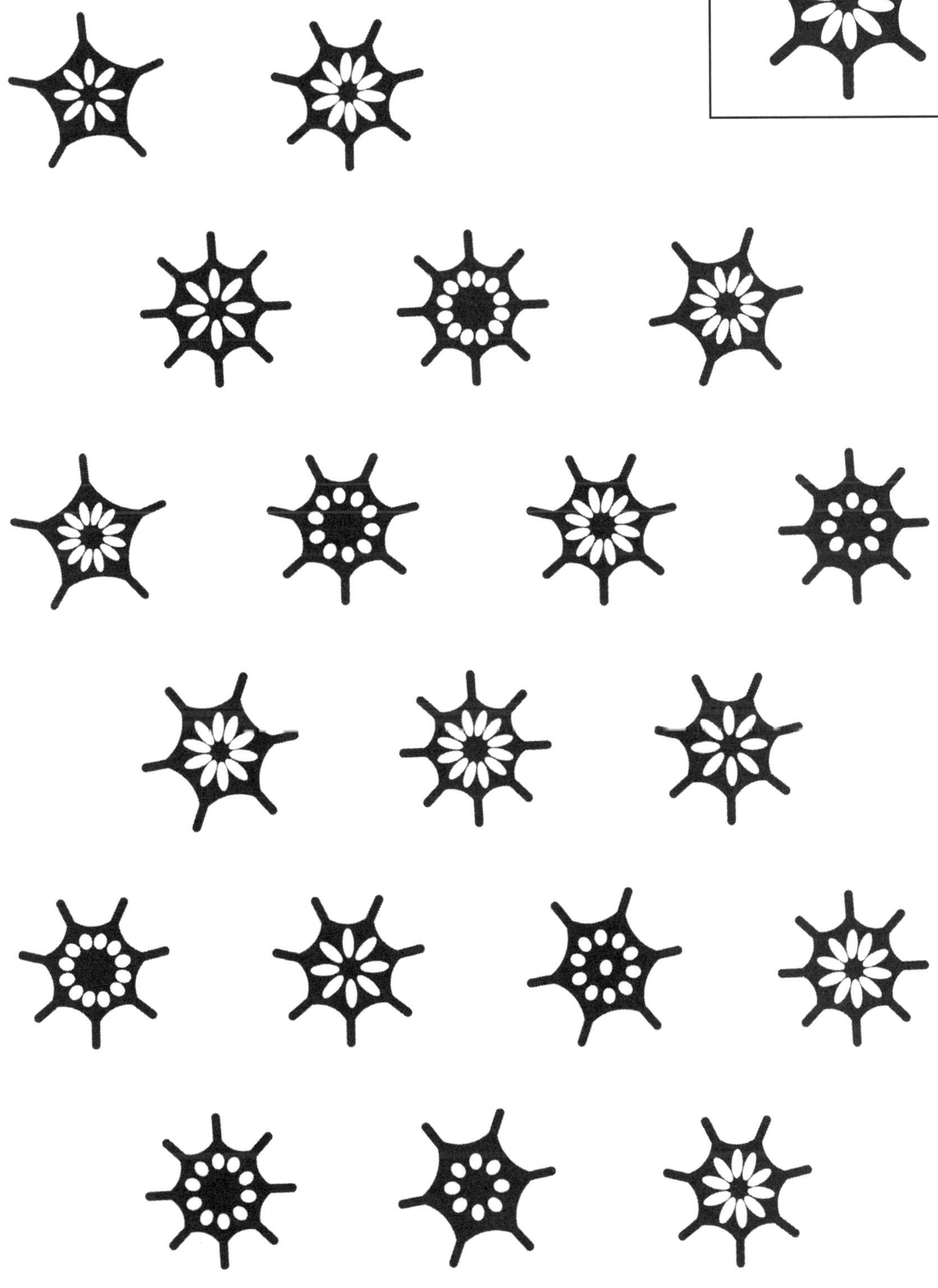

Jeu des sept erreurs

Nom

Date

Examine chaque série de dessins et encercle les sept différences.

Grille de départ pour l'empan

Nom

Date

La mémoire des symboles 1

Nom ________________________

Date ________________________

1. Observe bien les symboles.
Regarde à quelle lettre ils sont rattachés.

l i v r e

c a r o t t e

2. Trouve maintenant le mot caché.

ⓐ 

___ ___ ___ ___ ___

ⓑ 

___ ___ ___ ___

ⓒ 

___ ___ ___ ___ ___

ⓓ 

___ ___ ___ ___ ___

La mémoire des symboles 2

Nom ____________________

Date ____________________

Utilise le code secret ci-dessous pour découvrir le mot qui se cache sous chaque série de symboles.

Symboles

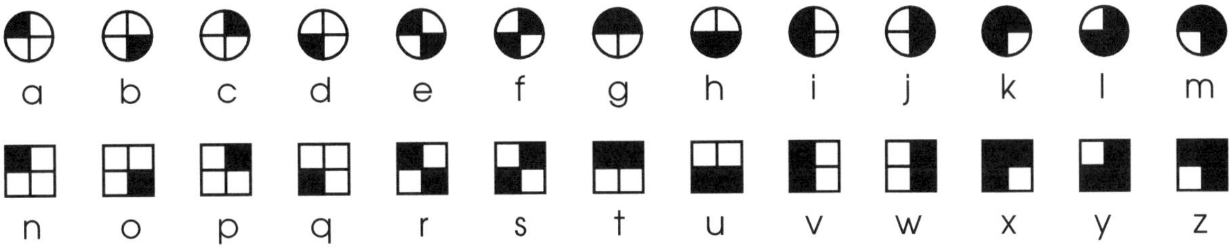

ⓐ 

___ ___ ___ ___ ___ ___

ⓑ 

___ ___ ___ ___ ___ ___ ___

ⓒ 

___ ___ ___ ___ ___ ___ ___ ___ ___ ___

ⓓ 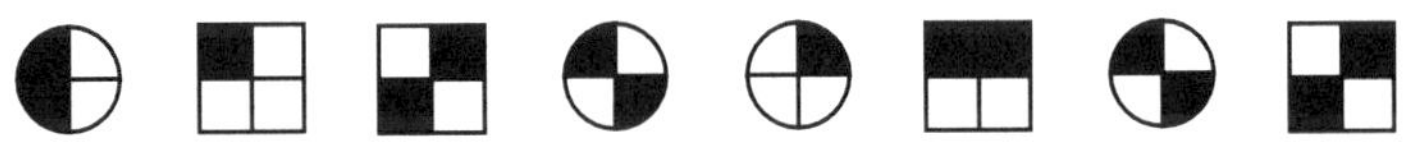

___ ___ ___ ___ ___ ___ ___ ___

ⓔ 

___ ___ ___ ___ ___ ___ ___ ___ ___

ⓕ 

___ ___ ___ ___ ___ ___ ___ ___ ___ ___ ___

ⓖ 

___ ___ ___ ___ ___ ___

ⓗ 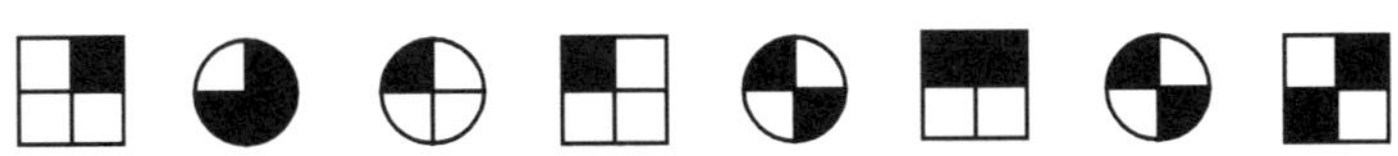

___ ___ ___ ___ ___ ___ ___ ___

La mémoire des symboles 3

Nom ______________________

Date ______________________

La Terre comprend six continents.
Utilise les symboles ci-dessous pour écrire leur nom.

Carte du monde

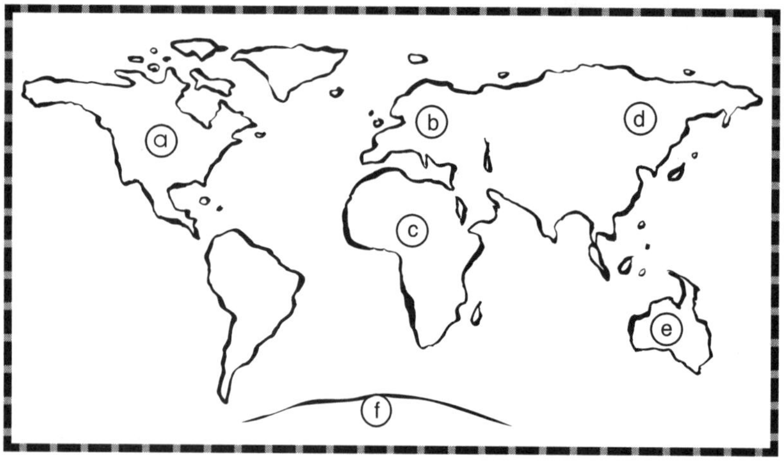

Symboles

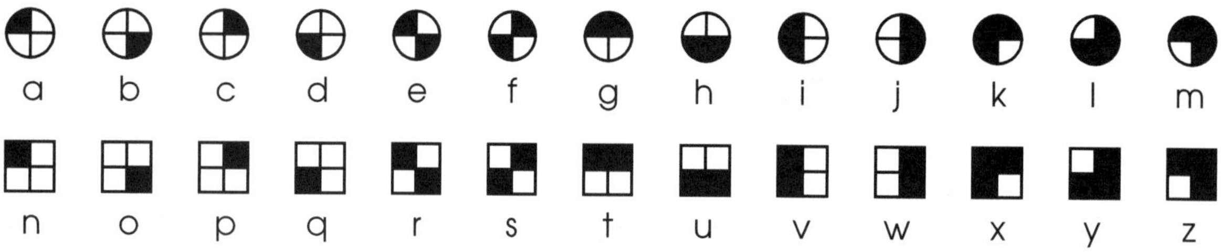

Continents

ⓐ ___ ___ ___ ___ ___ ___ ___ ___.

ⓑ ___ ___ ___ ___ ___ ___.

ⓒ ___ ___ ___ ___ ___ ___ ___.

ⓓ ___ ___ ___ ___.

ⓔ ___ ___ ___ ___ ___ ___ ___ ___ ___.

ⓕ ___ ___ ___ ___ ___ ___ ___ ___ ___ ___ ___.

La mémoire des symboles

4

Nom ____________________

Date ____________________

La Terre comprend cinq océans.
Utilise les symboles ci-dessous pour écrire leur nom.

Carte du monde

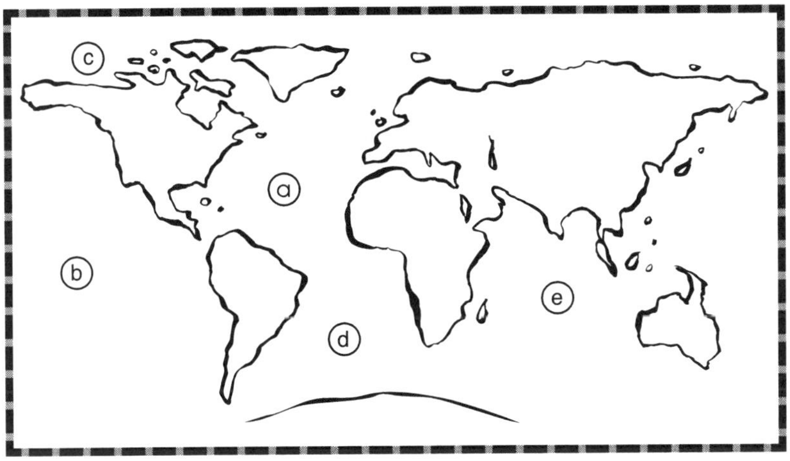

Symboles

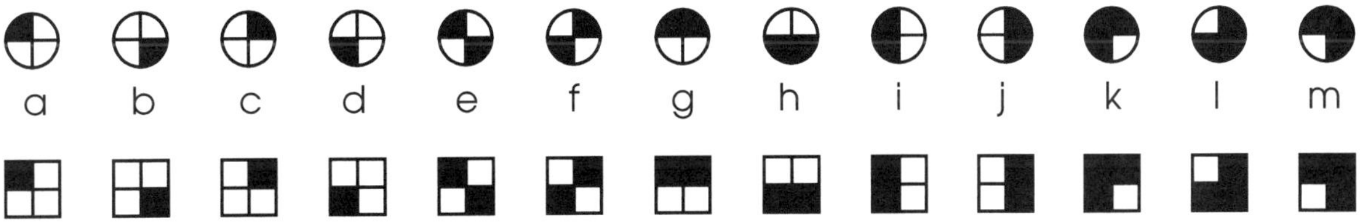

Océans

(a) ____ ____ ____ ____ ____ ____ ____ ____ ____ ____.

(b) ____ ____ ____ ____ ____ ____ ____ ____ ____.

(c) ____ ____ ____ ____ ____ ____ ____ ____.

(d) ____ ____ ____ ____ ____ ____ ____ ____ ____ ____ ____.

(e) ____ ____ ____ ____ ____ ____.

Le code secret 1

Nom ______________________________

Date ______________________________

Que racontent la grenouille et la mouche ?

Pour découvrir ce message, remplace chaque lettre par la lettre qui vient tout de suite **avant** dans l'alphabet. Par exemple, le B devient un A. Attention ! La lettre A devient un Z.

1. B u u f o u j p o, d b s k f

___ ___ ___ ___ ___ ___ ___ ___ ___, ___ ___ ___ ___ ___

q p v s s b j t u' b u u s b q f s

___ ___ ___ ___ ___ ___ ___ ___ ___ ___ ___ ___ ___ ___ ___ ___ ___

b v w p m e' v o t f v m

___ ___ ___ ___ ___ ___ ___ ___ ___ ___ ___ ___

d p v q e f m b o h v f.

___ ___ ___ ___ ___ ___ ___ ___ ___ ___ ___ ___.

2. U v o f q p v s s b t q b t:

___ ___ ___ ___ ___ ___ ___ ___ ___ ___ ___ ___ ___ ___:

k f w b j t u s p q w j u f.

___ ___ ___ ___ ___ ___ ___ ___ ___ ___ ___ ___ ___ ___.

Le code secret

2

Nom ____________________

Date ____________________

Pour découvrir à quel groupe ces animaux appartiennent, remplace chaque lettre par la lettre qui vient tout de suite **avant** dans l'alphabet. Par exemple, le B devient un A. Attention! La lettre A devient un Z.

1. M b   u p s u v f   f t u

__ __   __ __ __ __ __ __   __ __ __

v o   s f q u j m f.

__ __   __ __ __ __ __ __ __.

2. M' f q j o p d i f   f t u

__ __ __ __ __ __ __ __ __   __ __ __

v o   q p j t t p o.

__ __   __ __ __ __ __ __ __.

3. M f   h s j m m p o   f t u

__ __   __ __ __ __ __ __ __   __ __ __

v o   j o t f d u f.

__ __   __ __ __ __ __ __ __.

Le code secret (suite)

2

Nom ____________________

Date ____________________

4. M b   t p v s j t   f t u   v o

__ __   __ __ __ __ __ __   __ __ __   __ __

n b n n j g f s f.

__ __ __ __ __ __ __ __ __.

5. M b   h s f o p v j m m f   f t u

__ __   __ __ __ __ __ __ __ __ __ __   __ __ __

v o   b n q i j c j f o.

__ __   __ __ __ __ __ __ __ __ __.

6. M f   q b p o   f t u

__ __   __ __ __ __   __ __ __

v o   p j t f b v.

__ __   __ __ __ __ __ __.

Le code secret

3

Nom ____________________

Date ____________________

Pour découvrir ce message, remplace chaque lettre par la lettre qui vient tout de suite **avant** dans l'alphabet. Par exemple, le B devient un A. Attention ! La lettre A devient un Z.

1. M b U f s s f f t u m' v o f

__ __ __ __ __ __ __ __ __ __ __ __ __ __

e f t o f v g q m b o f u f t

__ __ __ __ __ __ __ __ __ __ __ __ __ __ __

r v j u p v s o f o u b v u p v s

__ __ __ __ __ __ __ __ __ __ __ __ __ __ __ __ __

e v T p m f j m. F m m f g b j u

__ __ __ __ __ __ __ __. __ __ __ __ __ __ __ __

m f u p v s e v T p m f j m f o

__ __ __ __ __ __ __ __ __ __ __ __ __ __ __ __

v o b o. M f T p m f j m f t u

__ __ __ __. __ __ __ __ __ __ __ __ __ __ __

1 0 0 g p j t q m v t h s b o e

__ __ __ __ __ __ __ __ __ __ __ __ __ __ __ __

r v f m b U f s s f.

__ __ __ __ __ __ __ __ __ __.

Le code secret (suite) 3

Nom ____________________

Date ____________________

2. O f   s f h b s e f   k b n b j t

__ __   __ __ __ __ __ __ __   __ __ __ __ __ __

e j s f d u f n f o u   m f

__ __ __ __ __ __ __ __ __ __ __   __ __

T p m f j m!   M b   m v n j f s f

__ __ __ __ __ __!   __ __   __ __ __ __ __ __ __

e f   d f u u f   c p v m f   e f

__ __   __ __ __ __ __   __ __ __ __ __   __ __

g f v   q f v u   b c j n f s   m f t

__ __ __   __ __ __ __   __ __ __ __ __ __   __ __ __

z f v y.

__ __ __ __.

M b   M v o f   g b j u   m f

__ __   __ __ __ __   __ __ __ __   __ __

u p v s   e f   m b   U f s s f   f o

__ __ __ __   __ __   __ __   __ __ __ __ __   __ __

Le code secret (suite)

3

Nom ____________________

Date ____________________

2 7 k p v s t. F m m f f t u

__ __ __ __ __ __ __. __ __ __ __ __ __ __

r v b u s f g p j t q m v t

__ __ __ __ __ __ __ __ __ __ __ __ __ __

q f u j u f r v f m b U f s s f.

__ __ __ __ __ __ __ __ __ __ __ __ __ __ __ __.

La grotte

1

Nom

Date

Trouve Lancelot dans cette grotte. Le personnage que tu cherches doit être immédiatement entouré de : trois oiseaux, un médaillon et **au moins** un baluchon.

Attention ! Le personnage que tu cherches **ne doit pas** être entouré d'une épée, ni d'une bouteille d'eau, ni d'un sage.

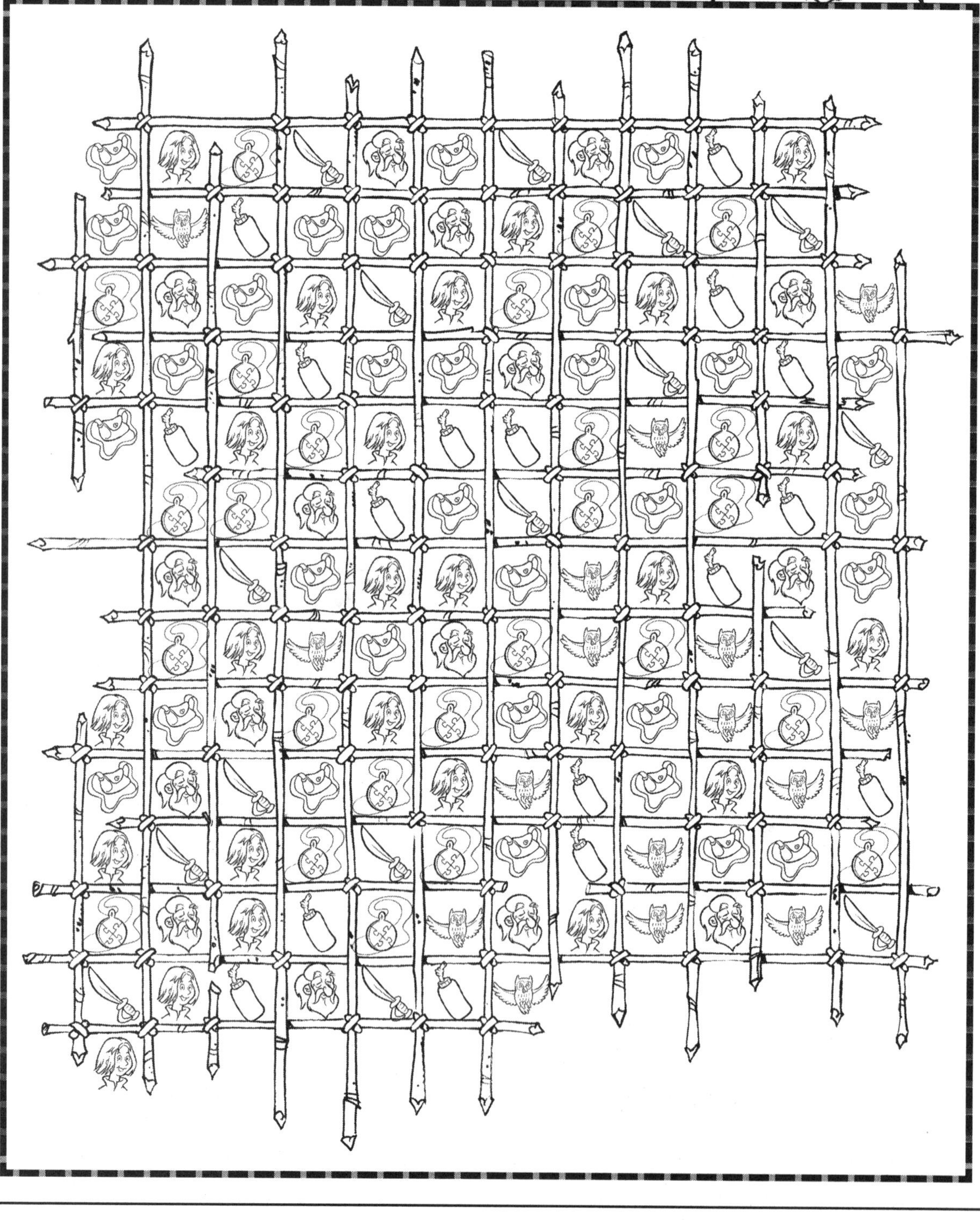

La grotte

2

Nom

Date

Trouve Lancelot dans cette grotte. Le personnage que tu cherches doit être immédiatement entouré de : trois oiseaux, un médaillon et **au moins** un baluchon.

Attention ! Le personnage que tu cherches **ne doit pas** être entouré d'une épée, ni d'une bouteille d'eau, ni d'un sage.

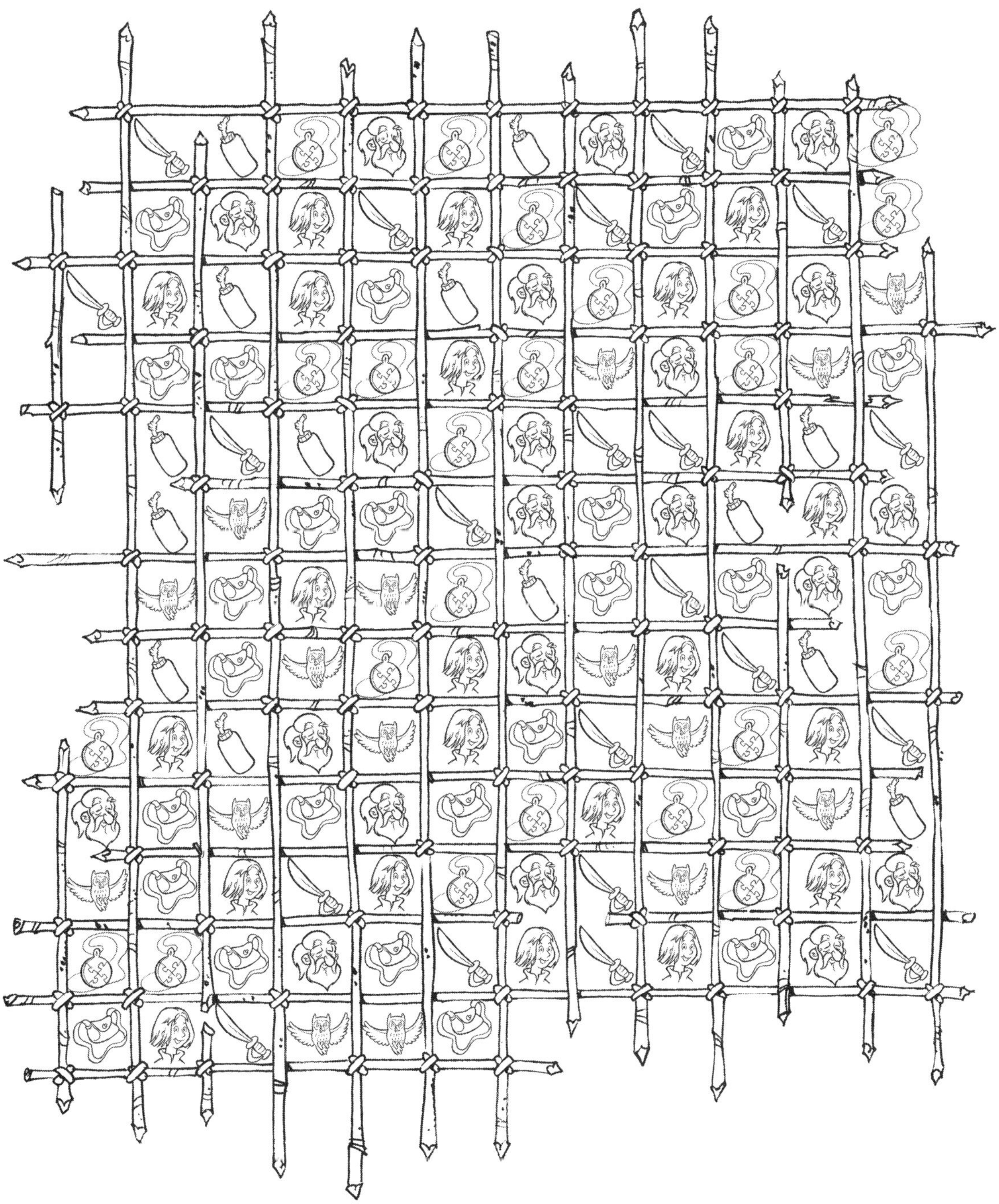

3

Nom

Date

Trouve Lancelot dans cette grotte. Le personnage que tu cherches doit être immédiatement entouré de : trois oiseaux, un médaillon et **au moins** un baluchon.

Attention ! Le personnage que tu cherches **ne doit pas** être entouré d'une épée, ni d'une bouteille d'eau, ni d'un sage.

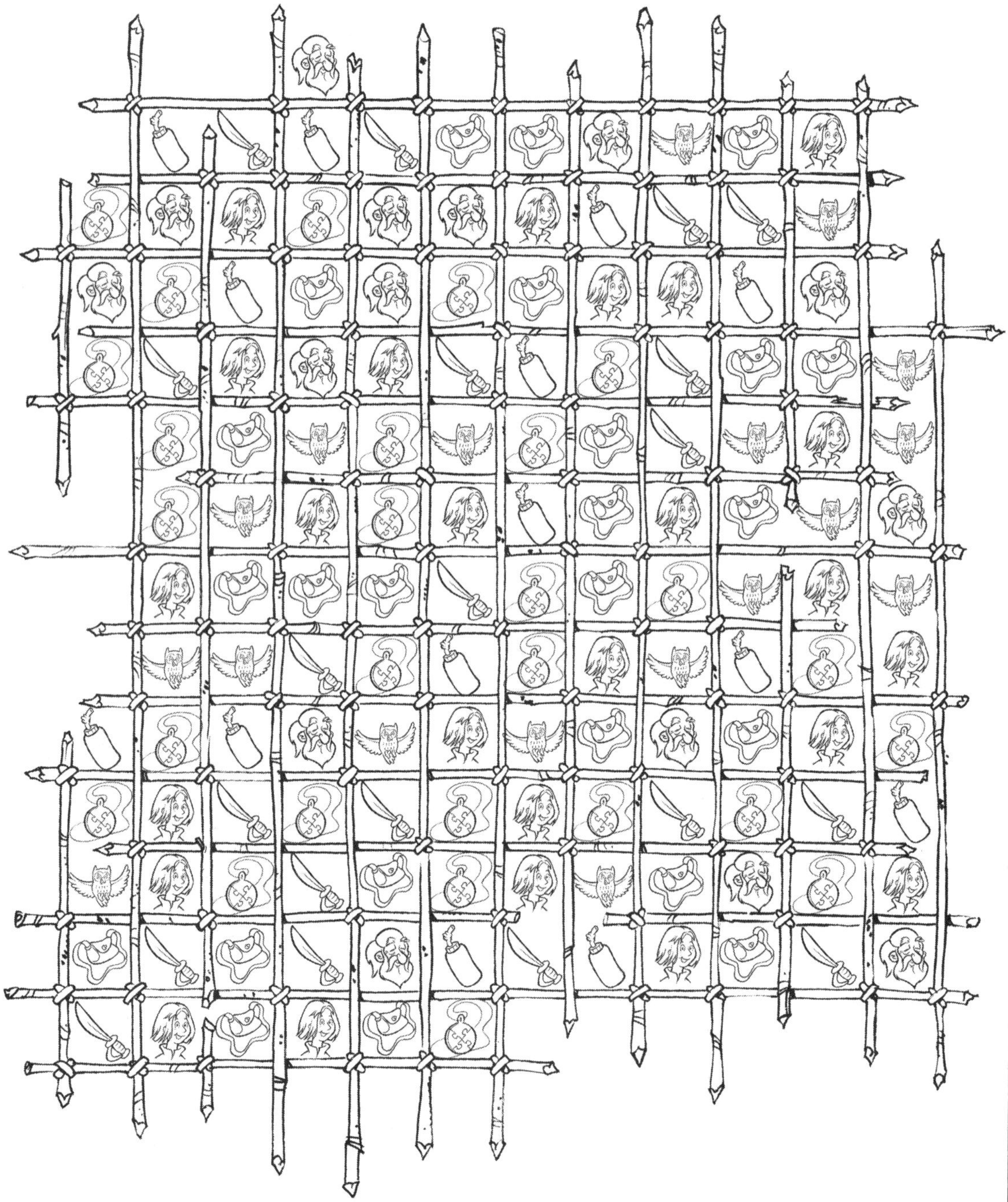

Le trottoir

1

Nom ____________________

Date ____________________

Remplis les cases vides.

ⓐ

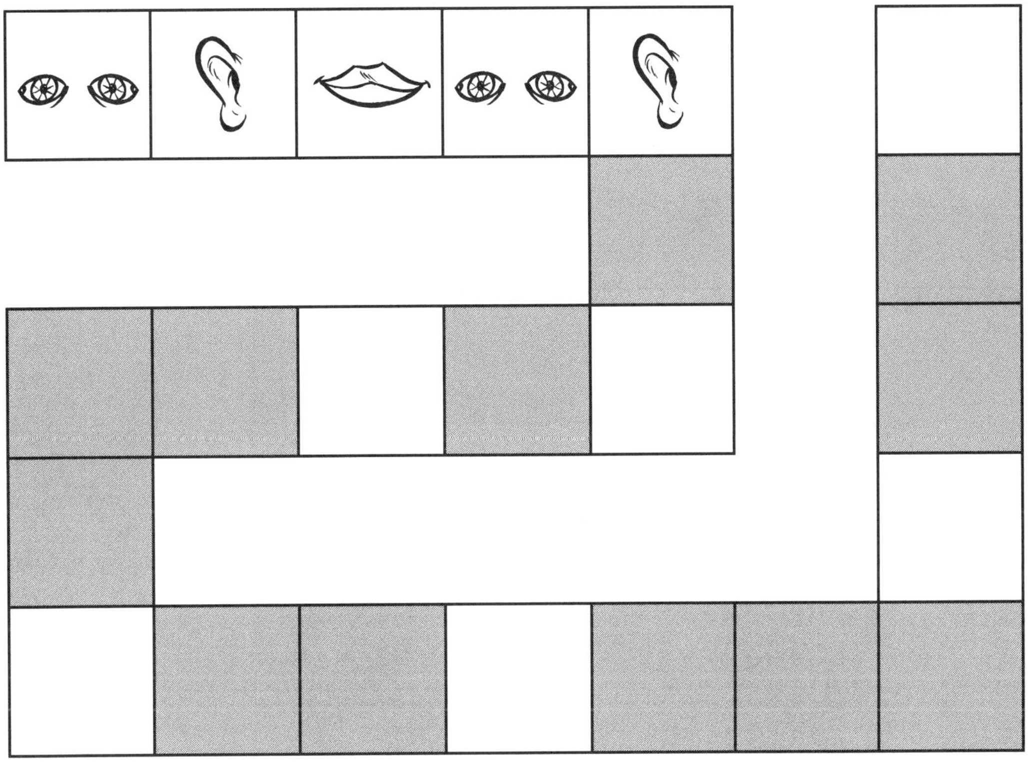

ⓑ

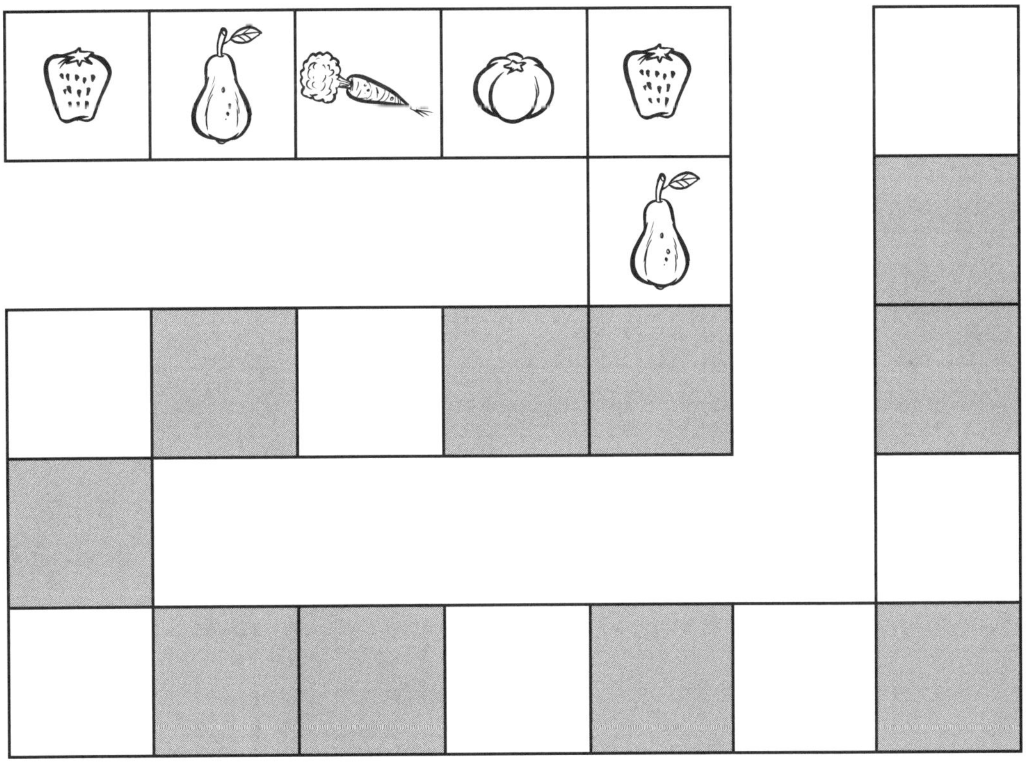

Le trottoir

2

Nom

Date

Remplis les cases vides.

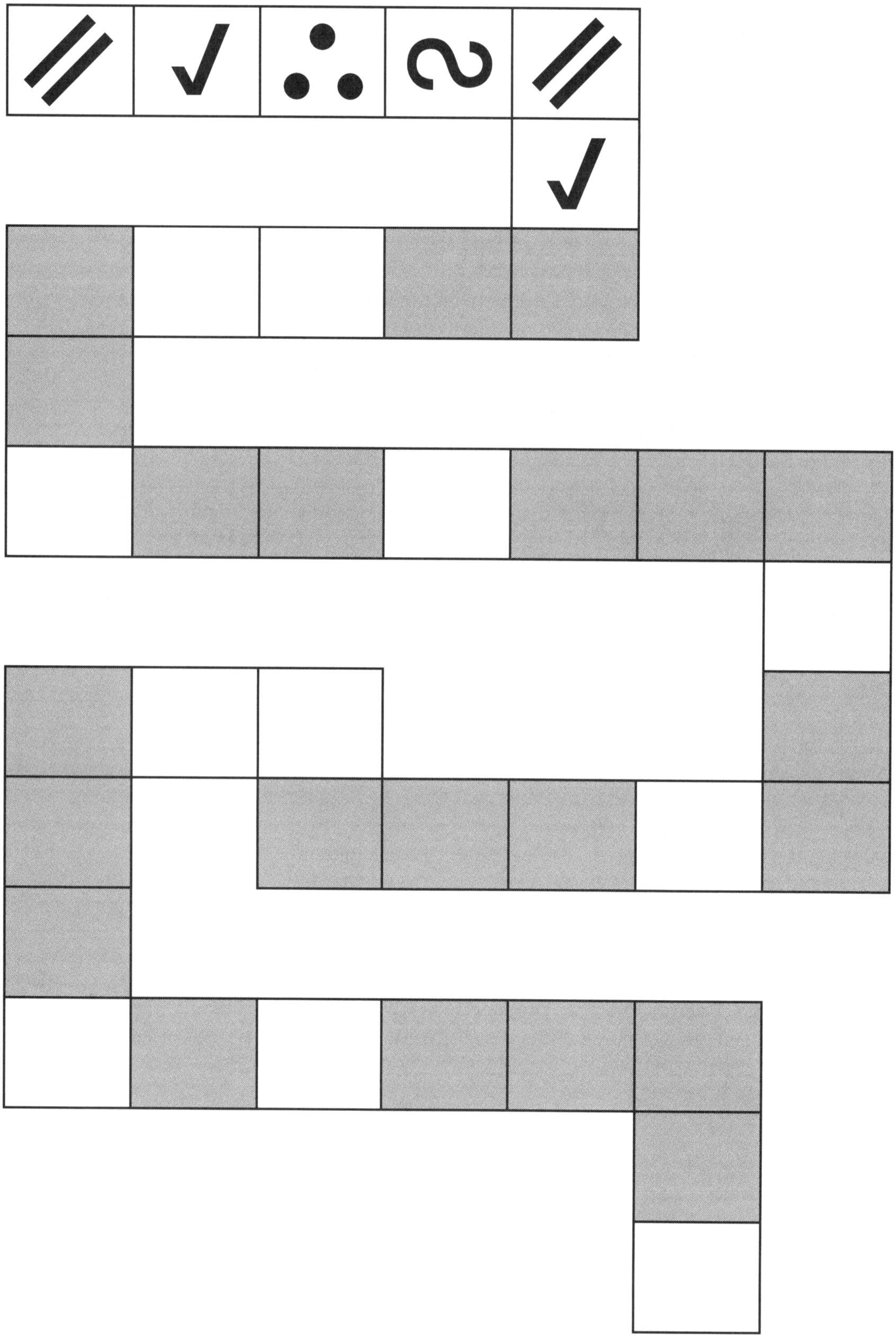

Le trottoir 3

Nom

Date

Remplis les cases vides.

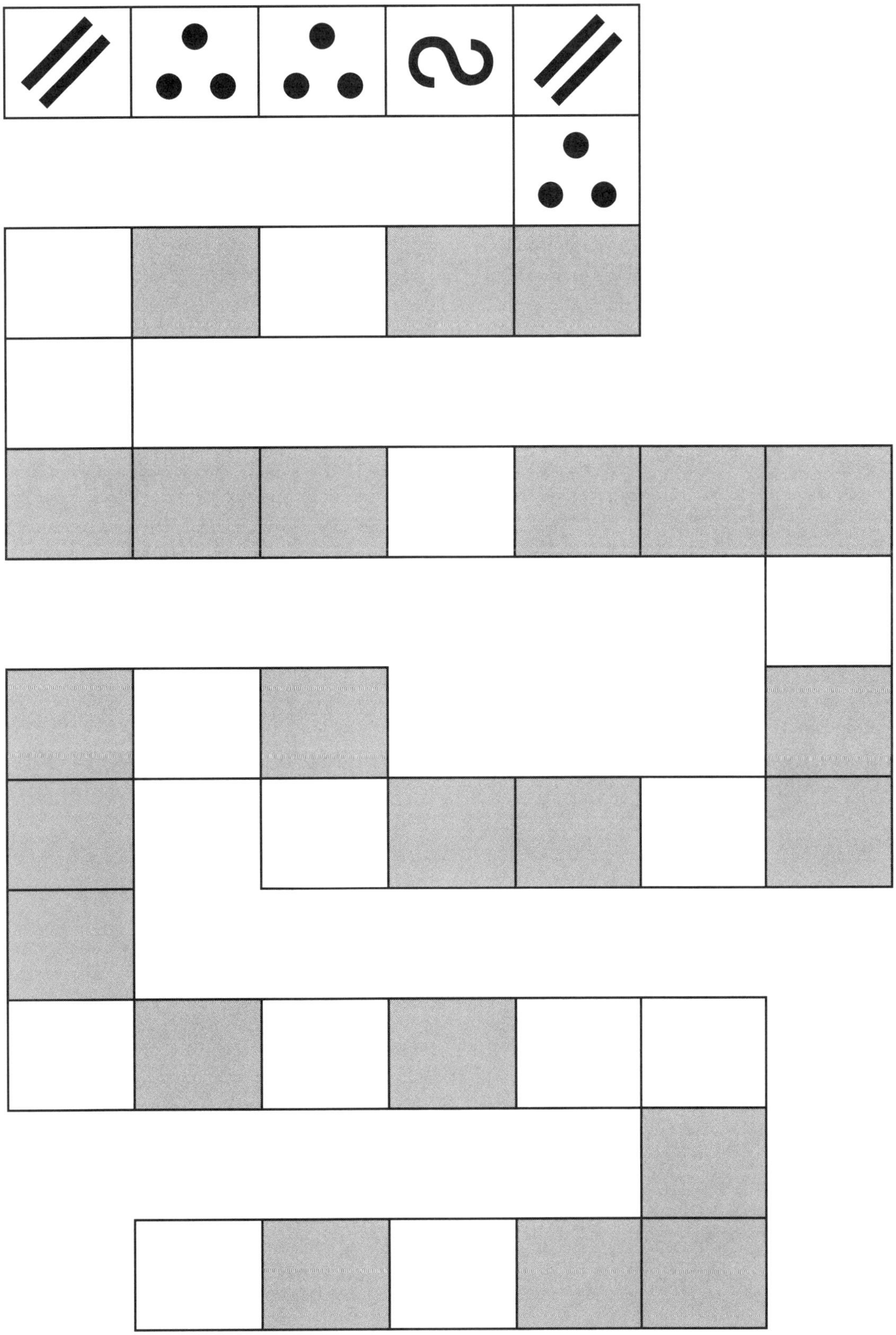

Le trottoir (gabarit)

4

Nom

Date

Remplis les cases vides.

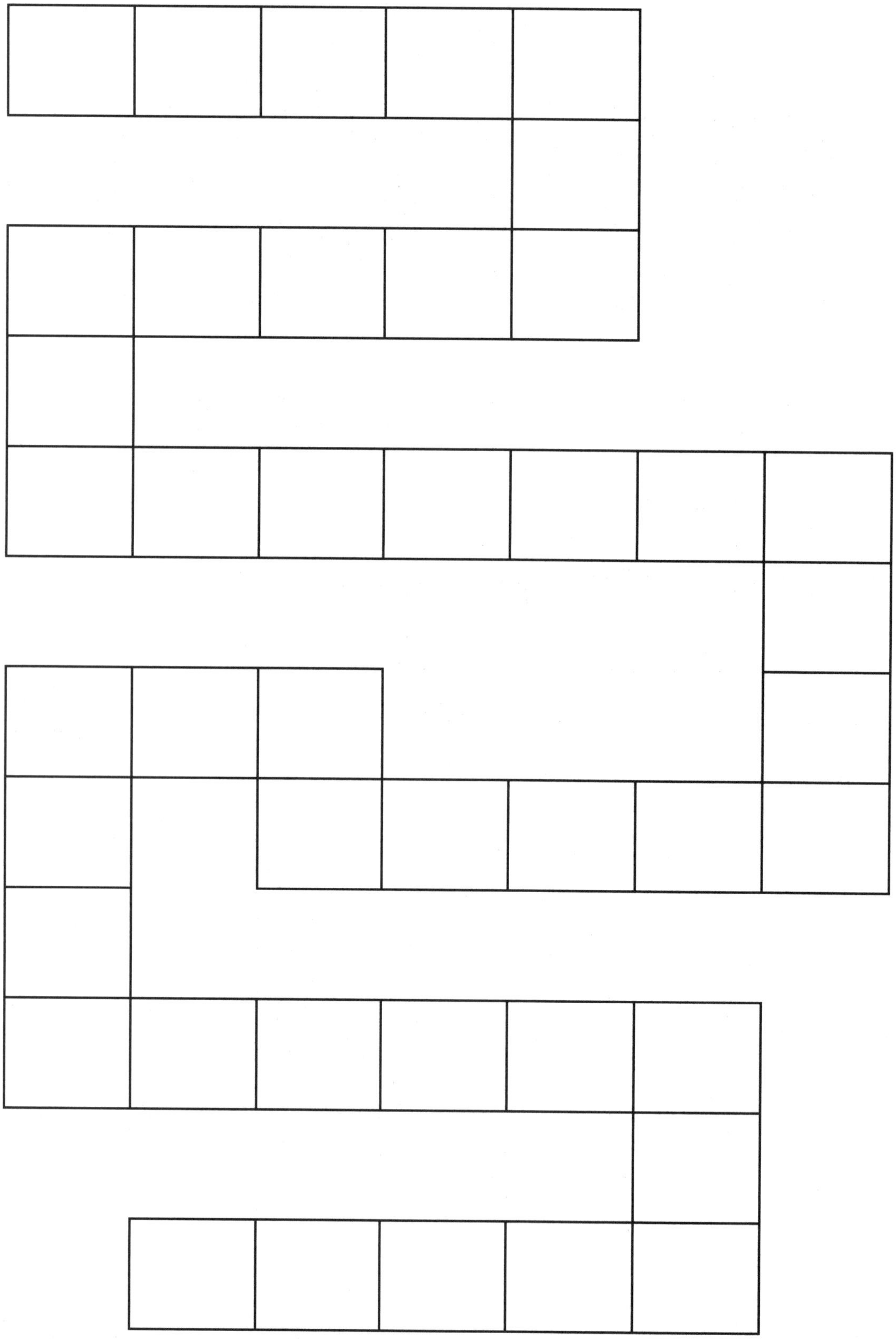

La soustraction visuelle

1

Nom ______________________

Date ______________________

Observe bien l'image de départ et regarde les éléments qui en ont été soustraits. Ensuite, encercle la bonne image finale.

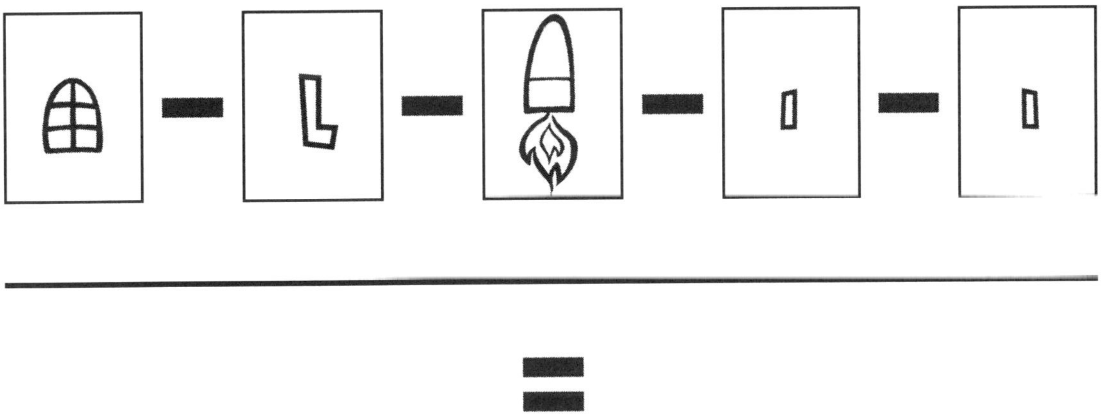

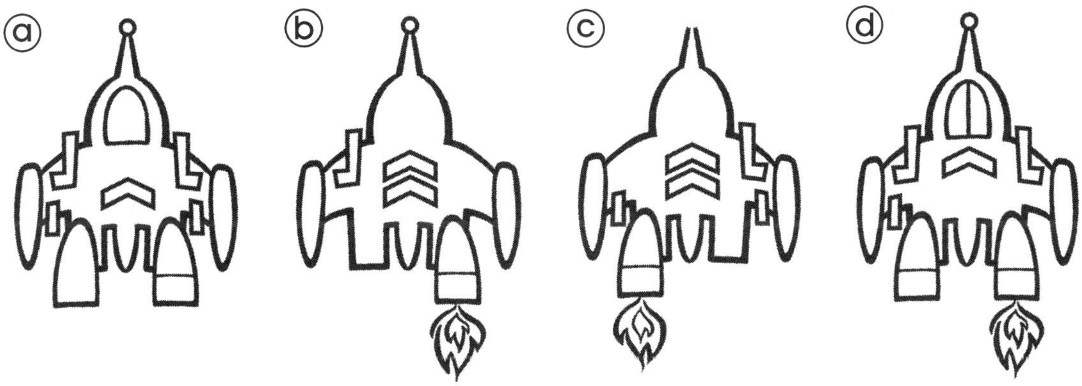

La soustraction visuelle

1

Nom ________________________

Date ________________________

Observe bien l'image de départ et regarde les éléments
qui en ont été soustraits. Ensuite, encercle la bonne image finale.

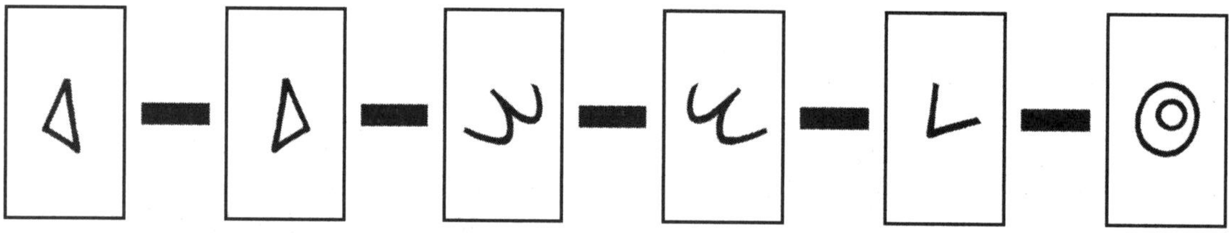

=

ⓐ

ⓑ

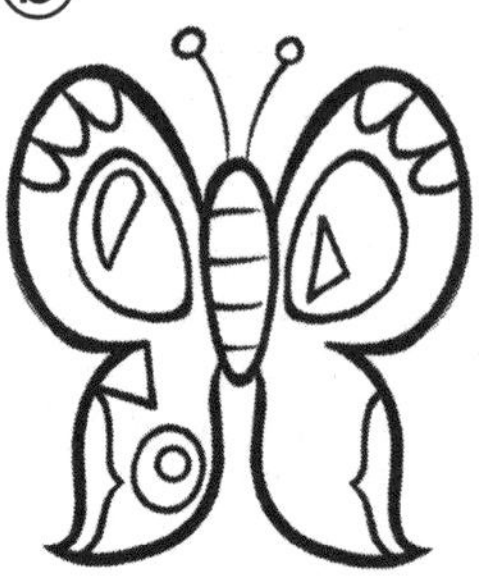

ⓒ

ⓓ

La soustraction visuelle

3

Nom ____________________

Date ____________________

Observe bien l'image de départ et regarde les éléments qui en ont été soustraits. Ensuite, encercle la bonne image finale.

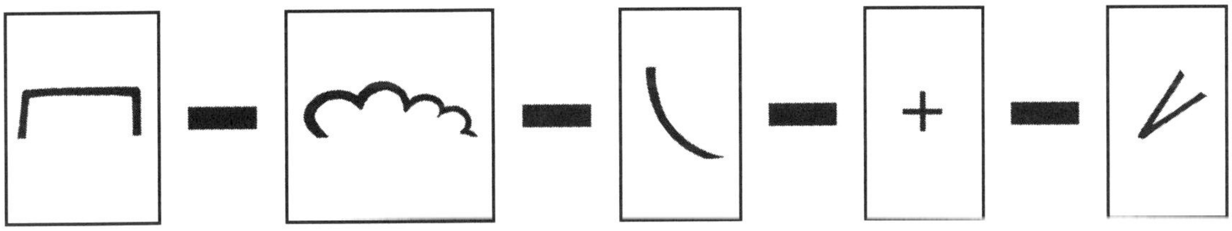

=

(a)

(b)

(c)

(d)

La soustraction visuelle

4

Nom

Date

Observe bien l'image de départ et regarde les éléments qui en ont été soustraits. Ensuite, encercle la bonne image finale.

=

ⓐ

ⓒ

ⓑ

ⓓ

La soustraction visuelle

5

Nom ______________________

Date ______________________

Fais un dessin de ton choix dans la première case. Enlève-lui des éléments à l'aide des boîtes de soustraction. Invite un ami à dessiner le résultat final.

− − −

=

Aide-mémoire 1

Nom ______________________

Date ______________________

Chaque jour, vérifie cette liste à la maison.
Utilise un crayon rouge pour noter tes réponses.
N'oublie aucune question.

Avant de partir de la maison le matin

1. Est-ce que j'ai mon agenda? oui non

2. Est-ce que j'ai tout mon matériel (cahiers, crayons)? oui non

3. Est-ce que j'ai fait tous mes devoirs? oui non
Je vérifie avec mon agenda scolaire.

   Si je n'ai pas fait tous mes devoirs, je dois inscrire une note dans mon agenda pour en expliquer la raison à mon enseignante ou à mon enseignant et je dois faire ces devoirs le lendemain.

4. Est-ce que j'ai mon lunch? oui non

En soirée à la maison

1. J'ai vérifié mon agenda pour faire mes devoirs. oui non

2. Est-ce qu'il me reste des choses à faire que je dois remettre demain? Si oui, je les note ici. oui non

   ____

   ____

   ____

3. Je consulte mon agenda pour voir s'il y a quelque chose de spécial demain à l'école. oui non
Je peux prendre des notes ici. ______________________

   ____

   ____

Aide-mémoire 2

Nom ____________________

Date ____________________

Chaque jour, vérifie cette liste après la classe.
Utilise un crayon rouge pour noter tes réponses.
N'oublie aucune question.

Avant-midi

1. Est-ce que j'ai bien rangé mes vêtements dans ma case à mon arrivée? [oui] [non]

2. Est-ce que j'ai remis mes devoirs à mon enseignante ou à mon enseignant? [oui] [non]

3. a) Est-ce que j'avais sorti tout mon matériel pour la période de ____________________? [oui] [non]

   b) Après la période, est-ce que j'ai bien rangé mon matériel? [oui] [non]

   c) Est-ce que j'ai des choses à faire à la maison pour cette matière? Si oui, les inscrire dans mon agenda. [oui] [non]

4. a) Est-ce que j'avais sorti tout mon matériel pour la période de ____________________? [oui] [non]

   b) Après la période, est-ce que j'ai bien rangé mon matériel? [oui] [non]

   c) Est-ce que j'ai des choses à faire à la maison pour cette matière? Si oui, les inscrire dans mon agenda. [oui] [non]

5. a) Est-ce que j'avais sorti tout mon matériel pour la période de ____________________? [oui] [non]

   b) Après la période, est-ce que j'ai bien rangé mon matériel? [oui] [non]

   c) Est-ce que j'ai des choses à faire à la maison pour cette matière? Si oui, les inscrire dans mon agenda. [oui] [non]

Nom ______________________

Date ______________________

Dîner

6. a) Est-ce que j'ai apporté mon lunch? oui non

b) Après le lunch, est-ce que j'ai rangé ma boîte à lunch? oui non

c) En rentrant à l'intérieur après le dîner, est-ce que j'ai bien rangé mes vêtements? oui non

Après-midi

7. a) Est-ce que j'avais sorti tout mon matériel pour la période de ____________________? oui non

b) Après la période, est-ce que j'ai bien rangé mon matériel? oui non

c) Est-ce que j'ai des choses à faire à la maison pour cette matière? Si oui, les inscrire dans mon agenda. oui non

8. a) Est-ce que j'avais sorti tout mon matériel pour la période de ____________________? oui non

b) Après la période, est-ce que j'ai bien rangé mon matériel? oui non

c) Est-ce que j'ai des choses à faire à la maison pour cette matière? Si oui, les inscrire dans mon agenda. oui non

9. Est-ce que j'ai rangé tout mon matériel dans mon sac d'école pour faire mes devoirs? Je vérifie à l'aide de mon agenda. oui non

Retour à la maison

10. Est-ce que j'ai tous mes vêtements (manteau, tuque, etc.)? oui non

11. Est-ce que j'ai mon sac d'école? oui non

12. Est-ce que j'ai ma boîte à lunch? oui non

La mémoire du mouvement

Nom

Date

Observe bien ce labyrinthe, puis suis les consignes de ton enseignante ou de ton enseignant.

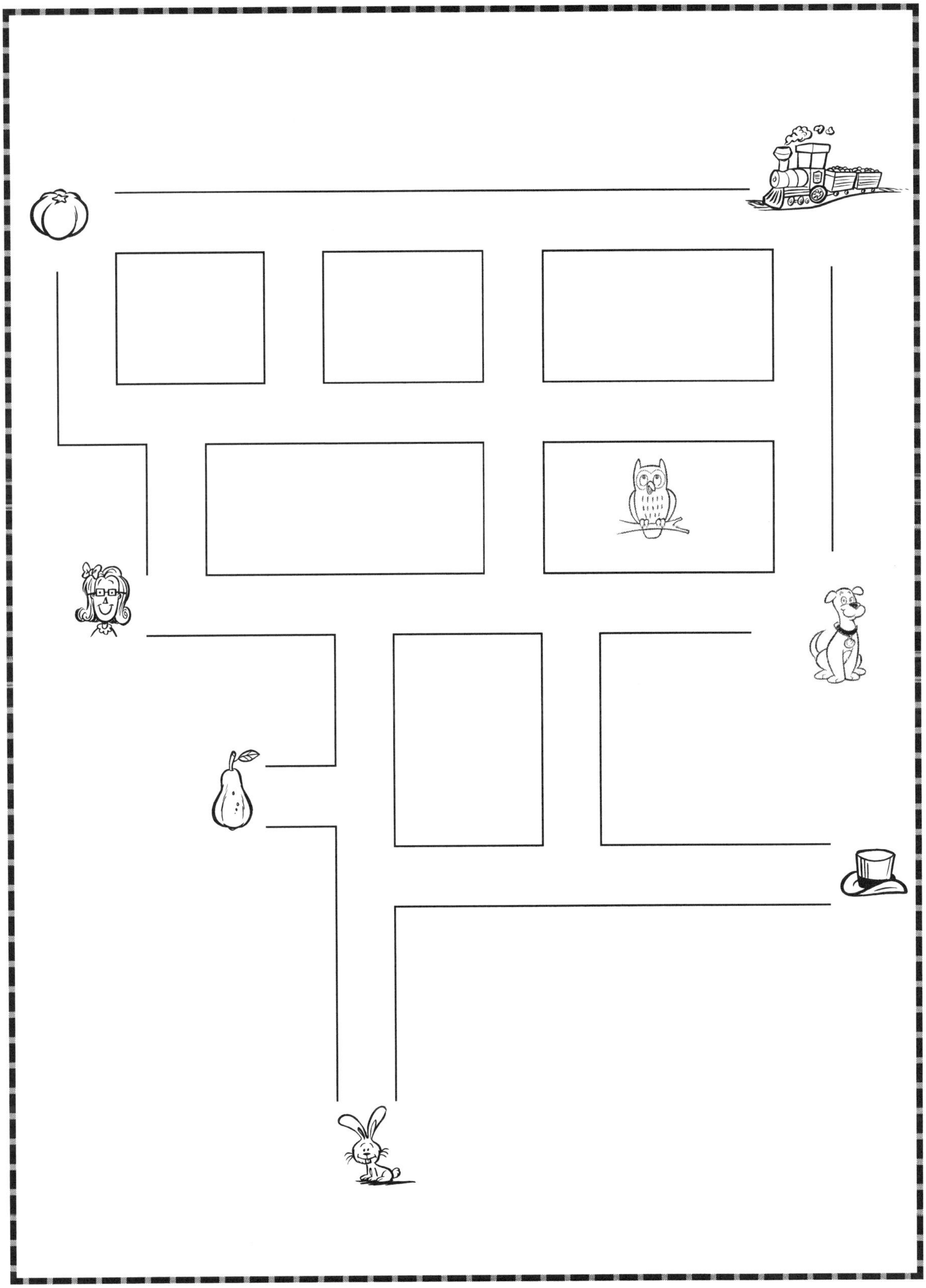

À la rescousse de Lancelot – Planche de jeu

Note à l'enseignant: Assemblez la planche de jeu des pages 156 et 157. Nous vous suggérons de la faire plastifier pour plus de commodité.

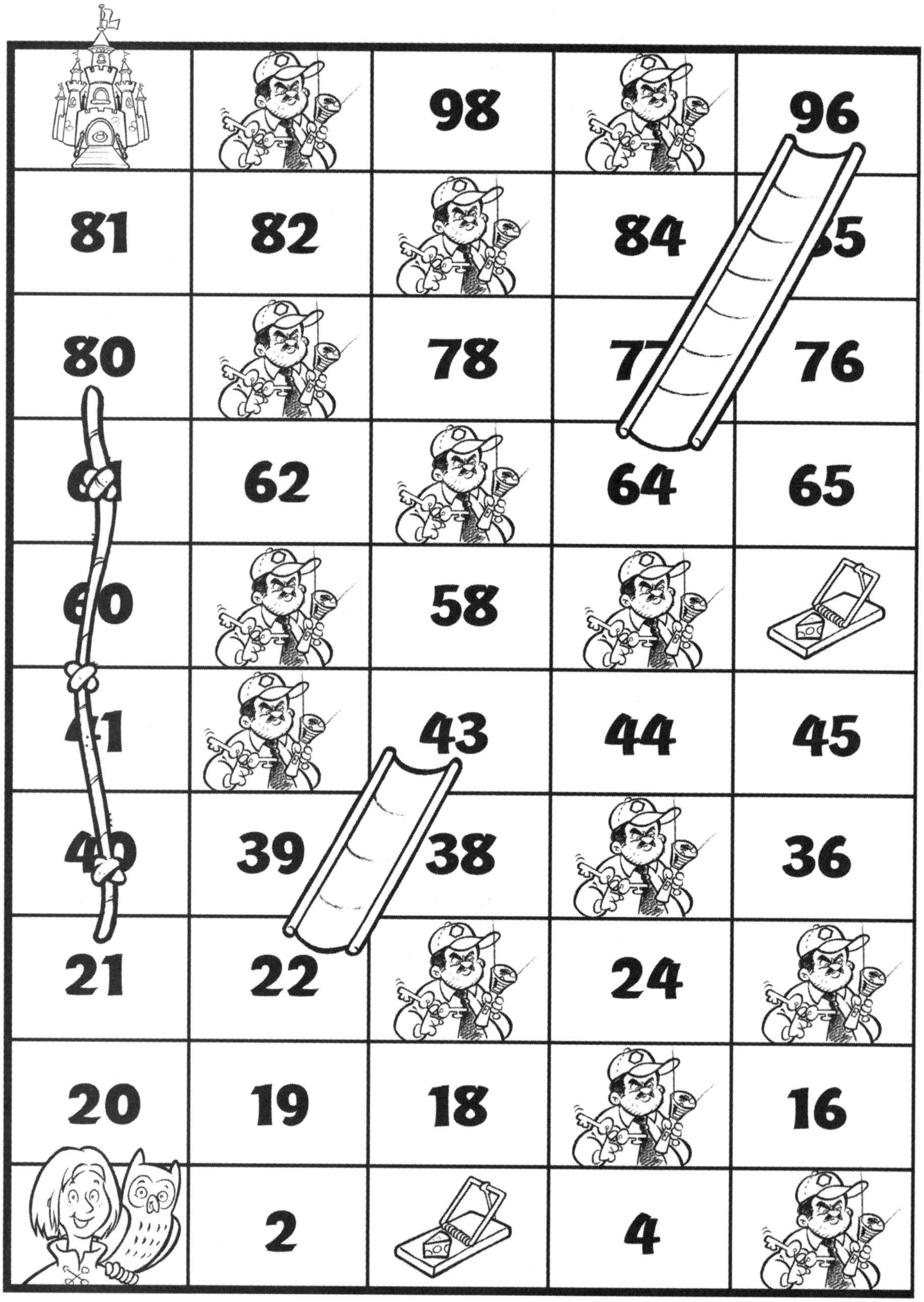

À la rescousse de Lancelot – Planche de jeu (suite)

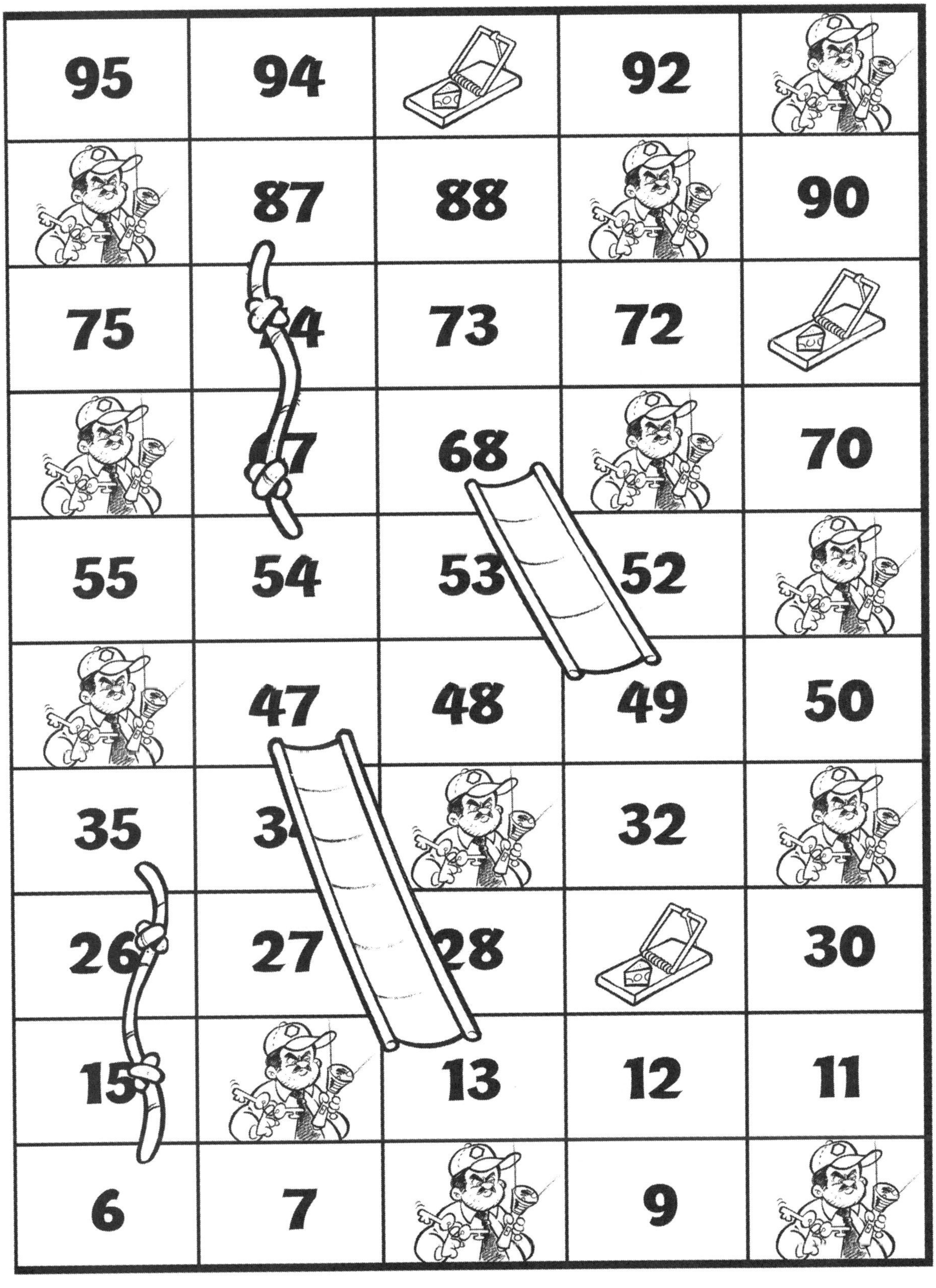

À la rescousse de Lancelot Cartes-épreuves

1

Note à l'enseignant: Nous vous suggérons de plastifier les cartes des pages 158 à 160 pour plus de commodité.

La baguette magique

Prends ton crayon comme lorsque tu écris. Fais-le tourner entre tes doigts sans t'aider de ton corps ou de ton autre main. En même temps, dis la formule magique : *« Abracadabra moustache de renard et poil de rat à l'aide de cette baguette vilain gardien tu disparaîtras ! »* Lorsque tu réussiras cet exercice recommence en tenant un petit objet sous ton annulaire et ton auriculaire. Ne laisse pas tomber l'objet.

La caméra cachée

Prends ton crayon comme lorsque tu écris. La pointe du crayon est maintenant une caméra secrète. Avance doucement tes doigts sur le crayon jusqu'à la mine pour bien voir le gardien avec ta caméra. Recule ensuite tes doigts jusqu'à la gomme à effacer pour ne pas que le gardien se doute de quelque chose. Refais-le une autre fois. Ton pouce doit bien aider tes autres doigts pour avancer et reculer.

Les biscuits

Prends cinq jetons et dépose-les sur ton bureau. Ce sont maintenant des biscuits. Avec la main que tu utilises pour écrire, ramasse-les un à la fois sans t'aider de ton autre main ou de ton corps. Ne les échappe pas ! Tu dois maintenant les sortir un à la fois du bout de tes doigts sans échapper ceux qui sont cachés dans ta main. Dépose-les sur ton bureau. Le gardien est gourmand. Sauve-toi pendant qu'il mange tes biscuits !

Les cailloux magiques

Prends ta feuille d'épreuves. Dessine des cailloux pour marquer ton chemin vers le château. Pour chaque caillou que tu dessines, tu dois ensuite retourner ton crayon et l'effacer immédiatement pour que personne ne puisse te suivre. Comme les cailloux sont magiques, tu seras le seul à les voir. Tu dois seulement utiliser ta main d'écriture pour dessiner, retourner le crayon, puis effacer.

Les tours

Prends ta feuille d'épreuves. À l'aide de ton crayon, continue de dessiner les tours qui sont déjà sur ta feuille. Attention ! Tes tours doivent être identiques, donc de la bonne hauteur et de la bonne largeur. Tu ne dois pas lever ton crayon avant la fin de la ligne. Lorsque tu as complété les tours, tu peux continuer ta route !

Le crocodile

Prends ta feuille d'épreuves. Pour échapper au gardien, va rejoindre ton ami le crocodile dans le marais. À l'aide de ton crayon, dessine les dents du crocodile. Attention ! Les dents doivent être identiques, donc de la bonne hauteur et de la bonne largeur. Tu ne dois pas lever ton crayon avant la fin de la ligne. Le gardien n'ose pas s'approcher : tu peux continuer ta route.

Le camouflage

Prends ta feuille d'épreuves. Prends ton crayon et ajoute des brins d'herbe. Tu dois toujours dessiner les brins d'herbe de haut en bas. Ce sont tes doigts qui doivent faire bouger le crayon. Lorsque tu as terminé la ligne, tu peux te cacher derrière les herbes hautes et te sauver !

Le piège

Prends ta feuille d'épreuves. Le gardien se repose au pied d'un arbre. Tu peux en profiter pour l'attacher avec une cordelette cirée. Tu dois bien mettre la cordelette sur la ligne pour ne pas que le gardien se détache. Bravo ! Tu as encore réussi !

À la rescousse de Lancelot
Cartes-épreuves

2

Le passage secret Prends ton crayon et ta feuille d'épreuves. Pour ne pas que le gardien te voie, passe par le passage secret sous la terre. Trace ta route sans dépasser avec ton crayon. Ta feuille doit toujours rester dans la même position et tes doigts vont t'aider à bien avancer. Beau travail ! Tu as déjoué le gardien !	**Les escargots** Prends ta feuille d'épreuves. Dessine 10 escargots comme celui qui est déjà sur ta feuille. Prends bien ton temps pour dessiner les spirales. Ce sont tes doigts qui doivent faire bouger le crayon. Le gardien a peur des escargots. Hourra ! Tu peux continuer ton chemin vers le château.
Le réveil des muscles La route du château est remplie d'obstacles. Réveille tes muscles pour t'aider à les surmonter. Place tes mains près de tes jambes sur le bord de ta chaise. Maintenant, force fort afin de soulever tes fesses de ta chaise sans que tes pieds ne touchent par terre. Wow ! Tu es vraiment fort ! Tu peux sûrement atteindre le château bientôt !	**Les menottes** Prépare des menottes pour attacher le gardien. Forme deux anneaux en touchant ton index et ton pouce de chaque main, puis mets les anneaux l'un dans l'autre. Tu peux tirer pour vérifier si elles sont solides. Tes menottes sont parfaites, mais tu n'as pas besoin de t'en servir, car le gardien ne t'a pas vu passer.
L'antipoison Prends ton crayon. Un serpent venimeux t'as piqué. Ton crayon te servira de seringue pour t'injecter un antipoison. Prends ton crayon dans ta main comme une seringue et place ton pouce sur l'efface. Pousse la seringue vers le bas avec ton pouce pour libérer le médicament. Ouf ! Sauvé juste à temps.	**L'araignée** Sur ton chemin, tu rencontres une araignée. Pour confondre le gardien, tu décides d'imiter l'araignée. Place tes deux mains l'une sur l'autre. Il n'y a que tes doigts qui vont rester ensemble en se dirigeant vers le centre. Tes paumes doivent doucement s'écarter, puis tu ramènes tes mains à leur position de départ. Tu dois imiter l'araignée cinq fois. Ouf ! Le gardien ne t'a pas vu.
L'entraînement des doigts Pour bien préparer tes mains à surmonter les prochains obstacles, dépose-les à plat sur ton bureau. Tu peux maintenant faire 10 sauts papillon (« jumping jack ») avec tes doigts en les écartant puis les recollant. Tu peux aussi faire cinq pompes (« push-ups ») en soulevant tes doigts un à un de la table. Les paumes de tes mains doivent toujours demeurer sur ton bureau. Tes doigts sont maintenant en pleine forme pour continuer.	**Les outils** Prends ta feuille d'épreuves. Choisis trois outils. Colorie bien les outils sans dépasser. Ils te seront sûrement utiles à ton arrivée au château.

À la rescousse de Lancelot
Cartes-épreuves

3

La rivière

Prends ta feuille d'épreuves. Tu dois sauter sur des roches dans la rivière pour éviter le gardien sur la rive. Avec ton crayon, continue les bonds sur ta feuille. Tes doigts doivent faire bouger le crayon. Tu ne dois pas soulever ton crayon jusqu'à la fin de la ligne.
Bien joué ! Tu es une vraie grenouille !

Les fleurs

Prends ta feuille d'épreuves. Dessine beaucoup de fleurs. Le gardien est allergique au pollen et ne peut s'empêcher d'éternuer quand il en respire. Tu peux donc en profiter pour poursuivre ton chemin !

Le code secret

Sur ton chemin, tu rencontreras des gens qui veulent t'aider. Comment savoir s'ils sont vraiment gentils ou s'il s'agit du gardien déguisé ? C'est facile : ils connaissent ce code secret. Place tes deux mains ouvertes près de tes oreilles. Tes pouces doivent toucher, dans l'ordre, tes index, tes annulaires, tes majeurs et, enfin, tes auriculaires.
Tu connais maintenant le code secret !

Le pont

Prends ta feuille d'épreuves. Sur ton chemin, tu rencontres un ravin. Construis un pont : utilise ton crayon pour tracer le contour de ta gomme à effacer plusieurs fois. Tu dois toujours utiliser la même main pour tenir ton crayon pendant que l'autre main tient ta gomme à effacer sur la feuille.
Tu as réussi ! Maintenant que le pont est en place, tu peux traverser.

Dans les pommes

Prends ta feuille d'épreuves.
Oh ! malheur ! Le gardien t'a pris en chasse. Tu dois courir très vite pour ne pas qu'il t'attrape. Bang ! Le gardien bute sur un tronc d'arbre et tombe par terre. Il voit des étoiles... Prends ton crayon et dessine 10 étoiles (choisis un modèle d'étoile que tu es capable de faire). Pendant que le gardien se frotte la tête, sauve-toi !

Le festin

Prends ton pot de pâte à modeler. Tu dois préparer un festin pour fêter à ton arrivée au château. À l'aide de ta main d'écriture, prends un petit bout de pâte et tourne-le entre tes doigts pour en faire une belle boule. Tu ne dois pas t'aider de ton autre main ni de la table pour faire les boules. Lorsque tu as 10 boulettes, tu peux continuer ton chemin.

La clé

Prends ta feuille d'épreuves. Le gardien est occupé à jouer aux cartes.
Que vois-tu sortir de sa poche ? Une clé ! Ne fais pas de bruit et va la détacher du porte-clés du gardien. Avec tes doigts, tu dois déchirer doucement le papier en suivant bien la ligne noire.
Bravo ! Tu as un nouvel outil qui pourra peut-être te servir.

Le transport

Prends ton crayon et deux gommes à effacer. Ton crayon est une longue branche qui traverse la route. Tu ne peux pas la ramasser avec tes mains. Tu dois prendre tes outils. Avec une gomme dans chacune de tes mains, attrape le crayon. Dépose le crayon, sans l'échapper, le plus loin possible sur ton bureau. Encore une épreuve de réussie !

À la rescousse de Lancelot
Feuille d'épreuves graphiques

1

Nom ____________________ Date ____________________

Les fleurs

Le pont

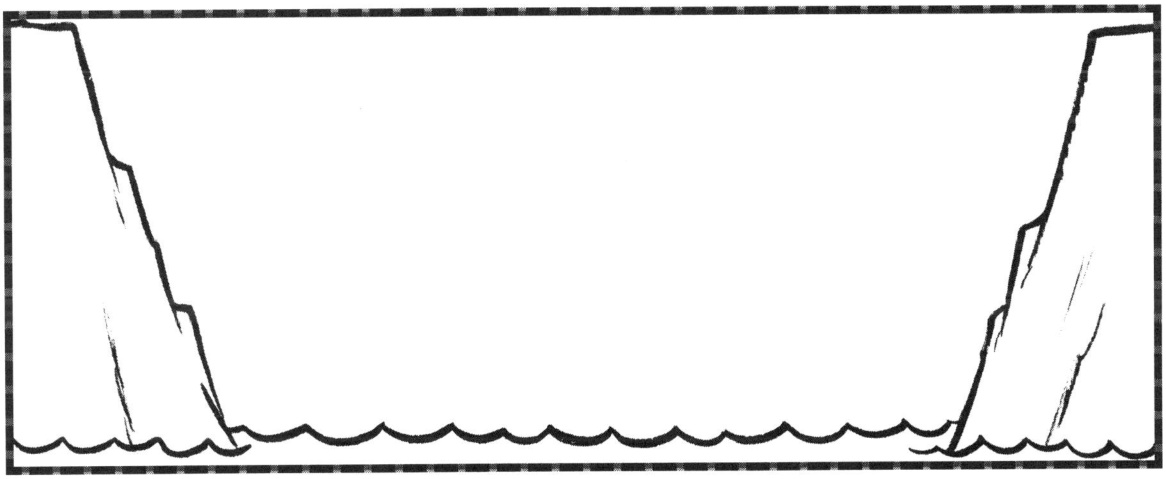

Dans les pommes

À la rescousse de Lancelot
Feuille d'épreuves graphiques

2

Nom ______________________________ Date ____________

Les escargots

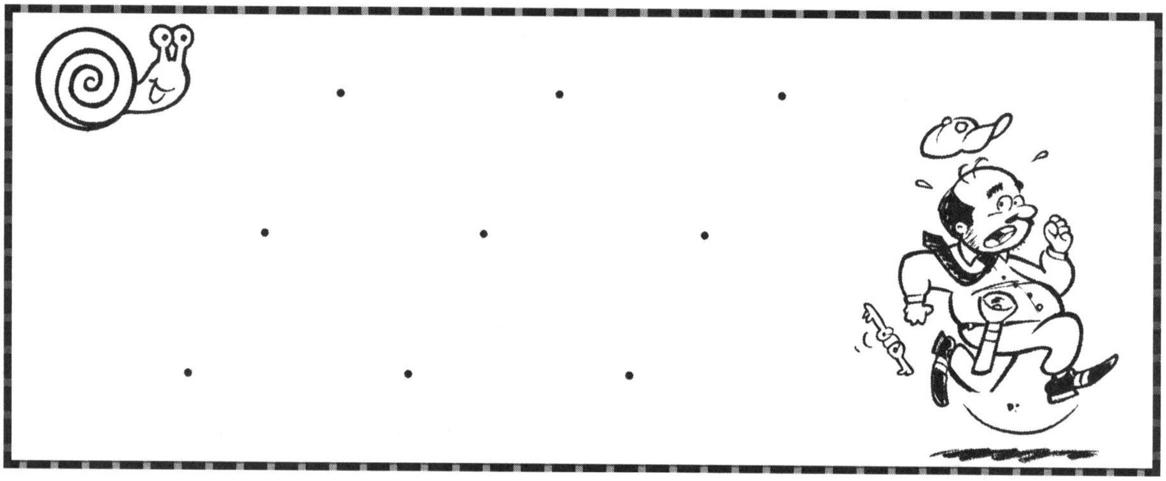

Les tours

Le crocodile

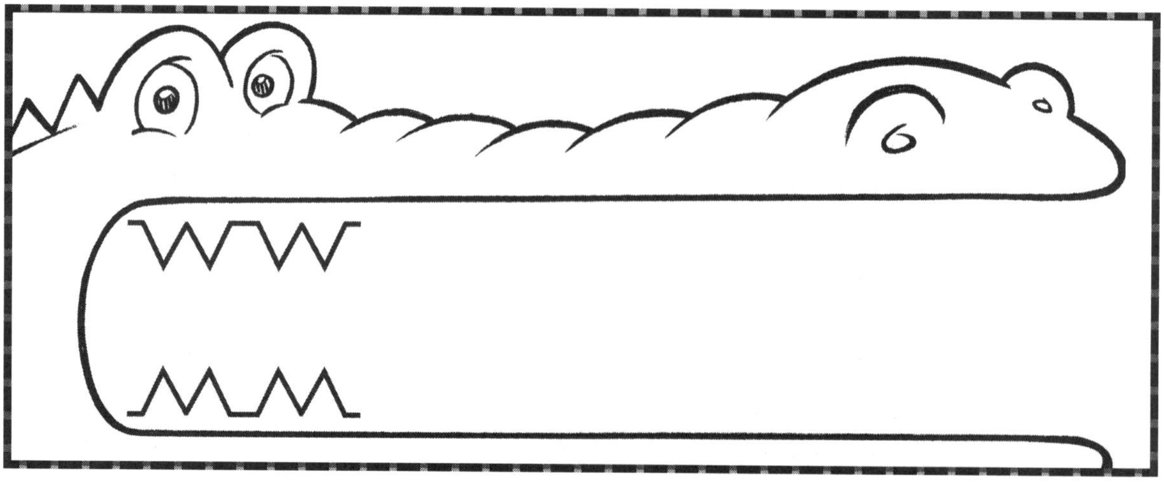

À la rescousse de Lancelot
Feuille d'épreuves graphiques

3

Nom ______________________ Date ______________________

Le camouflage

Le piège

Le passage secret

À la rescousse de Lancelot
Feuille d'épreuves graphiques

4

Nom ______________________ Date ______________

Les cailloux magiques

Les outils

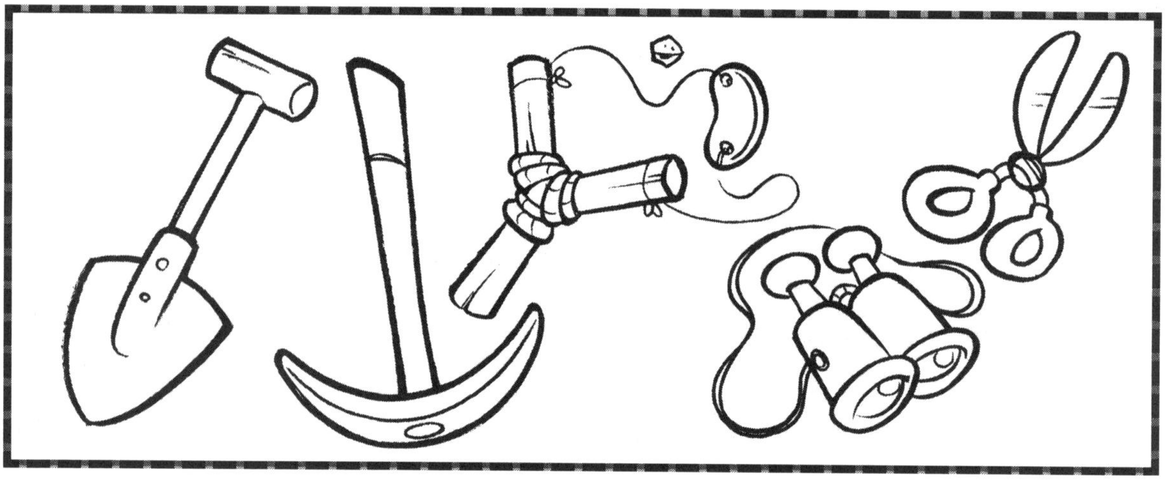

La rivière

À la rescousse de Lancelot
Feuille d'épreuves graphiques

5

Nom

Date

La clé

Les chemins entremêlés

1

Nom

Date

Avec tes yeux, suis le chemin de chaque oiseau pour trouver son nid.
Vérifie ensuite tes réponses en traçant les trajets avec des couleurs différentes.
Note tes réponses dans les cases au-dessus des oiseaux.

Les chemins entremêlés

2

Nom

Date

Relie chaque chaton à la bonne pelote de laine.

Les chemins entremêlés 3

Nom ____________________

Date ____________________

Range ces fruits dans le bon contenant.

Les chemins entremêlés

4

Nom

Date

Où habite chacun de ces personnages?

Les chemins entremêlés

5

Nom

Date

Relie chaque clé au bon coffre.

Les chemins entremêlés

6

Nom

Date

Aide ces chiens à trouver leur niche.

Nom

Date

Ces animaux peuvent-ils retrouver leur ami ? Aide-les !

Les images superposées

1

Nom

Date

Examine bien ce dessin.
Combien y a-t-il de parapluies? ________
Trace le contour de chaque parapluie avec une couleur différente.

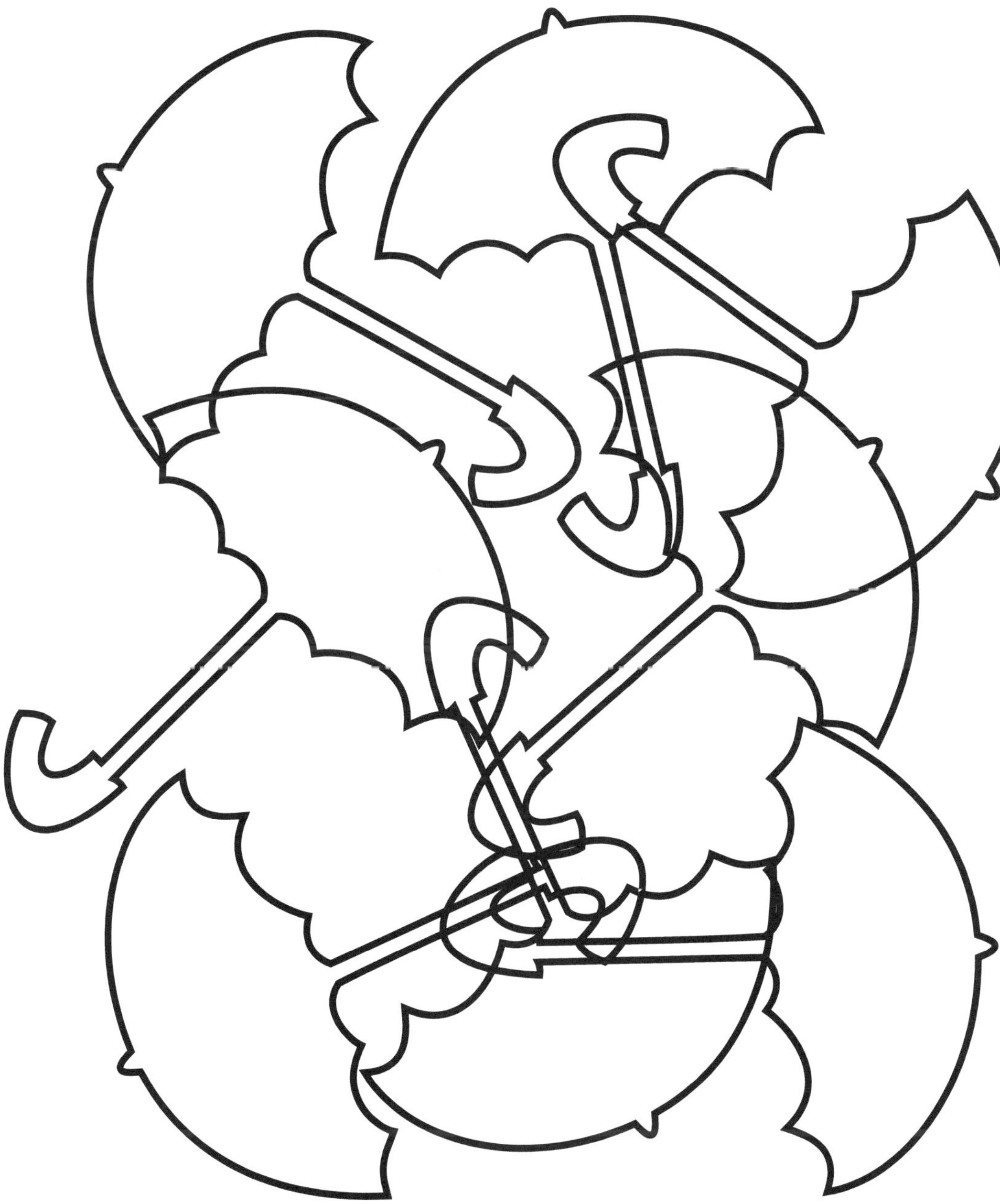

Nom

Date

Examine bien ce dessin.
Combien y a-t-il de hiboux? ________
Trace le contour de chaque hibou avec une couleur différente.

Les images superposées

3

Nom

Date

Examine bien ce dessin.
Combien y a-t-il de clés? ________
Trace le contour de chaque clé avec une couleur différente.

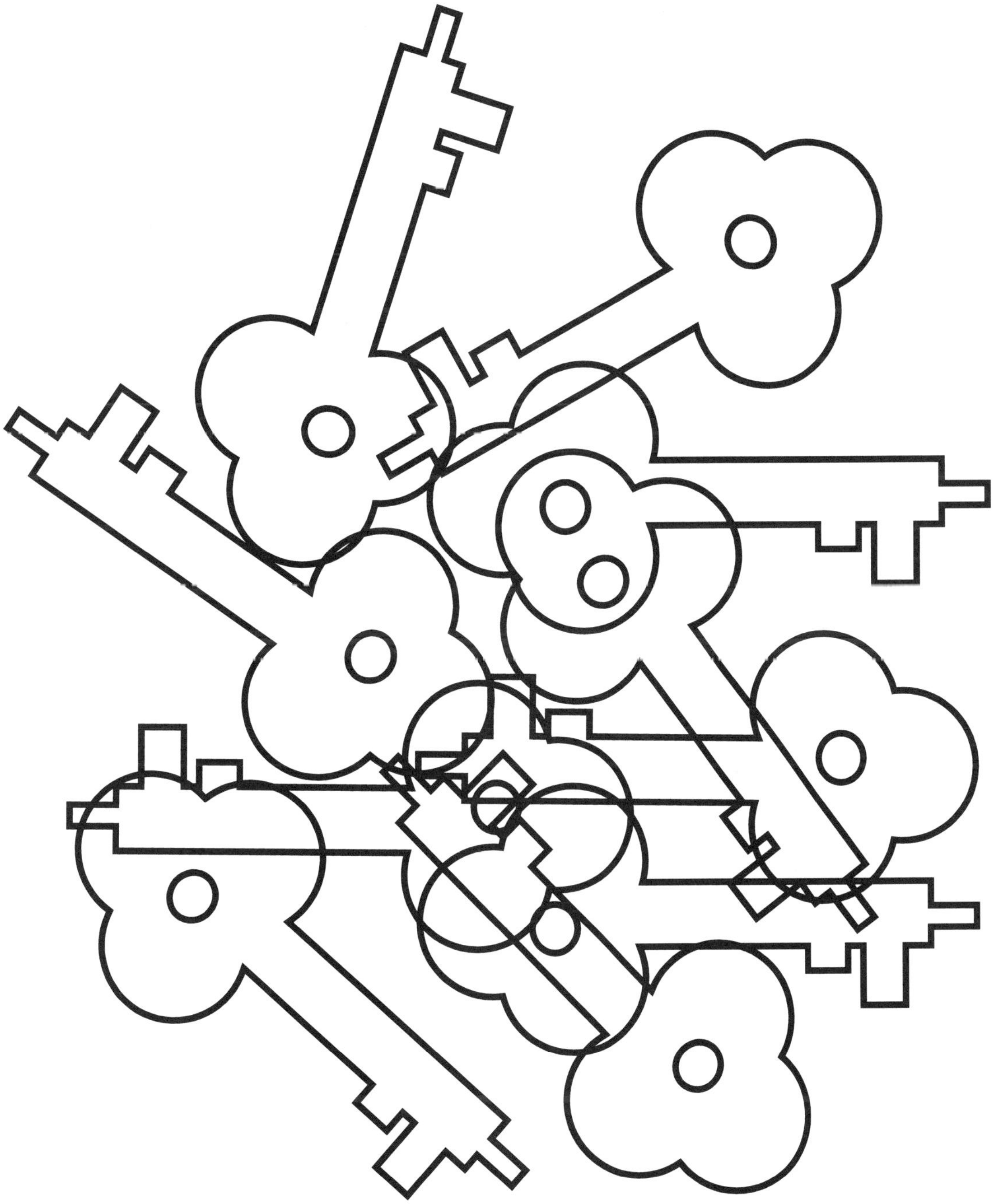

Les images superposées

4

Nom

Date

Examine bien ce dessin.
Combien y a-t-il de couronnes? ________
Trace le contour de chaque couronne avec une couleur différente.

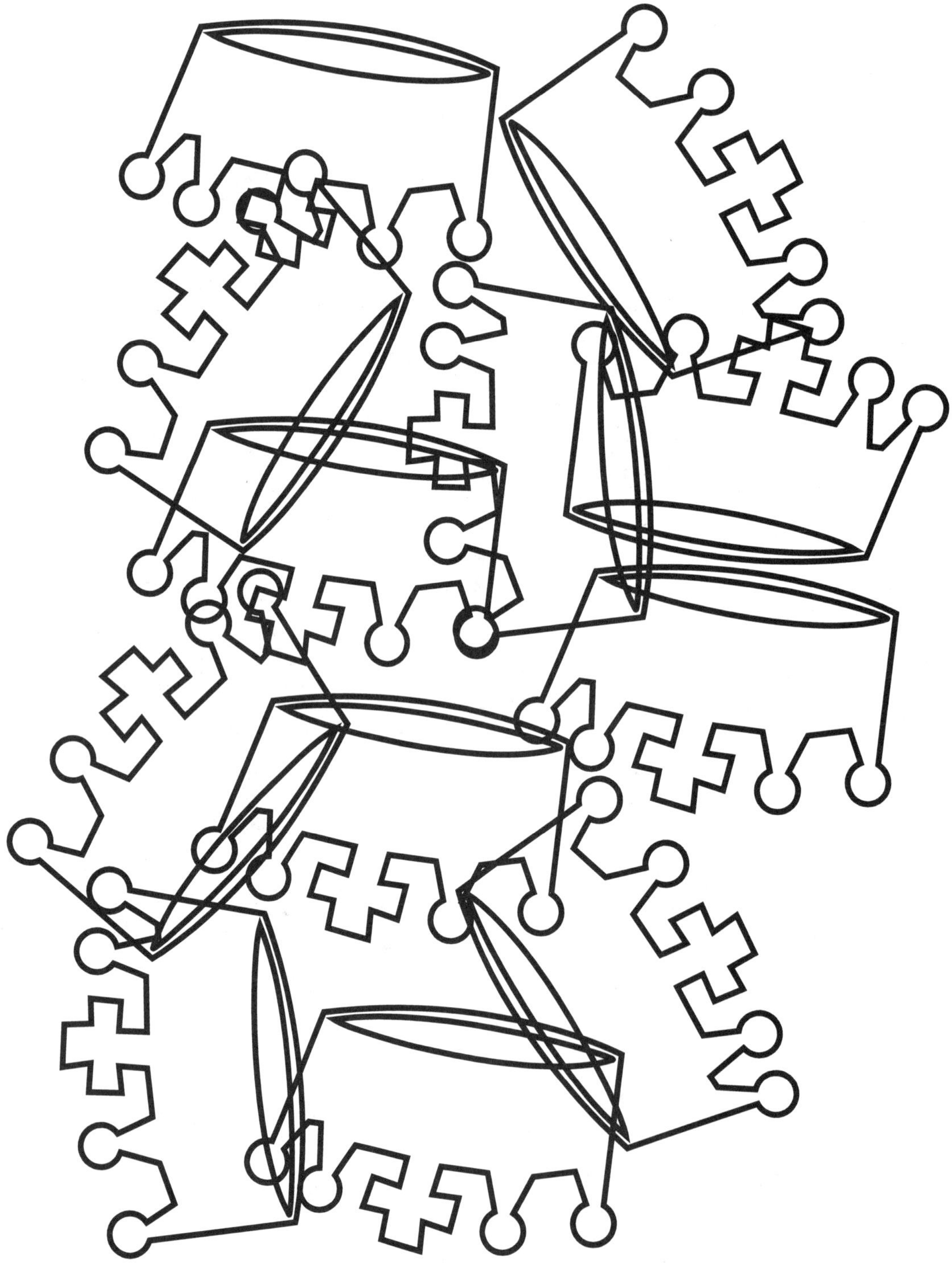

La pièce manquante 1

Nom

Date

Examine ce dessin. Encercle la pièce qui complète le poisson.

La pièce manquante 2

Nom

Date

Examine ce dessin. Encercle la tache qui complète ce gentil chien.

La pièce manquante

3

Nom

Date

Examine ce dessin. Encercle la pièce qui complète le hibou.

La pièce manquante

4

Nom

Date

Examine ce dessin. Encercle la pièce qui complète Lancelot.

La pièce manquante

5

Nom

Date

Examine ce dessin. Encercle la pièce qui complète le château.

Trouve mon ombre

1

Nom

Date

Relie chaque image à son ombre.

Trouve mon ombre

2

Nom ______________________________

Date ______________________________

Relie chaque image à son ombre.

Trouve mon ombre

3

Nom

Date

Relie chaque image à son ombre.

Trouve mon ombre

4

Nom

Date

Relie chaque image à son ombre.

Trouve mon ombre

5

Nom

Date

Relie chaque image à son ombre.

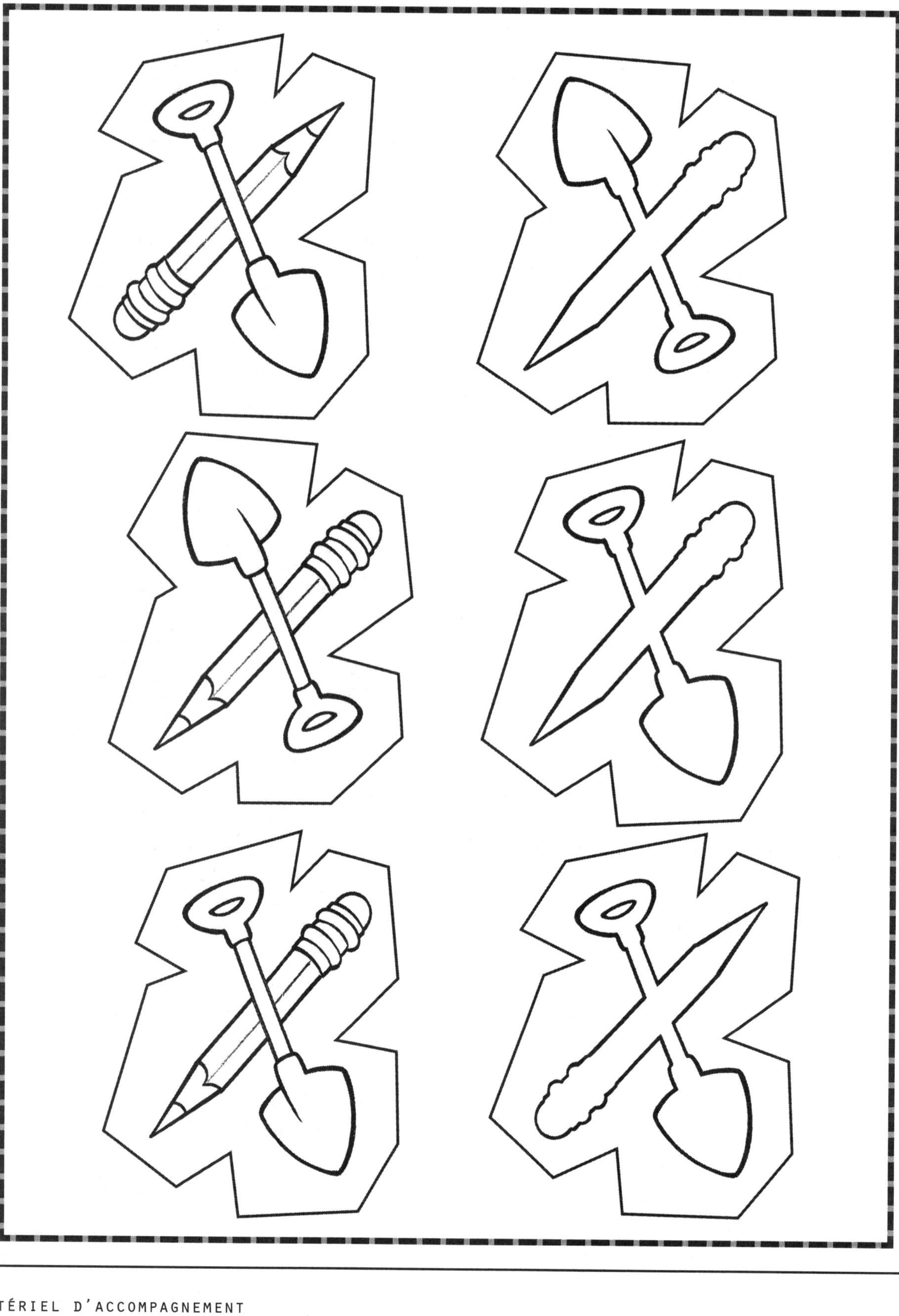

Trouve le dessin identique

1

Nom ____________________

Date ____________________

Regarde attentivement ce flocon de neige.
Encercle celui qui lui est identique.

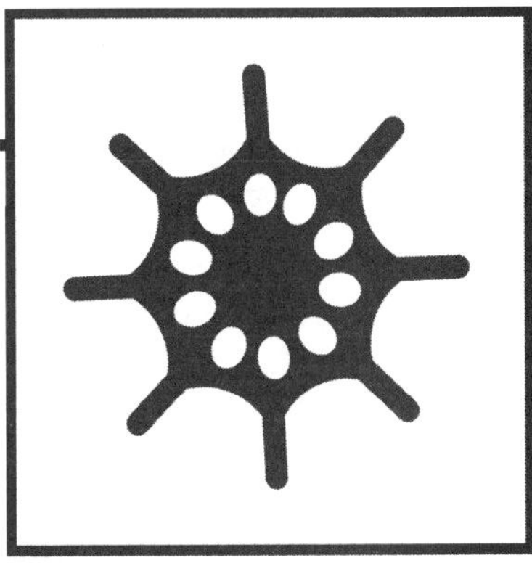

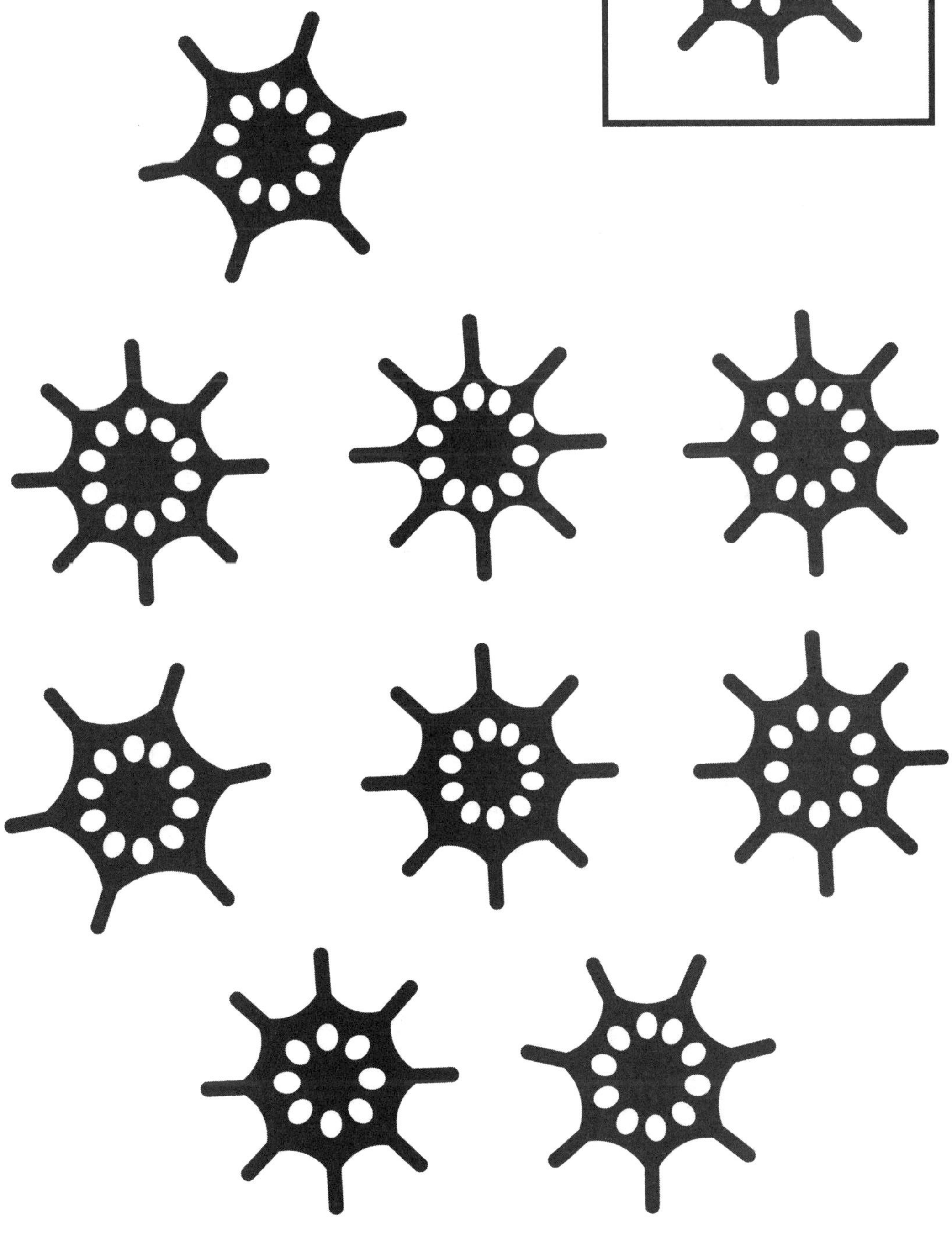

Trouve le dessin identique

2

Nom ______________________

Date ______________________

Regarde attentivement le visage de Lancelot.
Encercle celui qui lui est identique.

Trouve le dessin identique

3

Nom

Date

Regarde attentivement ce bouquet de fleurs.
Encercle celui qui lui est identique.

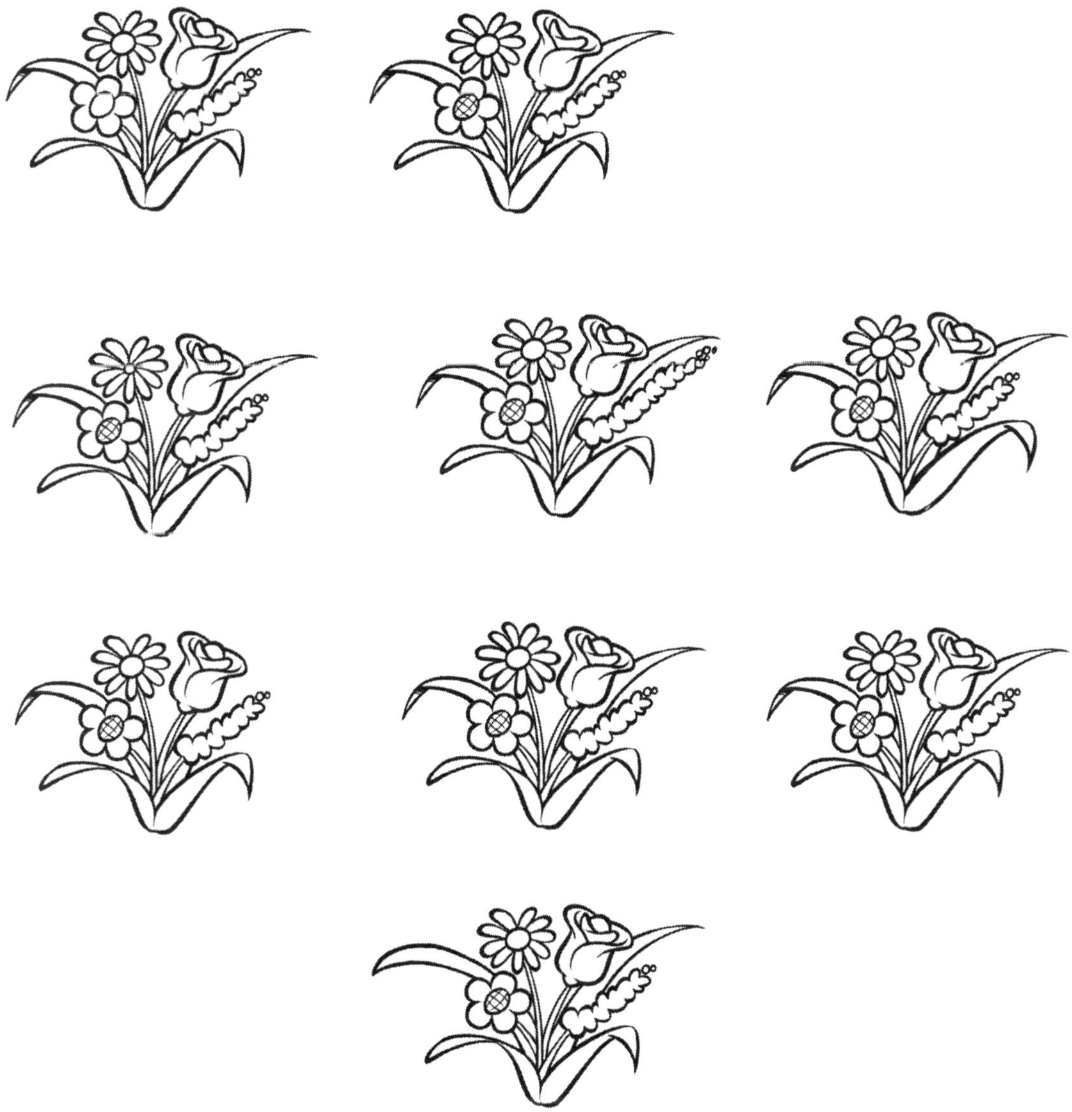

Trouve le dessin identique

4

Nom ______________________

Date ______________________

Regarde attentivement ce château.
Encercle celui qui lui est identique.

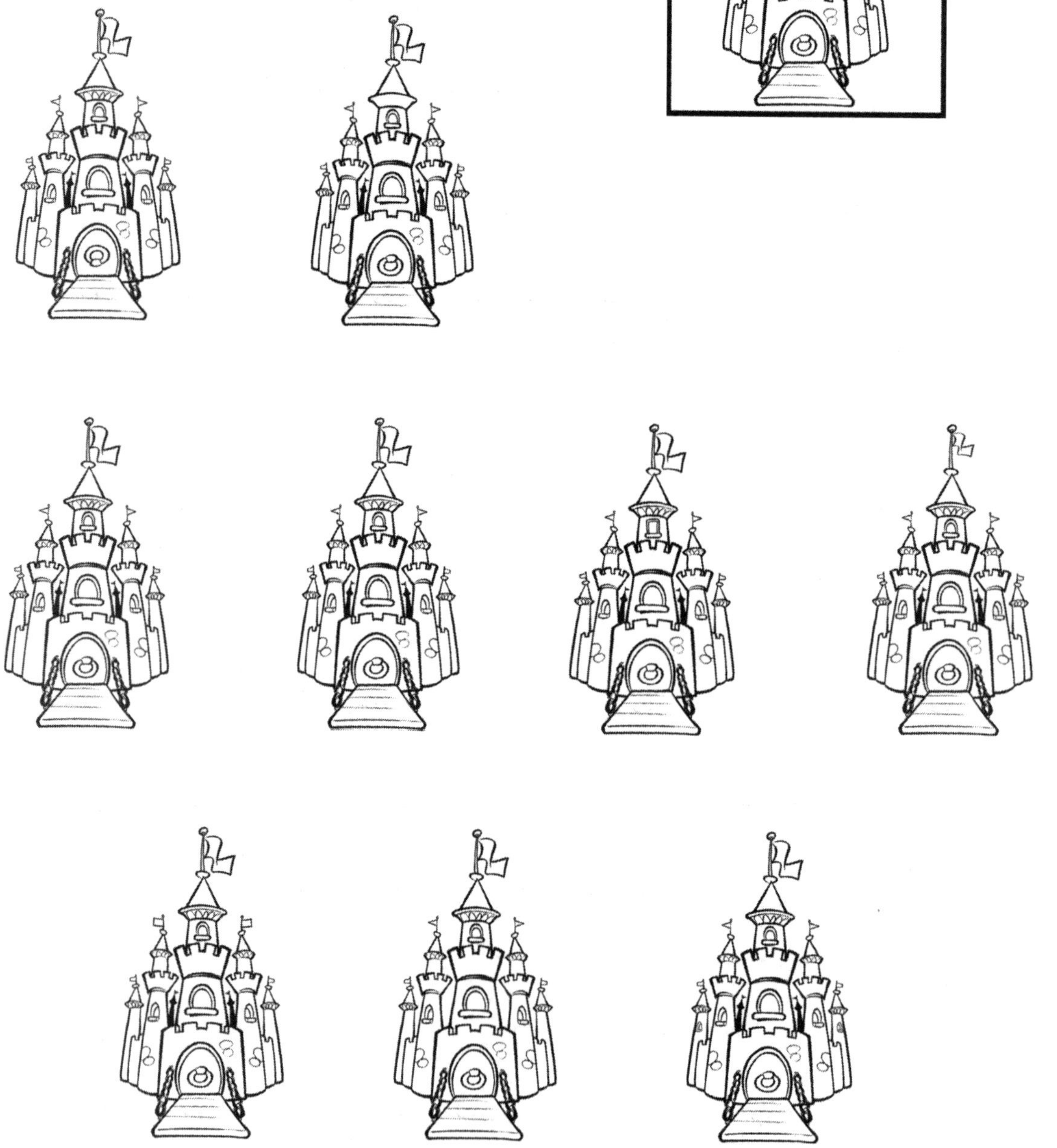

Trouve le dessin identique

5

Nom

Date

Regarde attentivement ce chat.
Encercle celui qui lui est identique.

1

Nom ____________________

Date ____________________

Relie les images du bas en respectant ce modèle.

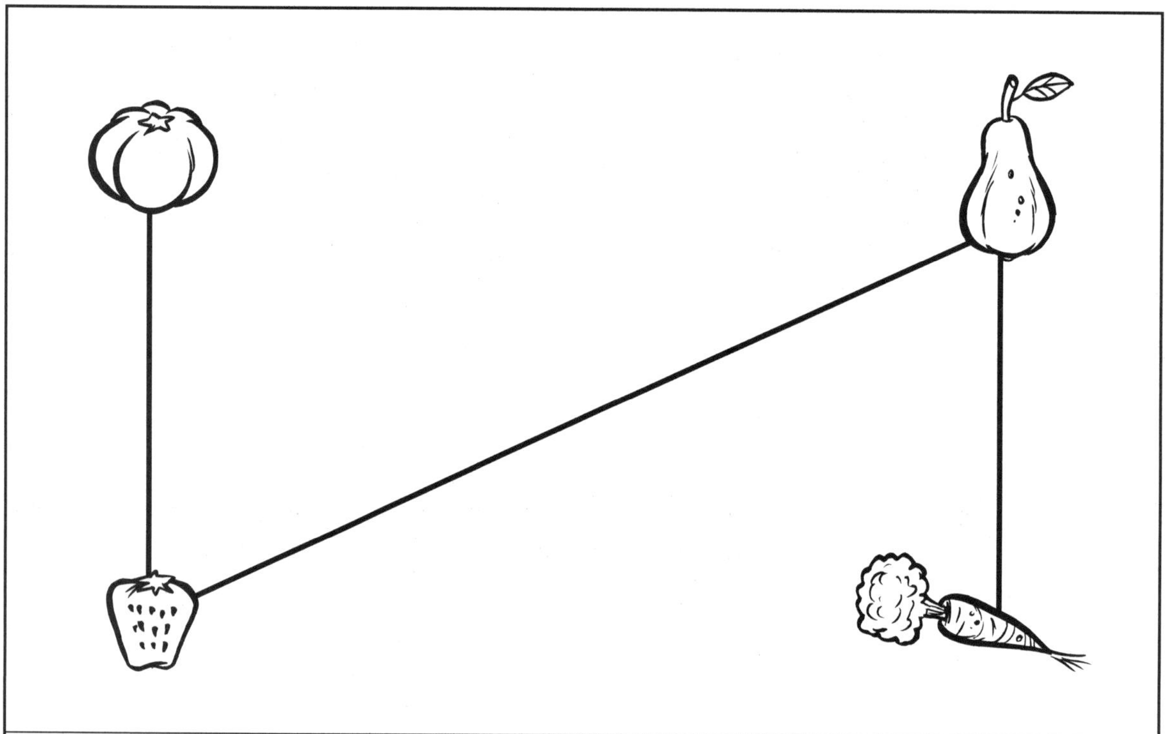

2

Nom

Date

Relie les images du bas en respectant ce modèle.

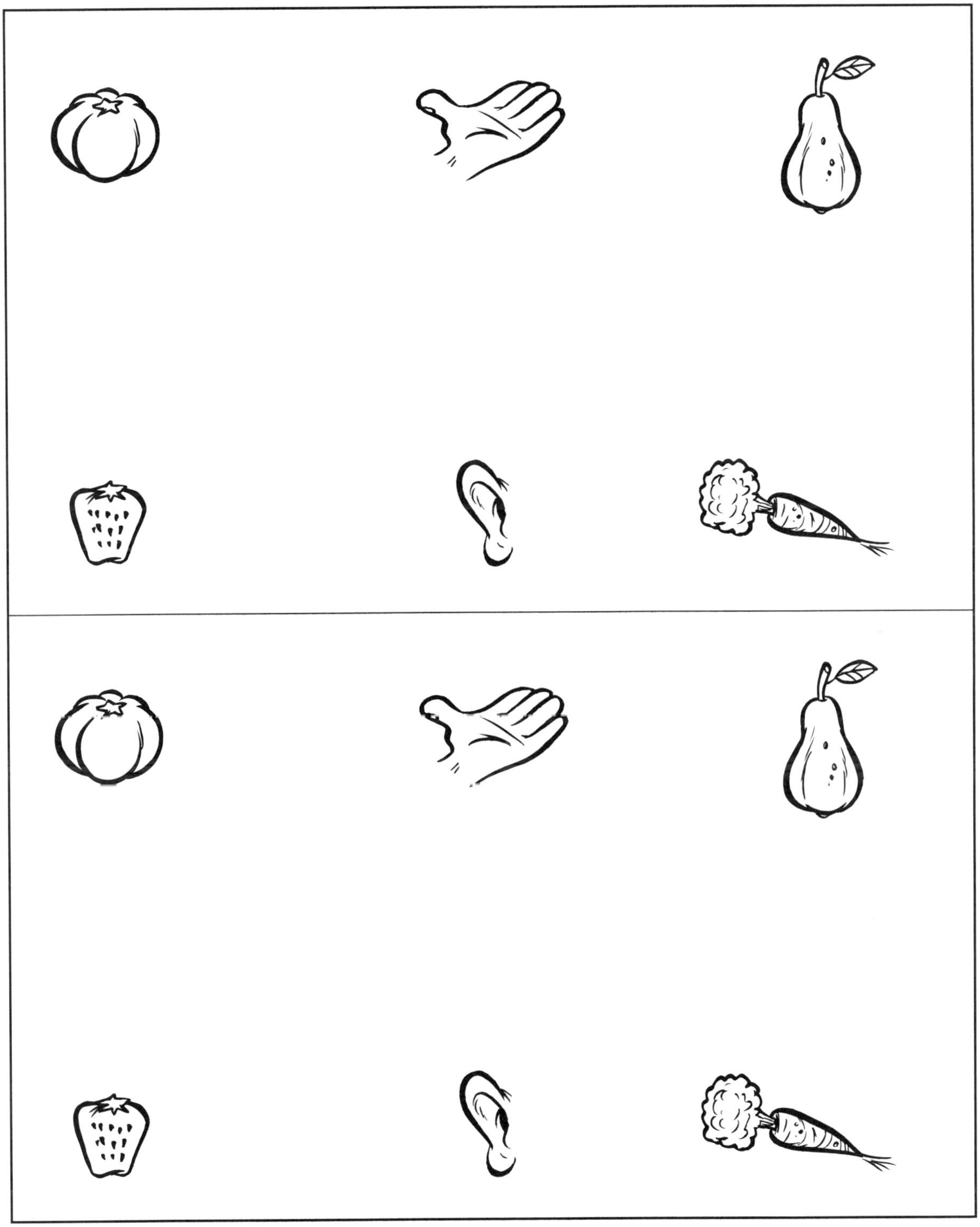

Note à l'enseignant: Tracez le modèle du haut avant de photocopier cette page.

Nom ______________________

Date ______________________

Relie les images du bas en respectant ce modèle.

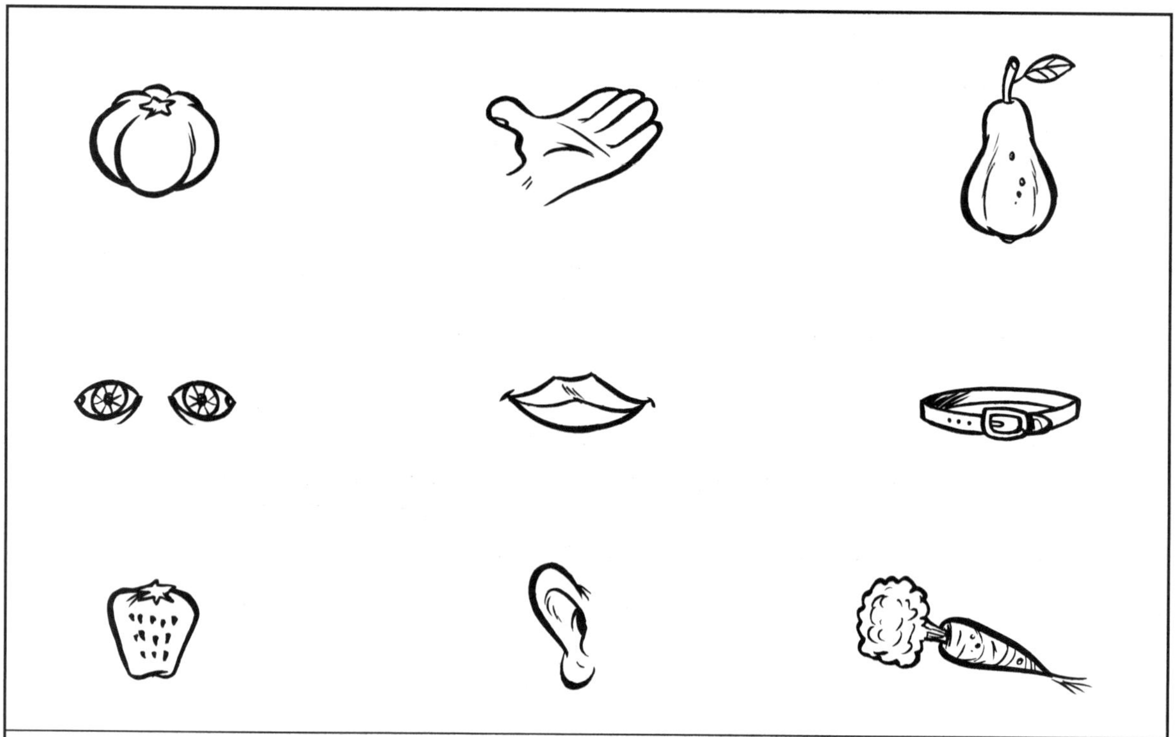

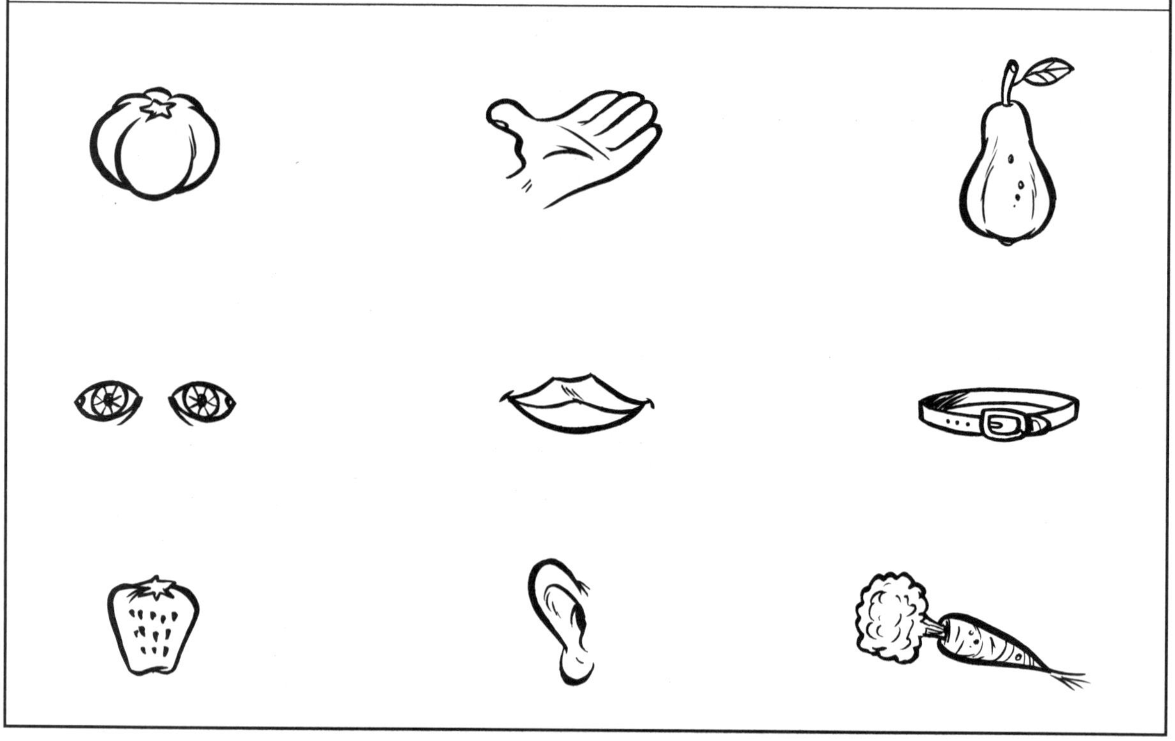

Note à l'enseignant: Tracez le modèle du haut avant de photocopier cette page.

Les trajets

4

Nom ______________________

Date ______________________

Relie les points du bas en respectant ce modèle.

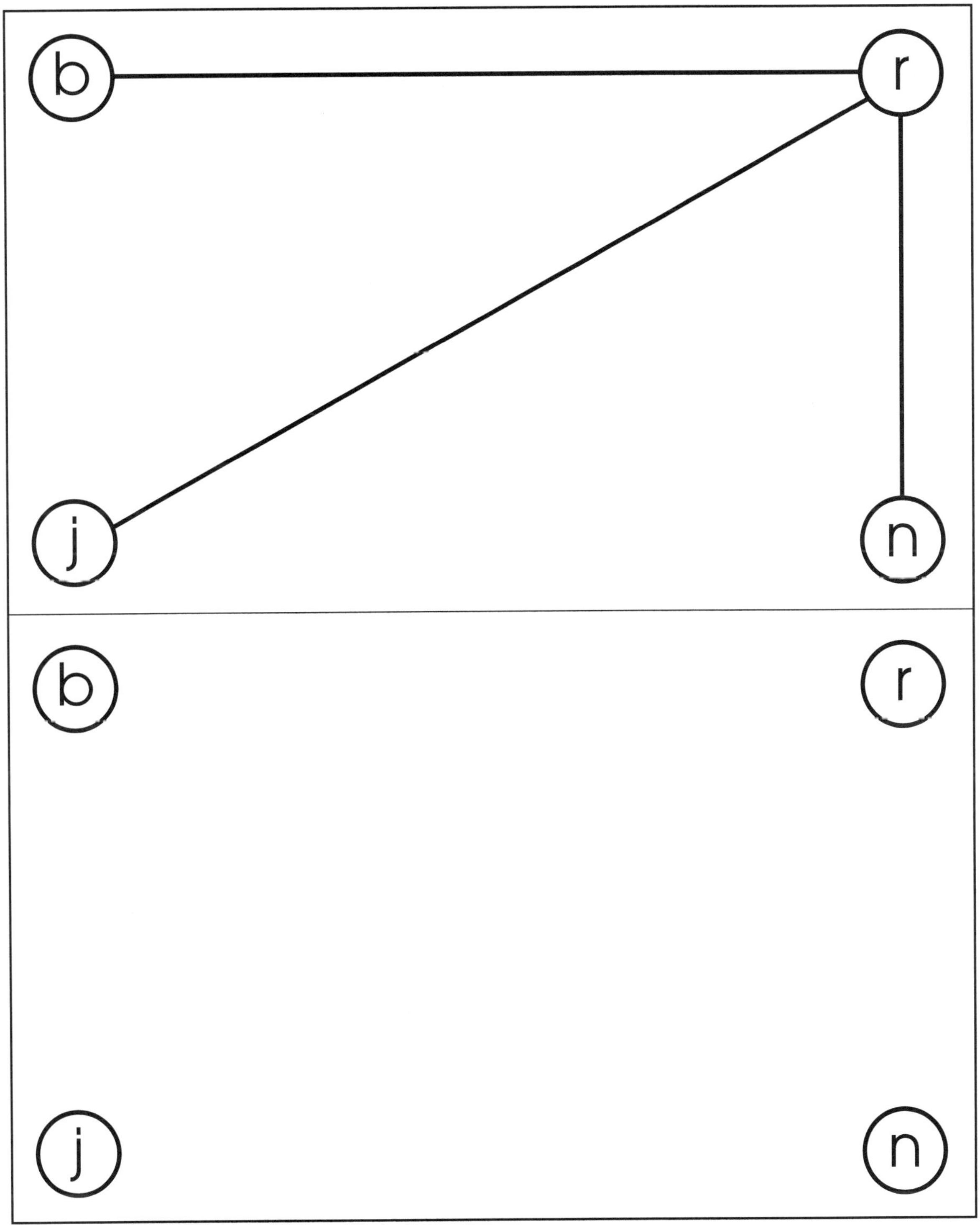

Note à l'enseignant: Coloriez les cercles de la couleur indiquée (bleu, rouge, jaune ou noir) avant de photocopier cette page en couleurs.

5

Nom

Date

Relie les points du bas en respectant ce modèle.

b	r	j
n	b	r

b	r	j
n	b	r

Note à l'enseignant: Coloriez les cercles de la couleur indiquée (bleu, rouge, jaune ou noir) et tracez le modèle du haut avant de photocopier cette page en couleurs.

6

Nom ____________________

Date ____________________

Relie les points du bas en respectant ce modèle.

b	r	j
n	b	r
j	n	b

b	r	j
n	b	r
j	n	b

Note à l'enseignant: Coloriez les cercles de la couleur indiquée (bleu, rouge, jaune ou noir) et tracez le modèle du haut avant de photocopier cette page en couleurs.

Les trajets 7

Nom ______________________

Date ______________________

Relie les points du bas en respectant ce modèle.

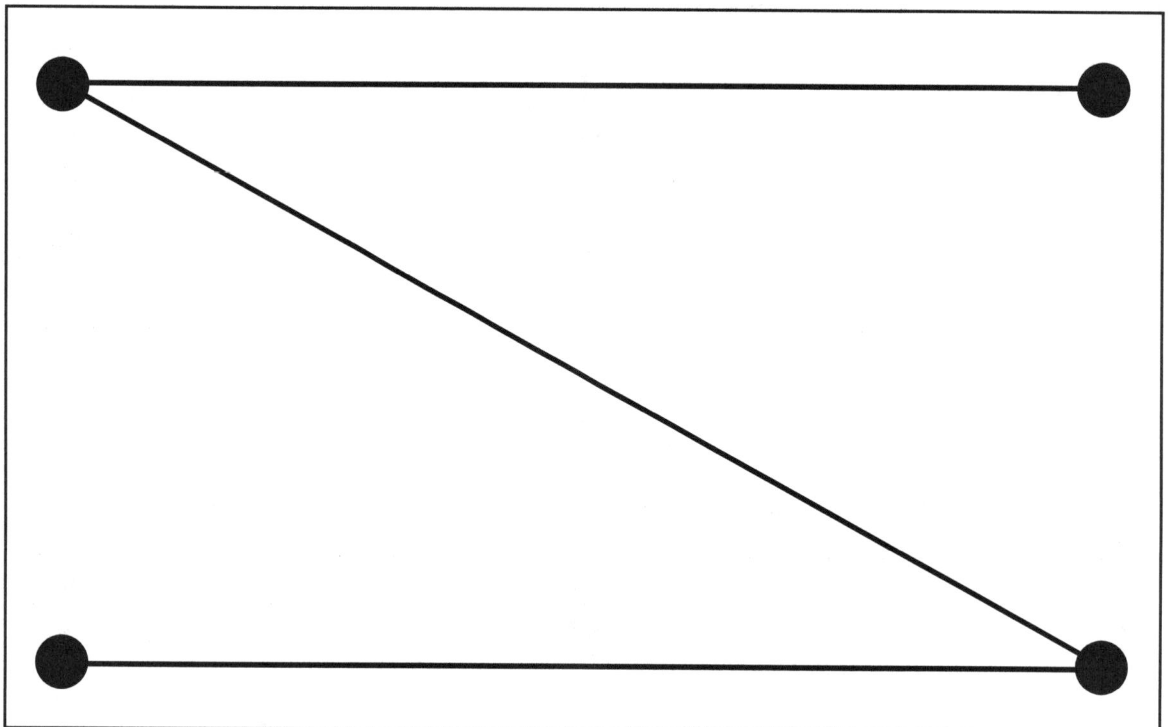

8

Nom

Date

Relie les points du bas en respectant ce modèle.

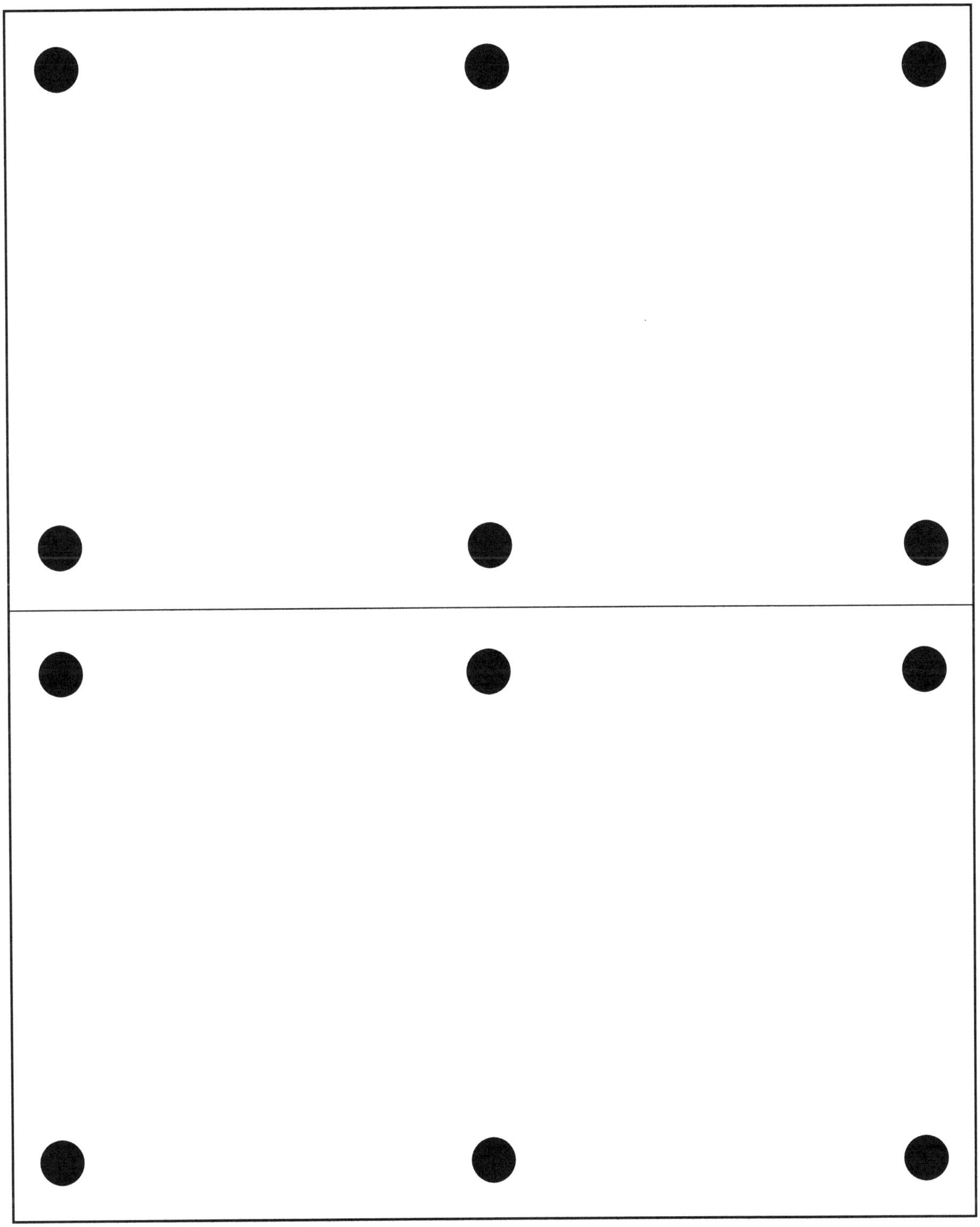

Note à l'enseignant: Tracez le modèle du haut avant de photocopier cette page.

9

Nom ____________________

Date ____________________

Relie les points du bas en respectant ce modèle.

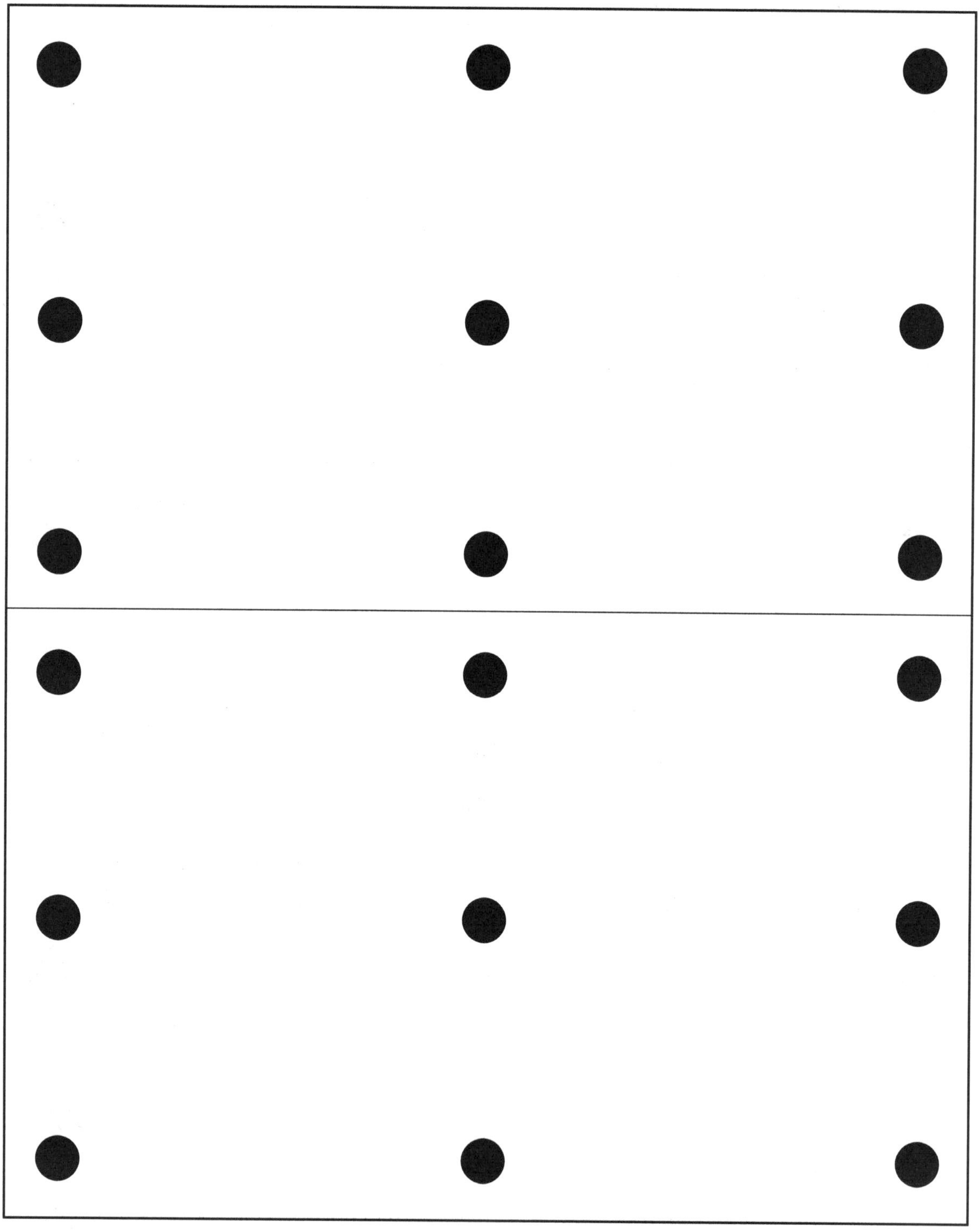

Note à l'enseignant: Tracez le modèle du haut avant de photocopier cette page.

La construction de bâtons

Nom ______________________

Date ______________________

À l'aide de bâtons de sucettes glacées, reproduis ces modèles.

Modèle avec trois bâtons

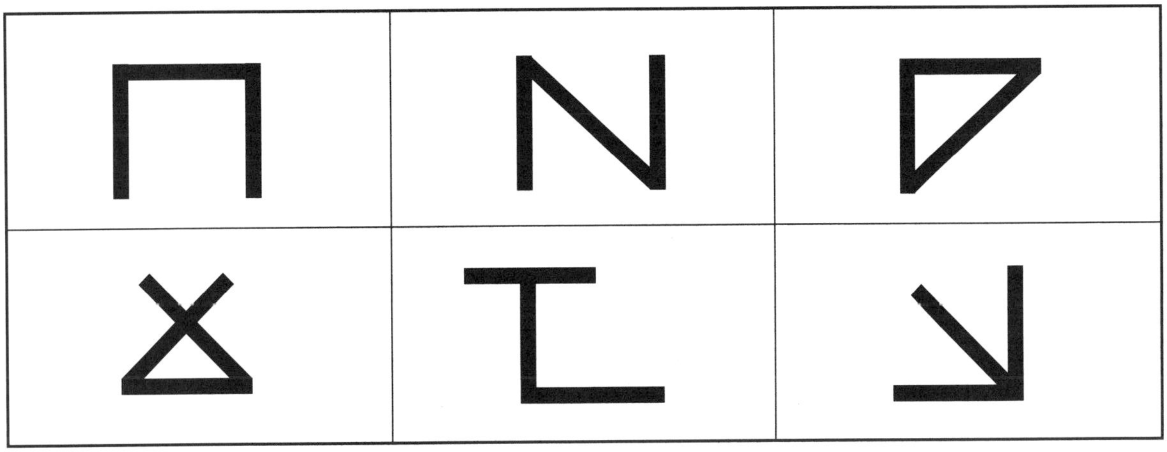

Modèle avec quatre bâtons

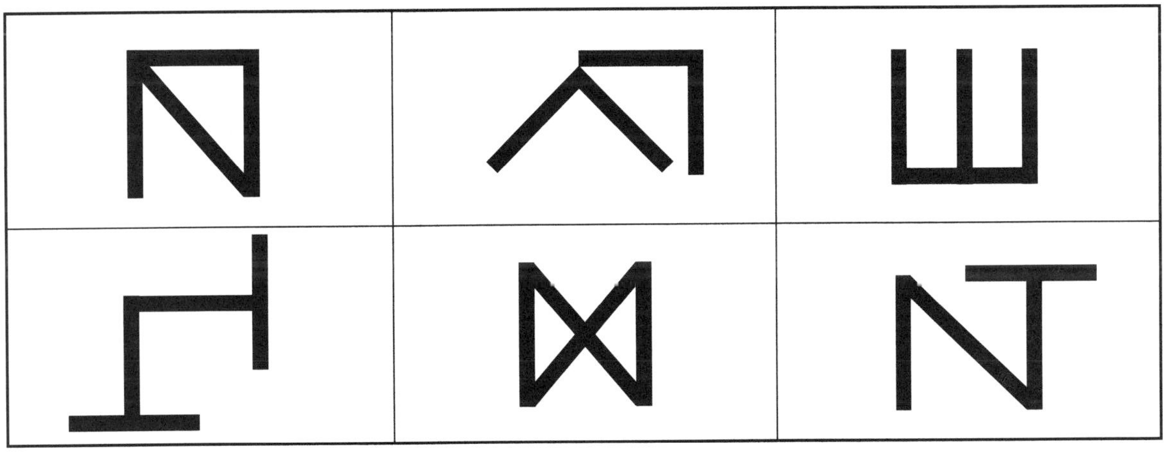

Modèle avec cinq bâtons

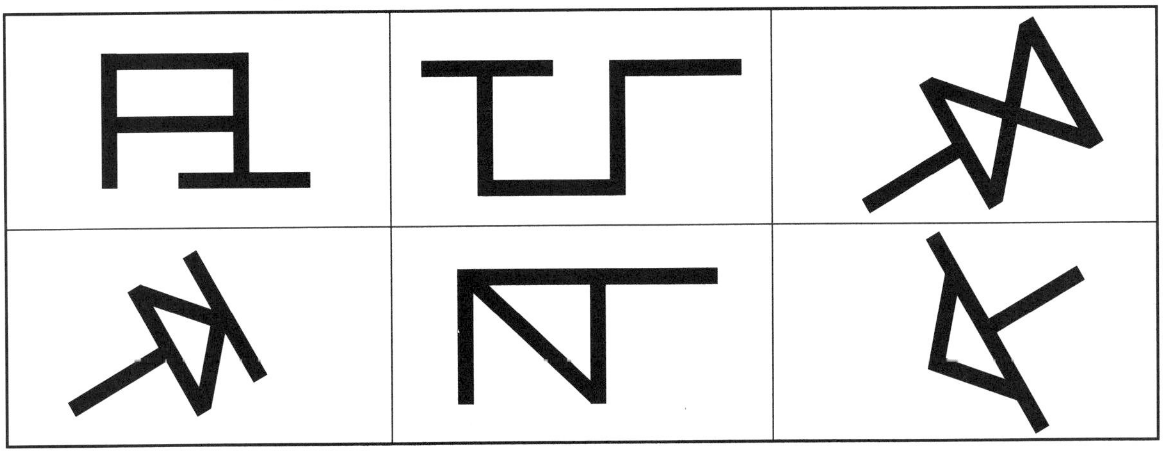

Dessin par étapes

1

Nom

Date

Pour reproduire ce dessin, suis les quatre étapes.

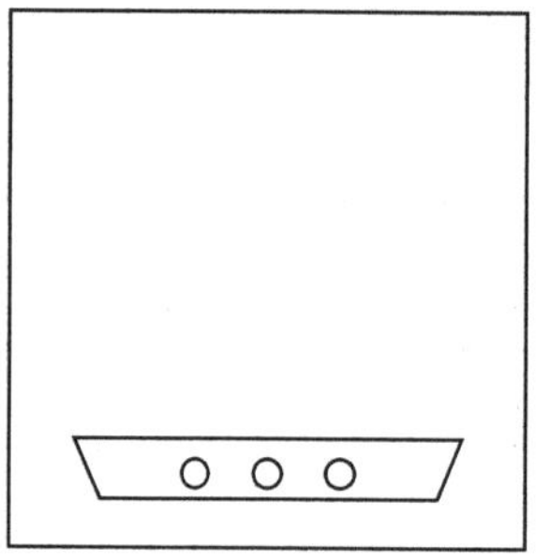

Dessin par étapes

2

Nom ____________________

Date ____________________

Pour reproduire ce dessin, suis les six étapes.

Dessin par étapes

3

Nom

Date

Pour reproduire ce dessin, suis les quatre étapes.

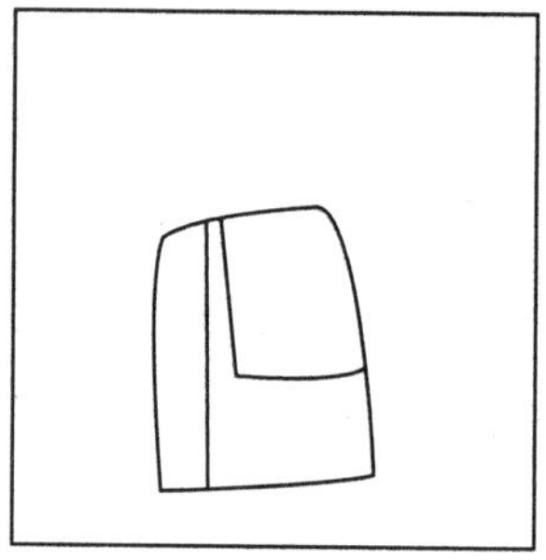

Nom

Date

Pour reproduire ce dessin, suis les cinq étapes.

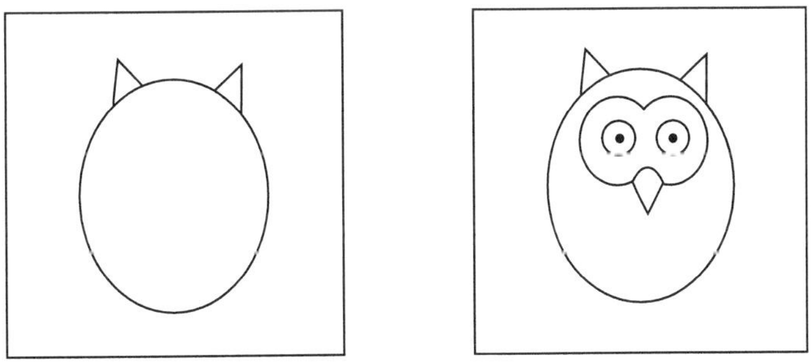

Dessin par étapes

5

Nom

Date

Pour reproduire ce dessin, suis les six étapes.

La symétrie (le poisson)

1

Nom ______________________

Date ______________________

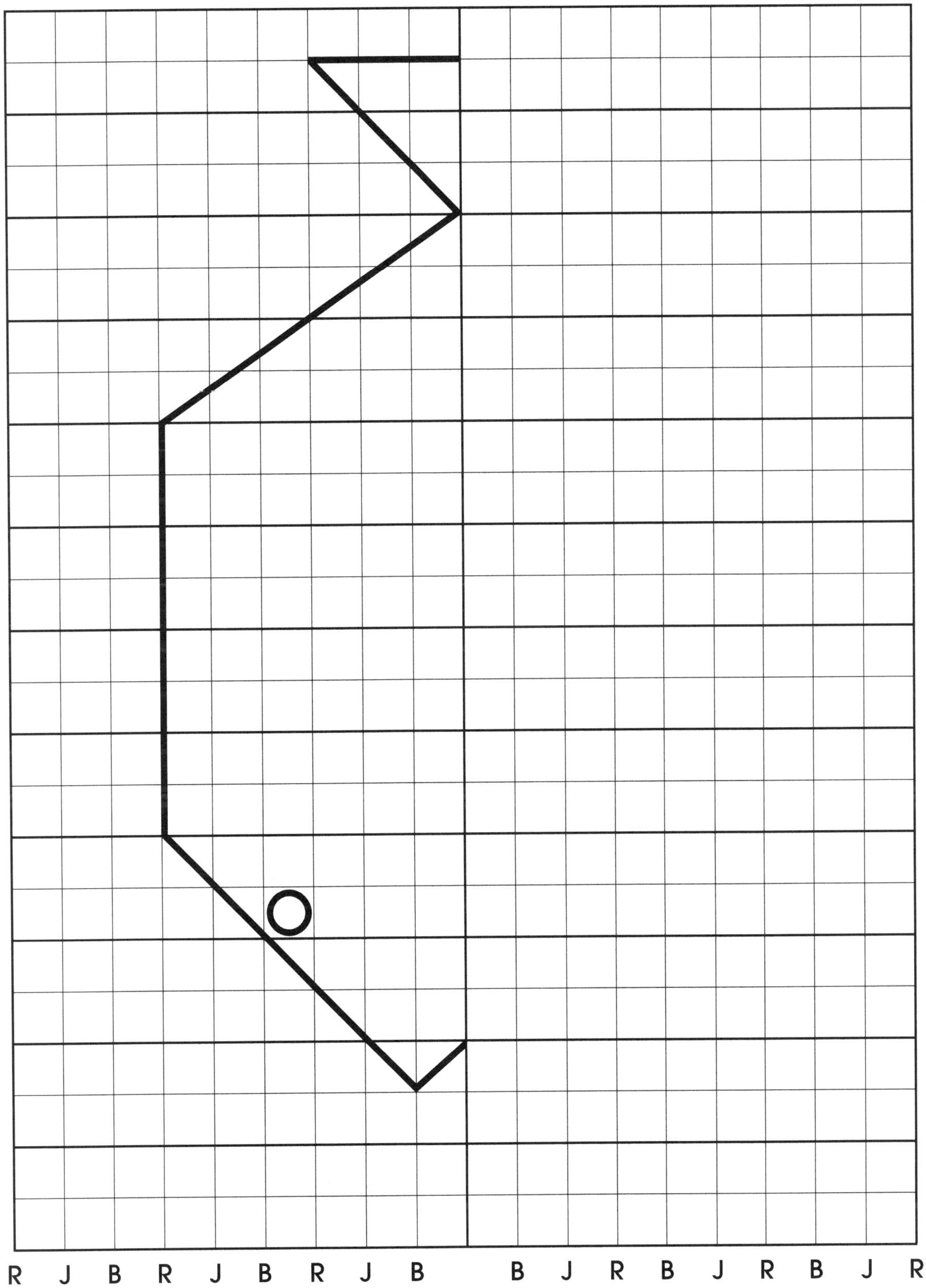

Note à l'enseignant: Tracez chaque filet vertical de la couleur indiquée (rouge, jaune ou bleu) avant de photocopier cette page en couleurs.

La symétrie (Gabarit) 2

Nom

Date

R J B R J B R J B B J R B J R B J R

Note à l'enseignant: Tracez chaque filet vertical de la couleur indiquée (rouge, jaune ou bleu) avant de photocopier cette page en couleurs.

Les angles variés

Découpez les cartes suivantes. Elles vous permettront de travailler le discernement avec les élèves.

Direction spatiale 1

Nom

Date

Suis bien les indications afin de trouver
ce que Lancelot doit mettre dans son sac.

Haut

Départ
3 Droite →

	1 Droite	4 Bas	6 Bas	2 Bas	1 Droite	6 Bas	2 Gauche	3 Bas	4 Gauche	
	3 Bas	1 Gauche	7 Droite	4 Droite	9 Bas	1 Haut	2 Haut	8 Bas	8 Gauche	
	7 Bas	4 Droite	8 Bas	3 Gauche	5 Droite	2 Gauche	4 Haut	6 Bas	1 Droite	
	1 Gauche	9 Droite	1 Haut	1 Bas	2 Bas	2 Gauche	3 Gauche	4 Droite	5 Haut	
	10 Droite	7 Droite	3 Droite	1 Gauche	6 Haut	4 Haut	7 Droite	4 Gauche	3 Bas	
Gauche	4 Gauche	1 Droite	3 Haut	4 Bas	1 Gauche	4 Droite	2 Droite	5 Haut	2 Bas	Droite
	4 Droite	2 Droite	1 Gauche	5 Haut	2 Droite	3 Droite	1 Haut	1 Bas	1 Droite	
	3 Droite	6 Haut	6 Bas	3 Gauche	3 Droite	2 Bas	7 Gauche	8 Haut	1 Droite	
	2 Haut	2 Bas	5 Droite	3 Droite	4 Gauche	7 Haut	1 Bas	1 Bas	1 Droite	
	3 Droite	7 Droite	1 Gauche	1 Haut	1 Bas	4 Haut	2 Droite	3 Gauche	1 Haut	
						Bas		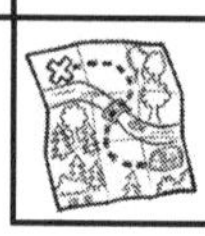		

Direction spatiale

2

Nom

Date

Suis bien les indications afin de trouver ce que Lancelot doit mettre dans son sac.

Départ
1 Bas ↓

						Haut				
	1 Droite	4 Bas	6 Bas	2 Bas	1 Droite	6 Bas	2 Gauche	2 Bas	4 Gauche	
	3 Bas	1 Gauche	7 Droite	4 Droite	9 Bas	1 Haut	2 Haut	8 Bas	8 Gauche	
	7 Bas	4 Droite	8 Bas	3 Gauche	5 Droite	2 Gauche	4 Haut	2 Droite	1 Droite	
	1 Gauche	9 Droite	1 Haut	1 Bas	2 Bas	2 Gauche	3 Gauche	4 Droite	5 Haut	
	10 Droite	7 Droite	3 Droite	1 Gauche	6 Haut	4 Haut	7 Droite	4 Gauche	3 Bas	
Gauche	4 Gauche	1 Droite	3 Haut	4 Bas	1 Gauche	4 Droite	2 Droite	5 Haut	6 Bas	Droite
	4 Droite	2 Droite	1 Gauche	5 Haut	2 Droite	3 Droite	1 Haut	1 Bas	1 Droite	
	3 Droite	6 Haut	6 Bas	3 Gauche	3 Droite	2 Bas	7 Gauche	7 Haut	1 Gauche	
	2 Haut	2 Bas	5 Droite	3 Droite	4 Gauche	7 Haut	1 Bas	1 Bas	1 Droite	
	3 Droite	7 Droite	1 Gauche	1 Haut	1 Bas	4 Haut	2 Droite	3 Gauche	1 Haut	
		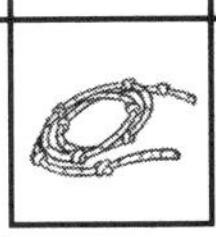				Bas		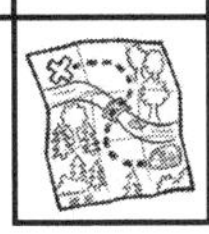		

Direction spatiale

3

Nom ______________________

Date ______________________

Suis bien les indications afin de trouver
ce que Lancelot doit mettre dans son sac.

Haut

Départ
4 Bas ↓

	4 Bas	6 Bas	2 Bas	1 Droite	6 Bas	2 Gauche	3 Bas	4 Gauche	6 Gauche	
	1 Gauche	7 Droite	4 Droite	9 Bas	1 Haut	2 Haut	8 Bas	8 Gauche	1 Droite	
	4 Droite	8 Bas	3 Gauche	5 Droite	2 Gauche	4 Haut	6 Bas	1 Droite	2 Gauche	
	9 Droite	1 Haut	1 Bas	2 Bas	2 Gauche	3 Gauche	4 Droite	5 Haut	2 Bas	
	7 Droite	3 Droite	1 Gauche	6 Haut	4 Haut	7 Droite	4 Gauche	3 Bas	3 Haut	
Gauche	1 Droite	3 Haut	4 Bas	1 Gauche	4 Droite	2 Droite	5 Haut	6 Bas	5 Haut	Droite
	2 Droite	1 Gauche	5 Haut	2 Droite	3 Droite	1 Haut	1 Bas	1 Droite	3 Bas	
	6 Haut	6 Bas	3 Gauche	3 Droite	2 Bas	7 Gauche	8 Haut	1 Droite	1 Haut	
	2 Bas	5 Droite	3 Droite	4 Gauche	7 Haut	1 Bas	1 Bas	1 Droite	1 Bas	
	7 Droite	1 Gauche	1 Haut	1 Bas	4 Haut	2 Droite	3 Gauche	1 Haut	1 Droite	
					Bas		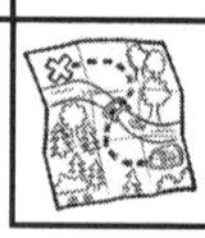			

Direction spatiale

4

Nom ____________________

Date ____________________

Suis bien les indications afin de trouver
ce que Lancelot doit mettre dans son sac.

Haut

	4 Bas	6 Bas	2 Bas	1 Droite	6 Bas	2 Gauche	3 Bas	4 Gauche	6 Gauche	
	1 Gauche	7 Droite	4 Droite	9 Bas	1 Haut	2 Haut	8 Bas	8 Gauche	1 Droite	
	7 Bas	8 Bas	2 Gauche	5 Droite	2 Gauche	4 Haut	6 Bas	1 Droite	2 Gauche	
	9 Droite	1 Haut	1 Bas	2 Bas	2 Gauche	3 Gauche	4 Droite	5 Haut	2 Bas	
	7 Droite	3 Droite	1 Gauche	6 Haut	4 Haut	7 Droite	4 Gauche	3 Bas	3 Haut	
Gauche	1 Droite	3 Haut	4 Bas	1 Gauche	4 Droite	2 Droite	5 Haut	6 Bas	5 Haut	Droite
	2 Droite	1 Gauche	5 Haut	2 Droite	3 Droite	1 Haut	1 Bas	1 Droite	3 Bas	
	6 Haut	6 Bas	3 Gauche	3 Droite	2 Bas	7 Gauche	8 Haut	1 Droite	1 Haut	
	2 Bas	5 Droite	3 Droite	4 Gauche	7 Haut	1 Bas	1 Bas	1 Droite	1 Bas	
Départ 5 Droite →	2 Droite	2 Gauche	1 Haut	1 Bas	4 Haut	2 Droite	3 Gauche	1 Haut	1 Droite	
	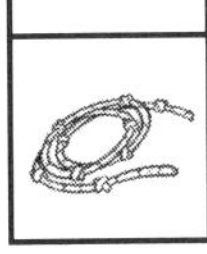				Bas					

Images aide-mémoire

1

Identifier le problème

2

Donner des solutions

3

Essayer la meilleure solution

4

Evaluer le résultat

Les jeux de rôles (Résolution de problème)

Note à l'enseignant: Si vous préférez que les thèmes n'apparaissent pas, cachez-les avant de photocopier la page.

Difficulté

Violence

Retard

Imprudence

Oubli

Danger

Isolement

Chagrin

Méchanceté

Incompréhension

Nom

Date

Trouve les bons parcours pour arriver à sortir de chaque poisson.
Attention ! Ne va pas trop rapidement et ne lève pas ton crayon.

Nom

Date

Trouve le bon parcours pour arriver à la sortie.
Attention ! Ne va pas trop rapidement et ne lève pas ton crayon.

Labyrinthe 3

Nom ______________________

Date ______________________

Trouve le bon parcours pour arriver à la sortie.
Attention ! Ne va pas trop rapidement et ne lève pas ton crayon.

4

Nom

Date

Trouve le bon parcours pour arriver à la sortie.
Attention ! Ne va pas trop rapidement et ne lève pas ton crayon.

Nom

Date

Trouve le bon parcours pour arriver à la sortie.
Attention ! Ne va pas trop rapidement et ne lève pas ton crayon.

6

Nom

Date

Trouve le bon parcours pour arriver à la sortie.
Attention ! Ne va pas trop rapidement et ne lève pas ton crayon.

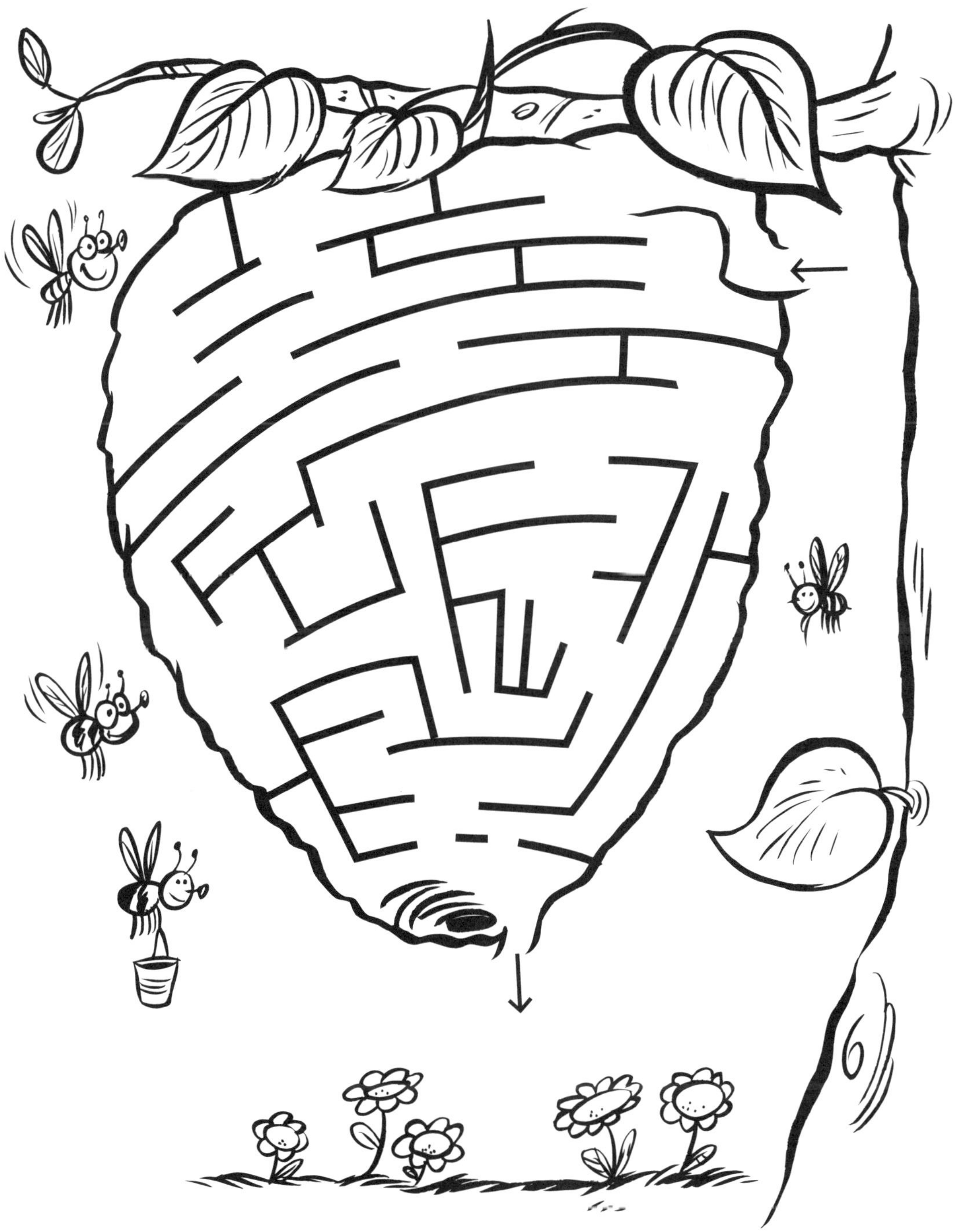

Nom

Date

Trouve le bon parcours pour arriver à la sortie.
Attention ! Ne va pas trop rapidement et ne lève pas ton crayon.

Nom

Date

Trouve les bons parcours pour arriver à sortir des ailes du papillon.
Attention ! Ne va pas trop rapidement et ne lève pas ton crayon.

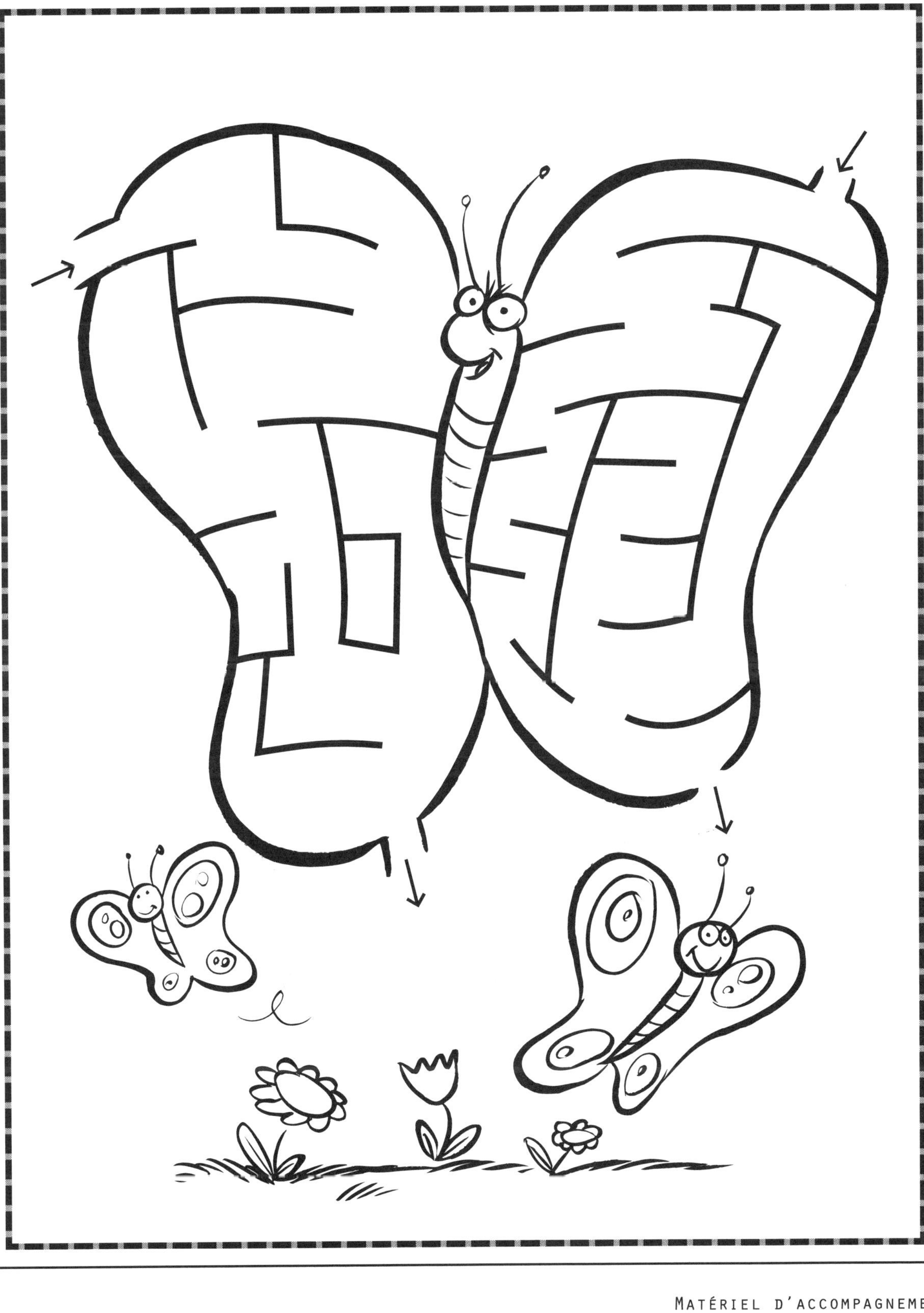

Nom

Date

Trouve le bon parcours pour arriver à la sortie.
Attention ! Ne va pas trop rapidement et ne lève pas ton crayon.

Nom

Date

Trouve le bon parcours pour arriver à la sortie.
Attention ! Ne va pas trop rapidement et ne lève pas ton crayon.

La planification visuo-spatiale

Note à l'enseignant: pour que les images des pages 226 et 227 aient une largeur approximative de 4 ou 5 pouces, utilisez un photocopieur pour les agrandir. Découpez ensuite les formes centrales. Vous disposerez ainsi de patrons pour reproduire l'ensemble de ces éléments sur des cartons de couleur rouge, jaune, vert et bleu.
Les élèves utiliseront les 20 cartons obtenus pour recréer les modèles proposés (voir les intérieurs de couverture pour des suggestions).

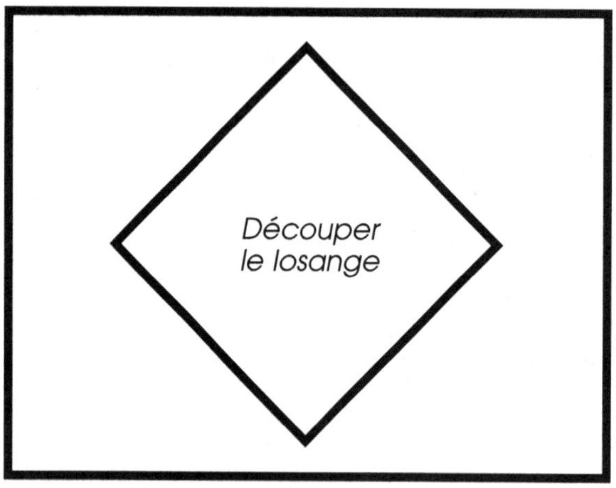

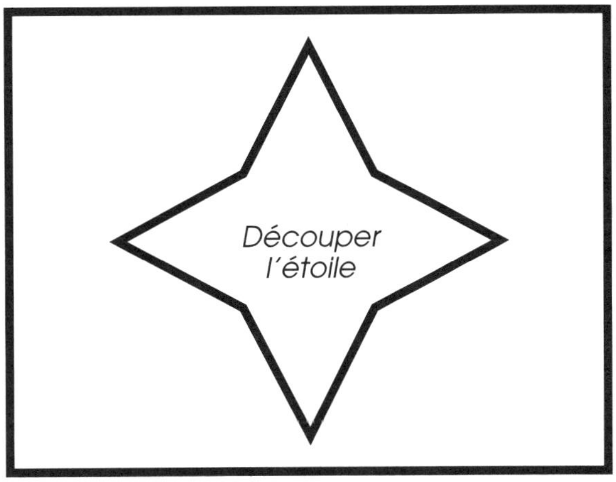
*Découper
l'étoile*

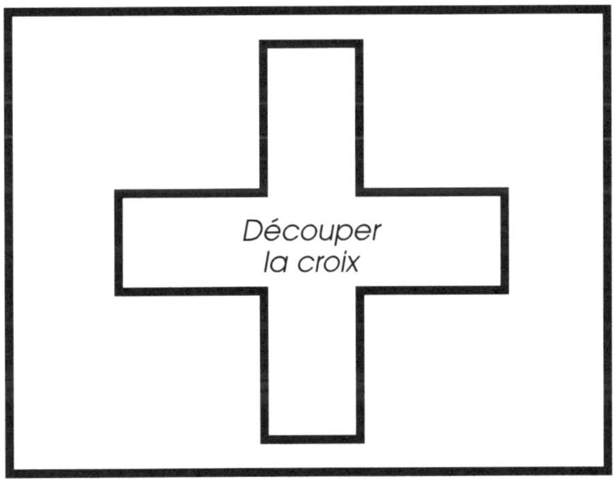
*Découper
la croix*

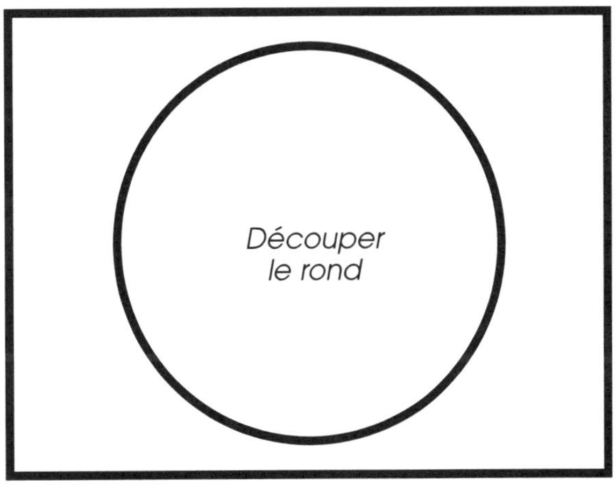
*Découper
le rond*

La déduction 1

Nom ____________________

Date ____________________

1. Colorie les cases selon ton hypothèse.

○ ○ ○ Nombre de bonnes réponses □

Réfléchis bien : Es-tu sûr de la position de certaines couleurs ?

2. Corrige ton hypothèse en tenant compte de l'information fournie par le meneur du jeu après chaque essai. Tu as encore neuf occasions de réussir à reproduire la bonne séquence !

ⓐ ○ ○ ○ Nombre de bonnes réponses □

ⓑ ○ ○ ○ Nombre de bonnes réponses □

ⓒ ○ ○ ○ Nombre de bonnes réponses □

ⓓ ○ ○ ○ Nombre de bonnes réponses □

ⓔ ○ ○ ○ Nombre de bonnes réponses □

ⓕ ○ ○ ○ Nombre de bonnes réponses □

ⓖ ○ ○ ○ Nombre de bonnes réponses □

ⓗ ○ ○ ○ Nombre de bonnes réponses □

ⓘ ○ ○ ○ Nombre de bonnes réponses □

La déduction 2

Nom

Date

1. Colorie les cases selon ton hypothèse.

○ ○ ○ ○ Nombre de bonnes réponses ☐

2. Corrige ton hypothèse en tenant compte de l'information fournie par le meneur du jeu après chaque essai. Tu as encore neuf occasions de réussir à reproduire la bonne séquence !

ⓐ ○ ○ ○ ○ Nombre de bonnes réponses ☐

ⓑ ○ ○ ○ ○ Nombre de bonnes réponses ☐

ⓒ ○ ○ ○ ○ Nombre de bonnes réponses ☐

ⓓ ○ ○ ○ ○ Nombre de bonnes réponses ☐

ⓔ ○ ○ ○ ○ Nombre de bonnes réponses ☐

ⓕ ○ ○ ○ ○ Nombre de bonnes réponses ☐

ⓖ ○ ○ ○ ○ Nombre de bonnes réponses ☐

ⓗ ○ ○ ○ ○ Nombre de bonnes réponses ☐

ⓘ ○ ○ ○ ○ Nombre de bonnes réponses ☐

Les séquences avec choix de réponses

Nom

Date

Pour chaque série, encercle la réponse qui complète le mieux la séquence.

1.

2.

3.

4.

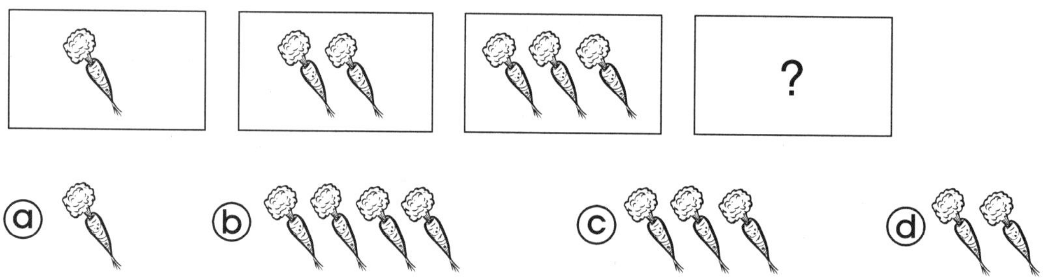

5.

Nom ____________________

Date ____________________

Encercle l'image qui complète le mieux chaque matrice.

1.

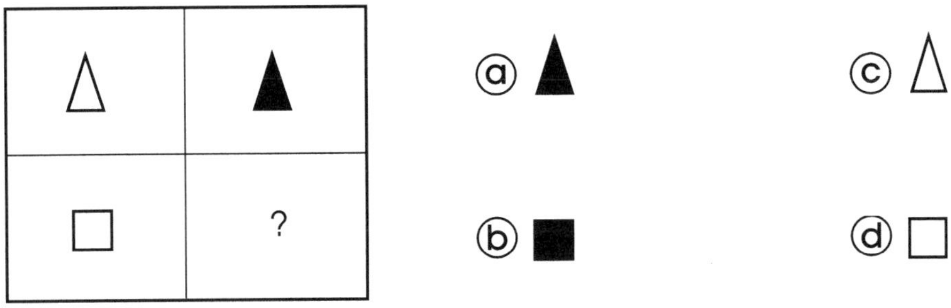

2.

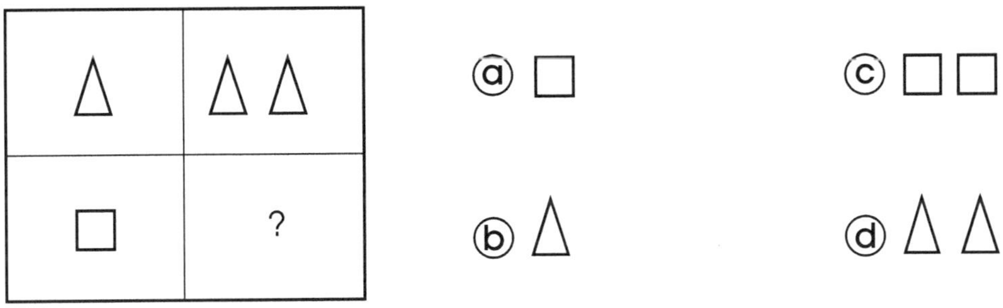

3.

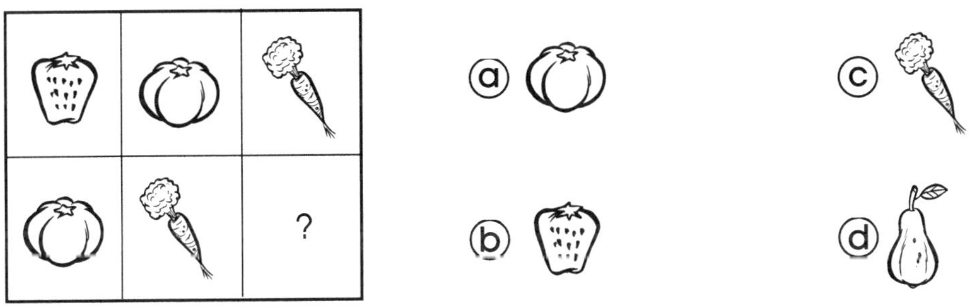

4.

5.

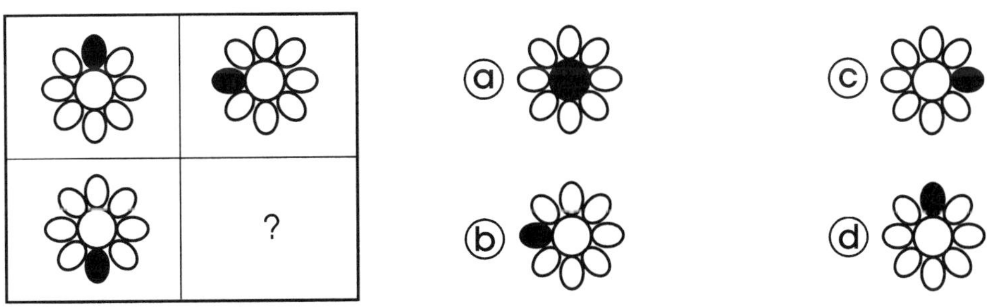

Nom

Date

Encercle l'image qui complète le mieux chaque matrice.

1. 

ⓐ 

ⓑ 

ⓒ 

ⓓ 

2. 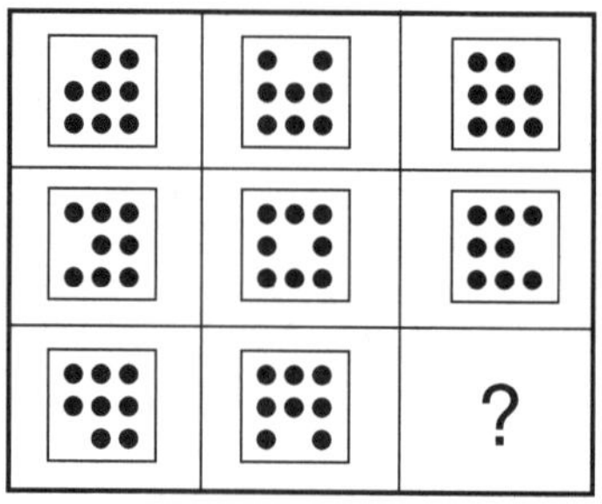

ⓐ 

ⓑ 

ⓒ 

ⓓ 

3. 

ⓐ 

ⓑ 

ⓒ 

ⓓ 

4. 

ⓐ 

ⓑ 

ⓒ 

ⓓ 

5. 

ⓐ 

ⓑ 

ⓒ 

L'autoquestionnement : Une image pour chaque tâche

Soutenir le questionnement

Vérification

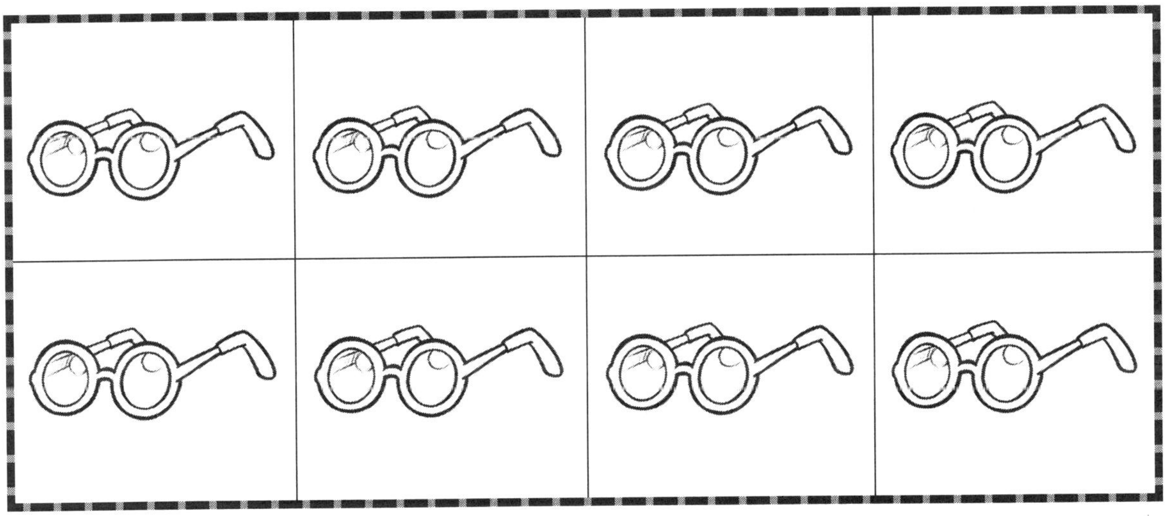

Rappel

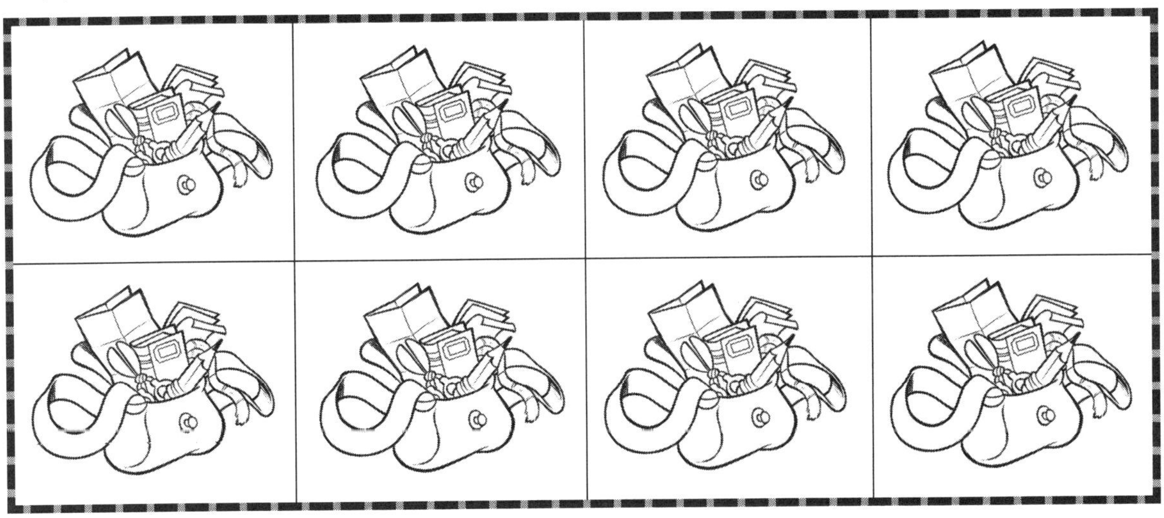

Note à l'enseignant: Utilisez ce gabarit pour construire votre grille.
Nous vous recommandons de l'agrandir et de le plastifier.

La routine du matin

À l'aide de gommettes, collez les cartes-activités de votre choix (voir pages 235 et 236) dans ces trois cases.

Note à l'enseignant: Utilisez ce gabarit pour construire votre grille. Nous vous recommandons de l'agrandir et de le plastifier, puis de l'assembler en fixant la flèche à l'aide d'une attache parisienne.

J'apprends en bougeant

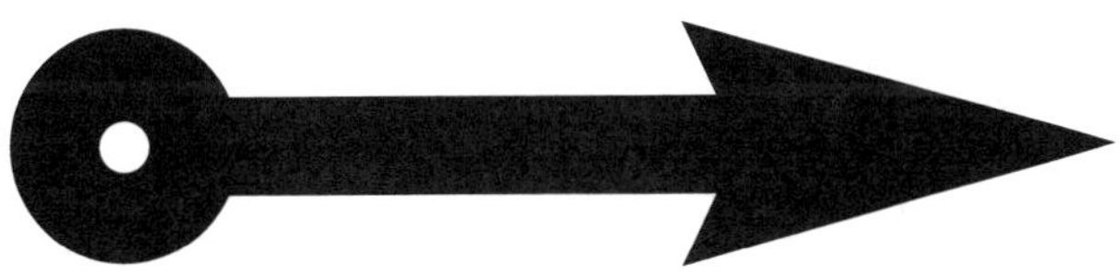

La routine du matin (Cartes-activités) 1

ⓐ L'œuf fragile	ⓐ Le berceau
ⓐ Ramasser des objets en croisé	ⓐ Ramasser des objets avec les pieds
ⓐ La statue sur la chaise	ⓑ L'avion
ⓑ La planche à roulettes	ⓑ Les redressements du tronc
ⓑ Les redressements du tronc couché sur une chaise	ⓑ La paille-aspirateur

La routine du matin (Cartes-activités)

2

©

Le
ballon lourd

©

Les pompes
au mur

©

Les pompes
sur la chaise

©

Le jeu
du miroir

©

Le
ruban rythmique

©

Les croisements
coudes - genoux

©

La piste
de course

J'apprends en bougeant (Cartes-activités)

La marche des animaux	Le transporteur
Le matériel résistif	La pêche
La mouche	Le jeu de cache-cache
Des yeux dans les mains	La loto des textures
Les devinettes	

Bibliographie

BADDELEY, A. (1993). « Working Memory or Attention ? », dans BADDELEY, A., et WEISKRANTS, L. (éd.), *Attention : Selection, Awareness and Control. A Tribute to Donald Broadbent*, Oxford, Oxford Science Publication, Clarendon Press.

BADDELEY, A. (1986). *Working Memory*, Oxford, Oxford University Press.

BOTEZ, M.I. (1996). « Le syndrome frontal », dans BOTEZ, M.I. (éd.), *Neuropsychologie clinique et neuropsychologie du comportement*, Montréal, Les Presses de l'Université de Montréal.

BURGESS, P.W., et SHALLICE, T. (1994). « Fractionnement du syndrome frontal », *Revue de neuropsychologie*, vol. 4, n° 3, p. 345-369.

CARÊME, Maurice (1996). « Le chat et le Soleil », *Les plus beaux poèmes de la langue française*, éd. Hachette Jeunesse Espagne, p. 284-285.

CERMAK, S.A. (1992). « Fine Motor Activities in Elementary School : Preleminary Findings and Provisional Implications for Children with Fine Motor Problem », *The American Journal of Occupational Therapy*, vol. 46, p. 898 à 903.

HENRY, D.A. (1999). *Coffre à outils : Pour enseignants, parents et élèves*, Youngtown, Arizona.

KERNS, K.A., et THOMSON, J. (1998). « Implementation of a Compensatory Memory System in School Age Child with Severe Memory Impairment », *Pediatric Rehabilitation*, vol. 2, n° 2, p. 77-87.

LEGENDRE, P. (1990). *J'apprends à dessiner*, Fleurus idées.

LEZAK, M.D., LEGALL, D., et AUBIN, G. (1994). « Évaluation des fonctions exécutives lors d'atteintes des lobes frontaux », *Revue de neuropsychologie*, vol. 4, n° 3, p. 327-343.

LURIA, A.R. (1966). *Higher Cortical Function in Man*, New York, Basic Books.

LUSSIER, F., et FLESSAS, J. (2001). *Neuropsychologie de l'enfant*, Paris, Dunod, p. 117-118.

MAZEAU, M. (1995). *Déficits visuo-spatiaux et dyspraxies de l'enfant*, Paris, Masson.

NORMAN, D.A., et SHALLICE, T. (1986). « Attention to Action : Willed and Automatic Control of Behavior », dans DAVIDSON, R.J., SCHWARZ, G.E., et SHAPIRO, D. (éd.), *Consciousness and Self-Regulation Advances in Research and Theory*, vol. 4, New York, Plenum Press.

POSNER, M.I., et ROTHBART, M.K. (1992). « Les mécanismes de l'attention et l'expérience consciente », *Revue de Neuropsychologie*, 2, p. 85-115.

POSNER, M.I. *et al.* (1985). « Inhibition of Return : Neural Basis and Function », *Cognitive Neuropsychology*, vol. 2, p. 211-218.

SCHNECK, C. (1996). *Occupational Therapy for Children*, 3e édition, St-Louis, Mosby.

SHALLICE, T. (1988). *From Neuropsychology to Mental Structure*, Cambridge, MA, Cambridge University Press.

SHALLICE, T. (1982). « Specific Impairments of Planning », *Philos. Trans. R. Soc.*, London, 298, p. 199-209.

SHALLICE, T., et BURGESS, P.W. (1991). « Deficit in Strategy Application Following Frontal Lobe Damage in Man », *Brain*, 114, p. 727-741.

SHIFFRIN, R.M., et SCHNEIDER, W. (1977). « Controlled and Automatic Human Information Processing : Detection, Search and Attention », Handbook of Neuropsychology, vol. 1, p. 165-174.

SHIFFRIN, R.M, et SCHNEIDER, W. (1977). « Controlled and Automatic Human Information Processing : Detection, Search and Attention – II, Perceptual Learning, Automatic Attending and a General Theory », Psychological Review, 84, p. 127-190.

SQUIRE, L.R. (1992). « Declarative and Nondeclarative Memory : Multiple Brain Systems Supporting Learning and Memory », *Journal of Cognitive Neuroscience*, 4, p. 232-243.

SQUIRE, L.R. (1987). *Memory and the Brain*, Oxford University Press, New York.

SQUIRE, L.R. (1982). « The Neuropsychology of Human Memory », *Annual Review of Neuroscience*, 5, p. 241-273.

SPREEN, O., et STRAUSS, E. (1998). *A Compendium of Neuropsychology Tests*, New York, Oxford University Press.

STUSS, D.T. (1992). « Biological and Psychology Development of Executive Functions », *Brain and Cognition*, 20, p. 8-23.

STUSS, D.T. *et al.* (1995). « A Multidisciplinary Approach to Anterior Attentional Functions », *Annals of the New York Academy of Sciences*, 769, p. 191-211.

STUSS, D.T. *et al.* (1994). « Organizational Strategies of Patients with Unilateral or Bilateral Frontal Lobe Injury in Word List Learning Tasks », *Neuropsychology*, 8, p. 355-373.

TRANEL, D., ANDERSON, S.W., et BENTON, A. (1994). « Development of the Concept of Executive Function and its Relationship to the Frontal Lobes », dans BOLLER, F., et GRAFMAN, J. (éd.), *Handbook of Neuropsychology*, Amsterdam, Elsevier.

TULVING, E. (1972). « Episodic and Semantic Memory », dans TULVING, E., et DANALDSON, W. (éd.), *Organisation of Memory*, New York, Academic Press.

TULVING, E. *et al.* (1994). « Hemispheric Encoding/Retrieval Asymmetry in Episodic Memory : Positron Emission Tomographic Finding », *Proceeding of the National Academy of Science of the USA*, 91, p. 2016-2020.

Solutionnaire

p. 130

a) avril
b) voir
c) crier
d) vivre

p. 131

a) fruits
b) légumes
c) mammifères
d) insectes
e) véhicules
f) coléoptères
g) outils
h) planètes

p. 134

1. Attention, car je pourrais t'attraper au vol d'un seul coup de langue.
2. Tu ne pourras pas : je vais trop vite.

p. 135-136

1. La tortue est un reptile.
2. L'épinoche est un poisson.
3. Le grillon est un insecte.
4. La souris est un mammifère.
5. La grenouille est un amphibien.
6. Le paon est un oiseau.

p. 137 à 139

1. La Terre est l'une des neuf planètes qui tournent autour du Soleil. Elle fait le tour du Soleil en un an. Le Soleil est 100 fois plus grand que la Terre.
2. Ne regarde jamais directement le Soleil! La lumière de cette boule de feu peut abîmer les yeux. La Lune fait le tour de la Terre en 27 jours. Elle est quatre fois plus petite que la Terre.

p. 147

b)

p. 148

a)

p. 149

b)

p. 150

c)

p. 166

2, 3, 1

p. 167

1, 3, 2

p. 168

1, 4, 3, 2

p. 169

3, 1, 4, 2

p. 170

2, 4, 1, 5, 3

p. 171

4, 3, 5, 2, 1

p 172

3, 1, 4, 5, 2

p. 173

8 parapluies

p. 174

8 hiboux

p. 175

10 clés

p. 176

12 couronnes

p. 230

1. a)
2. b)
3. a)
4. b)
5. b)

p. 231

1. b)
2. c)
3. b)
4. c)
5. c)

p. 232

1. c)
2. a)
3. d)
4. a)
5. b)

Page 109

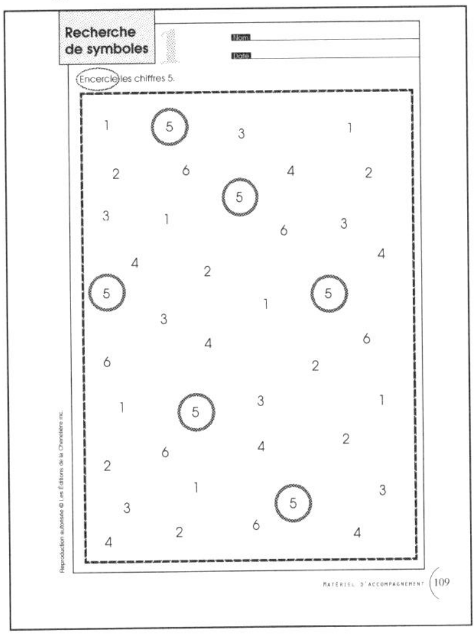

Page 110

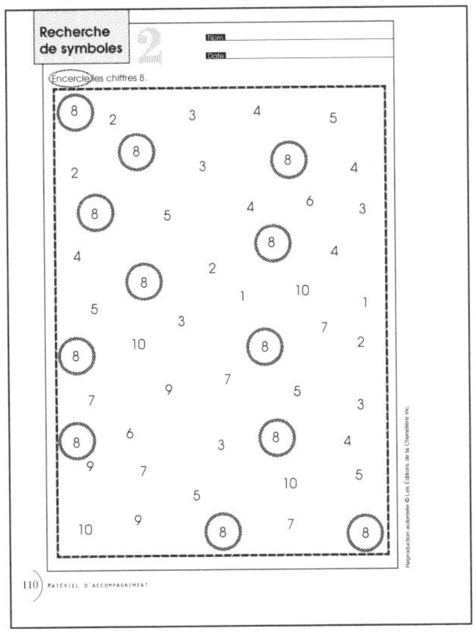

Page 111

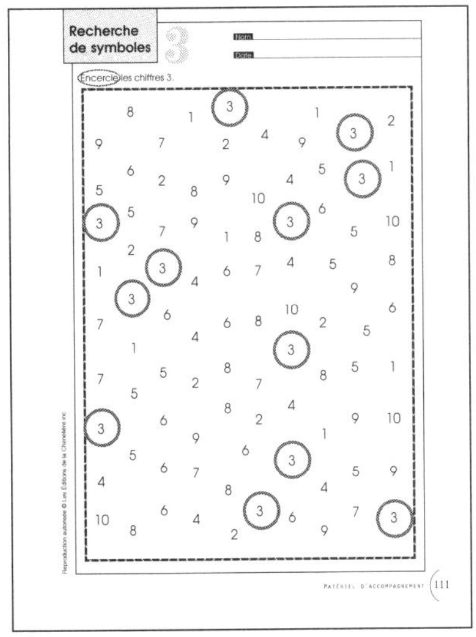

Page 112

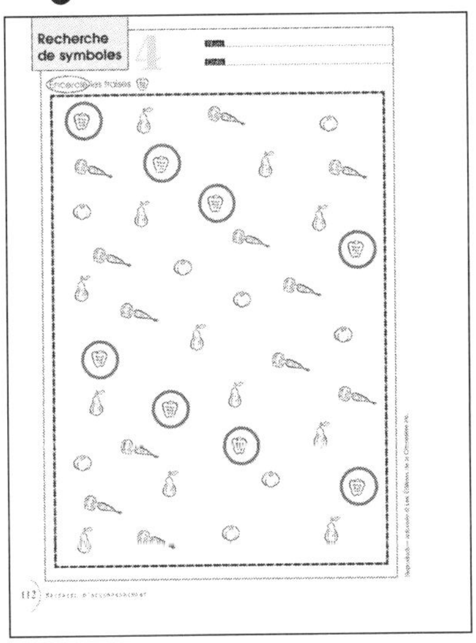

Page 113

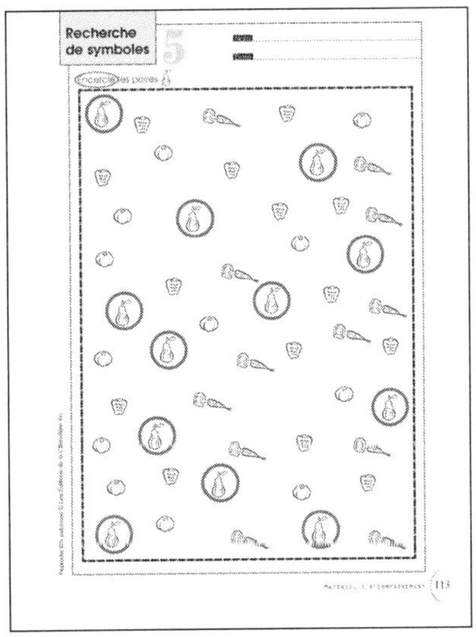

Page 114

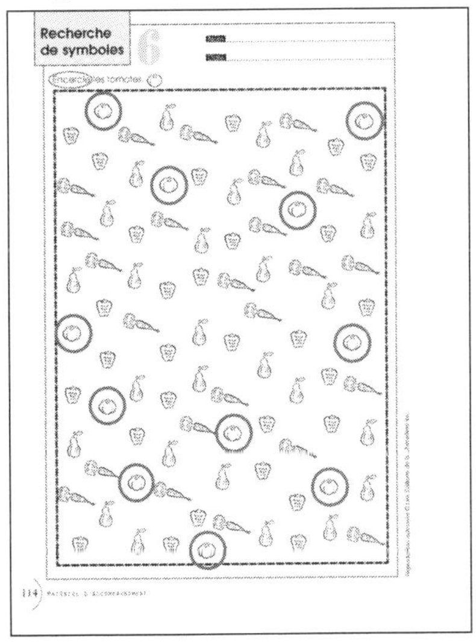

Page 115

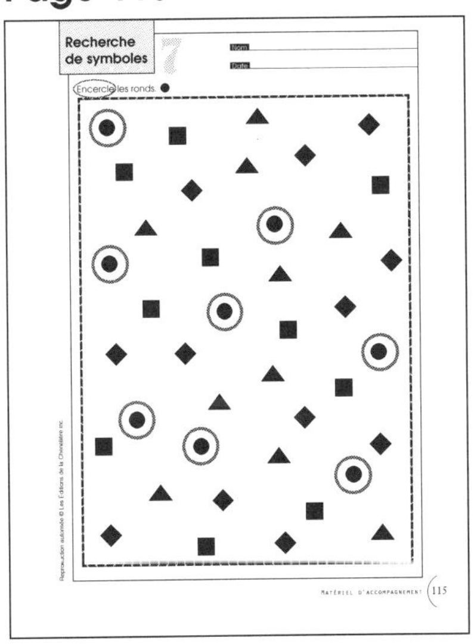

Page 116

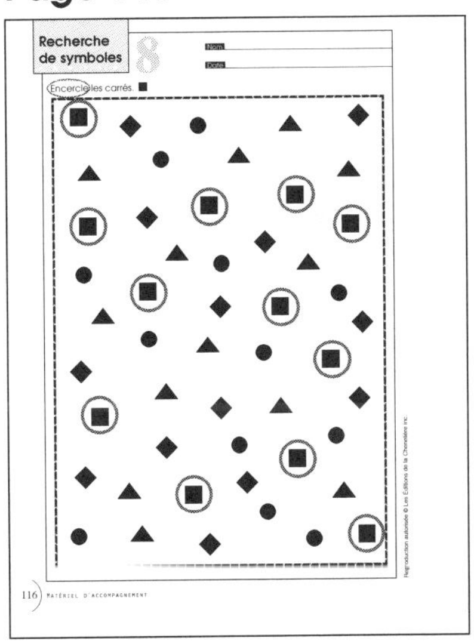

Page 117

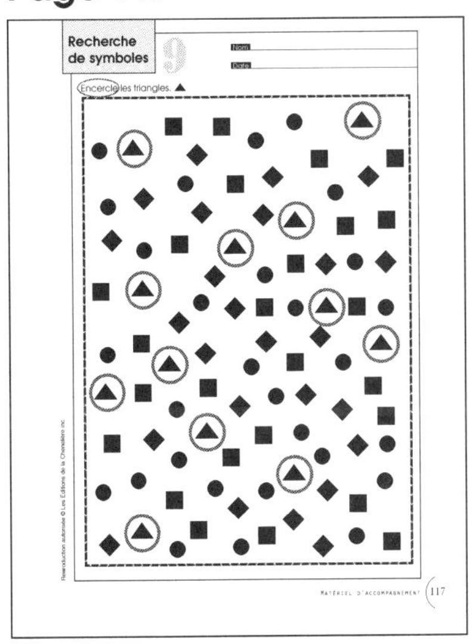

Page 118

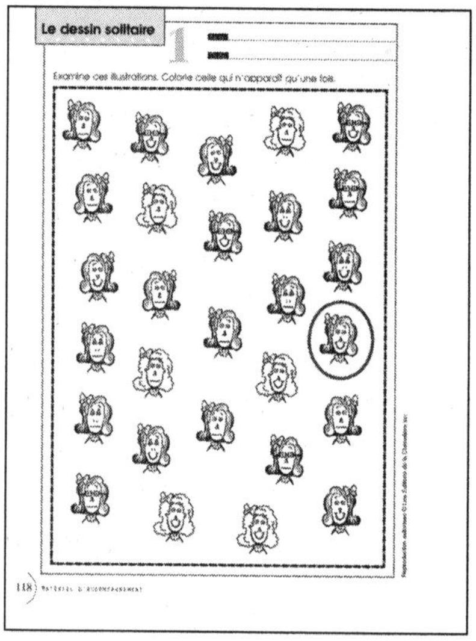

Page 119

Page 120

Page 121

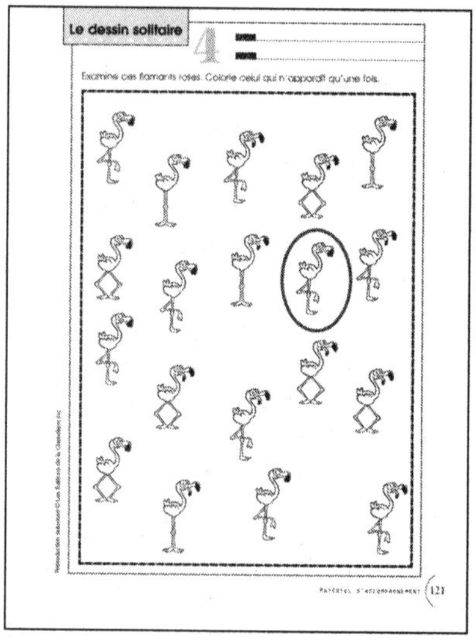

Page 122

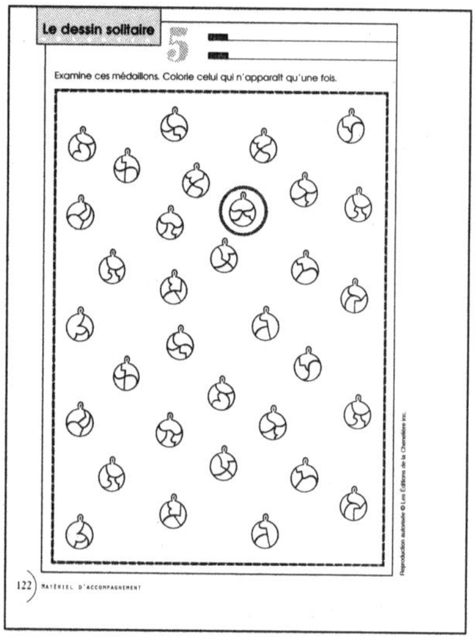

Page 123

Page 124

Page 125

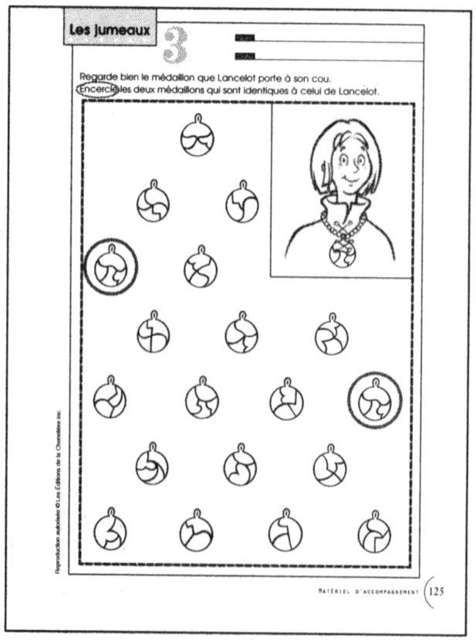

Page 126

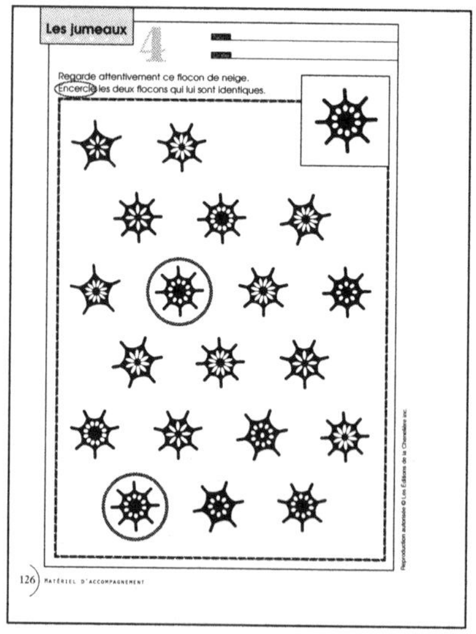

Page 128 voir p. 251
Page 132 voir p. 252
Page 133 voir p. 253

Page 127

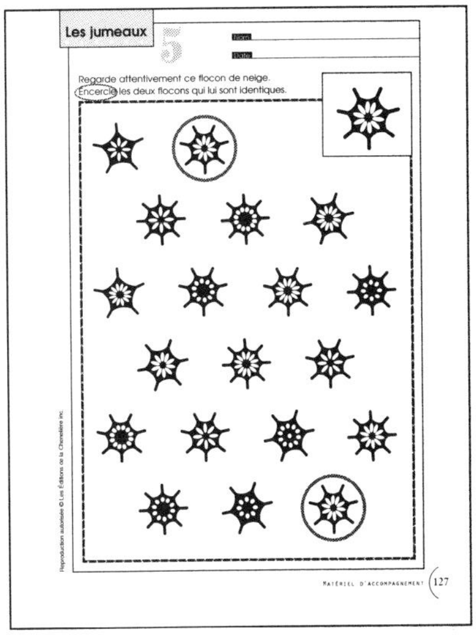

Page 140

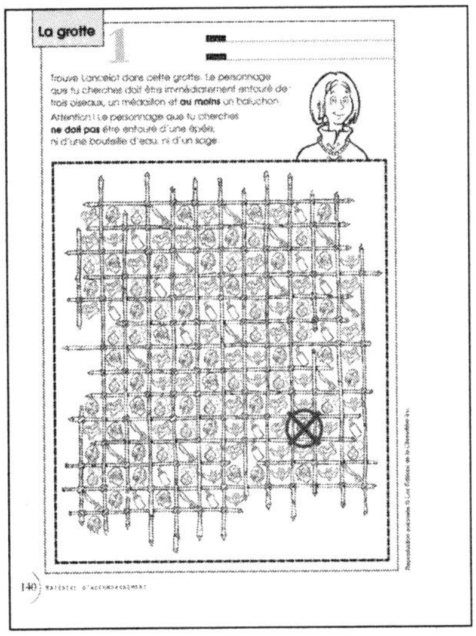

Page 141

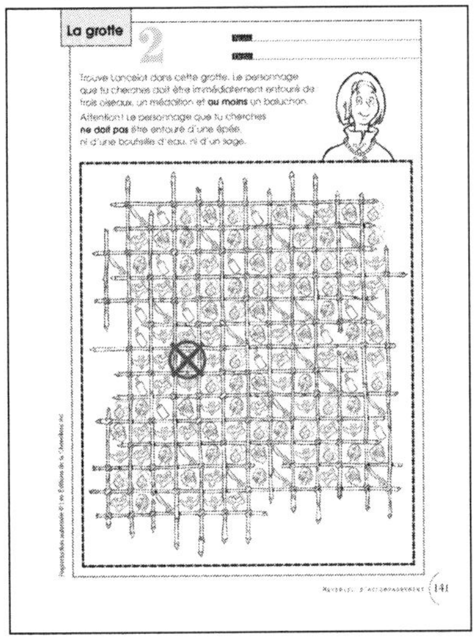

Page 142

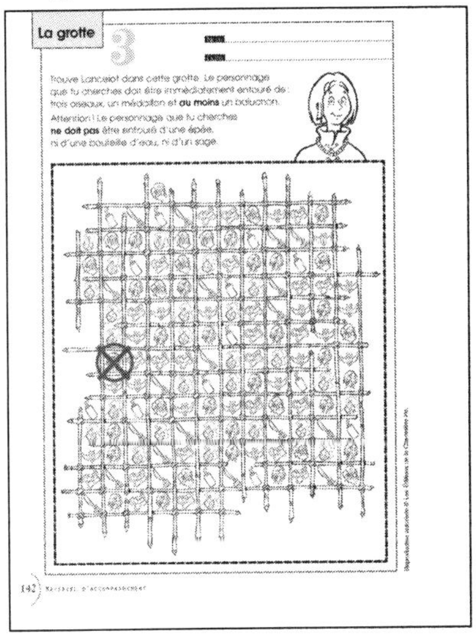

Page 143

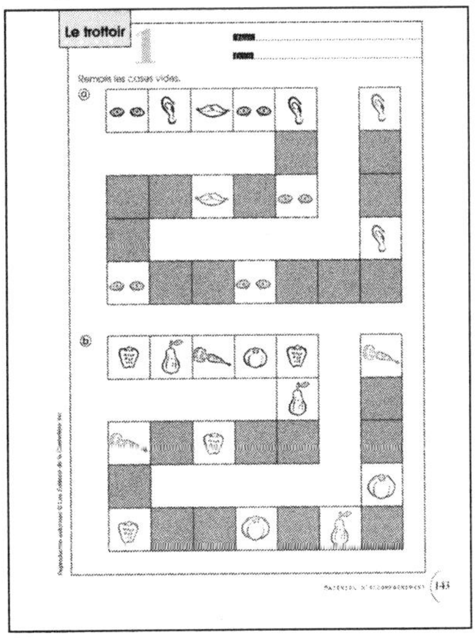

Page 144

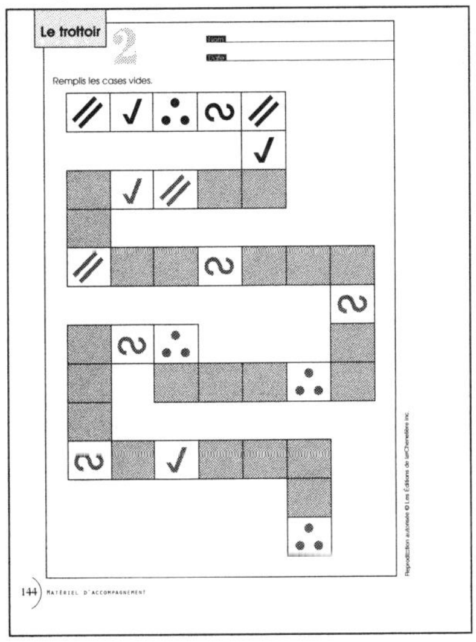

Page 145

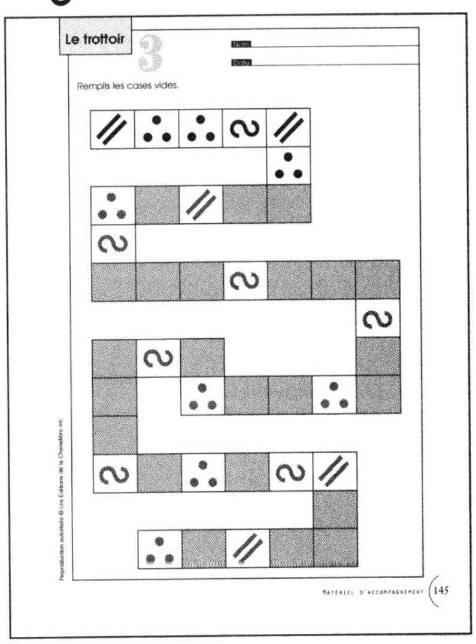

Page 177

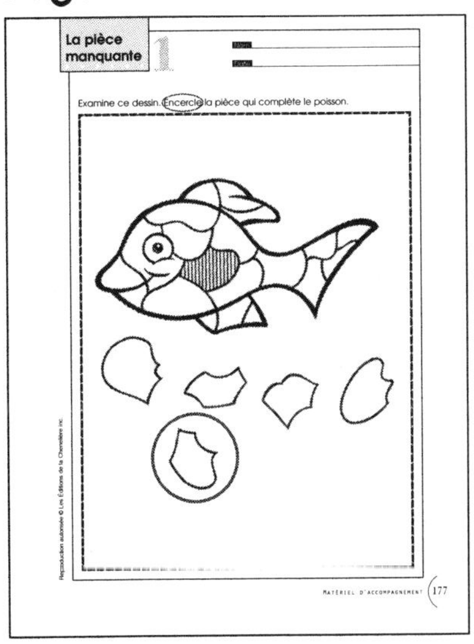

Page 178

Page 179

Page 180

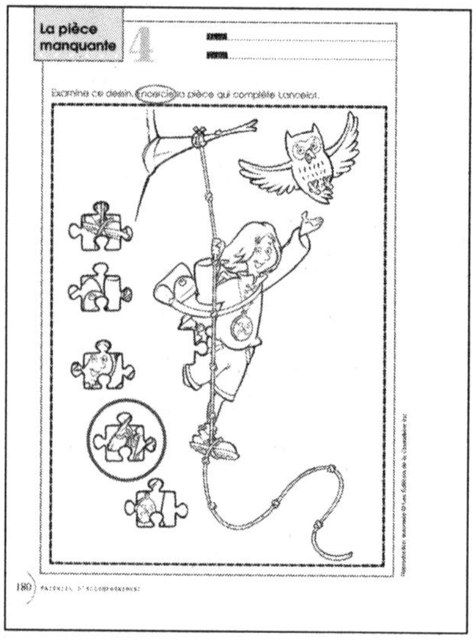

Page 181

Page 182

Page 183

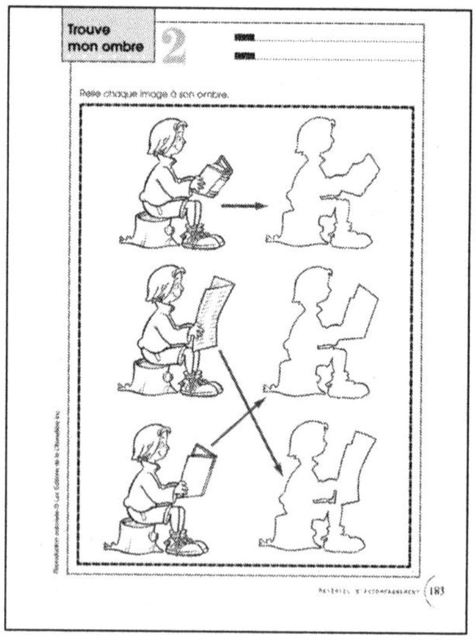

Page 184

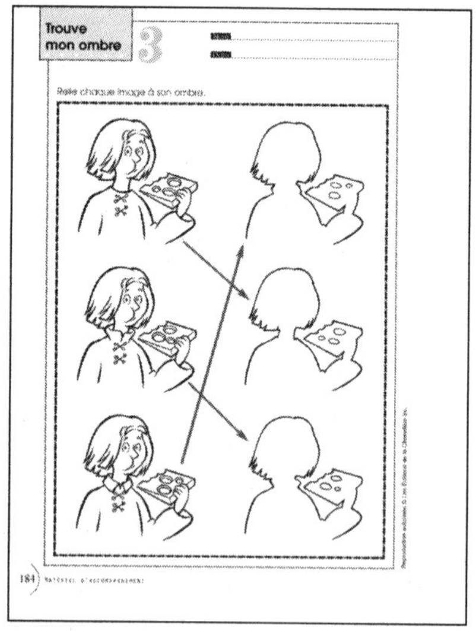

Page 185

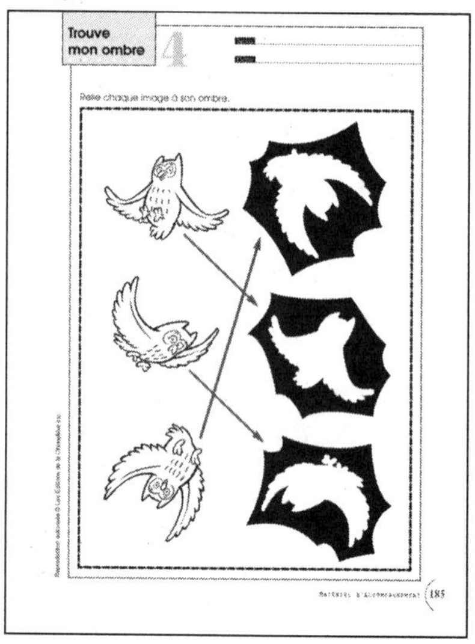

Page 186

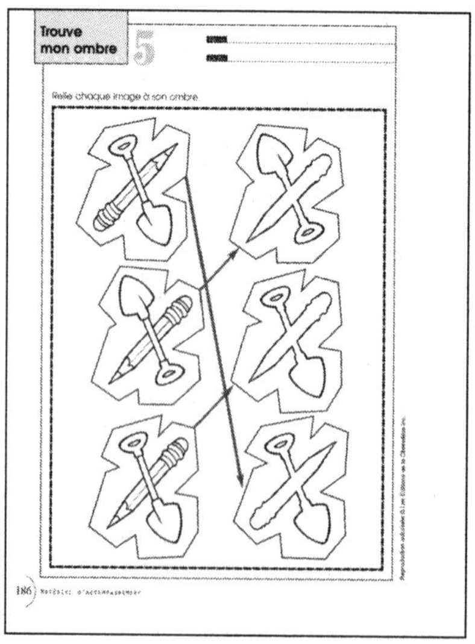

Page 187

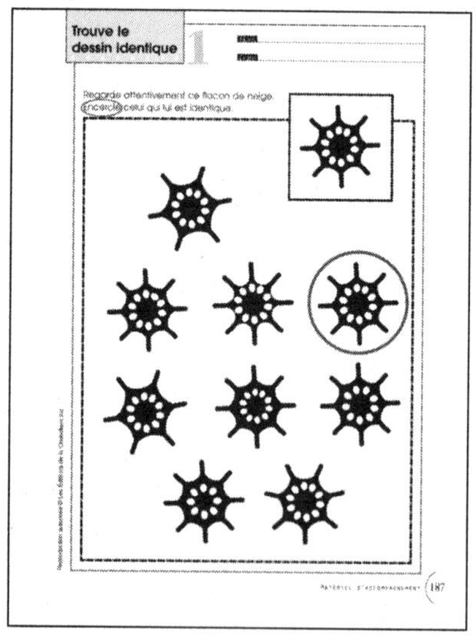

Page 188

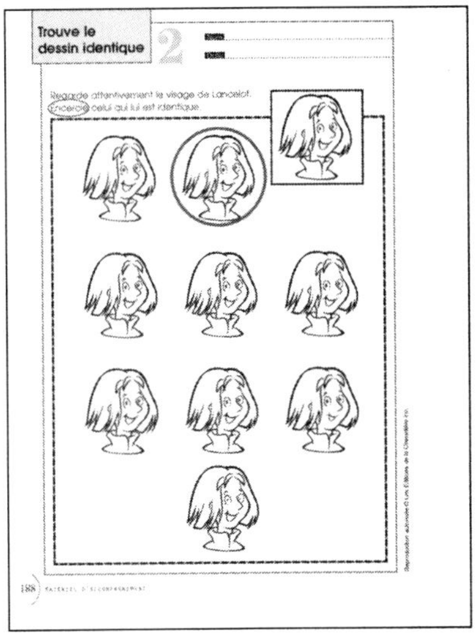

Page 189

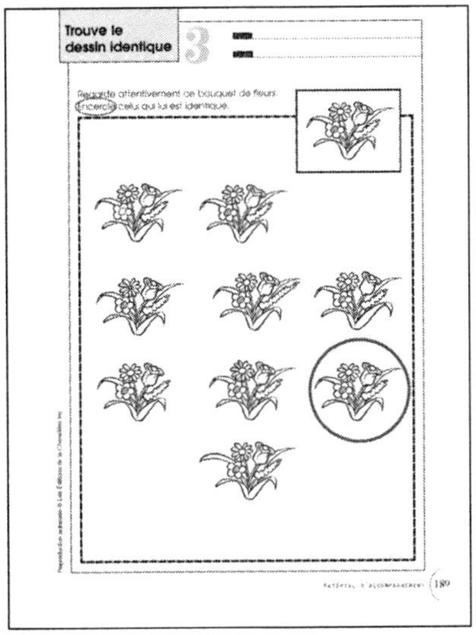

Page 190

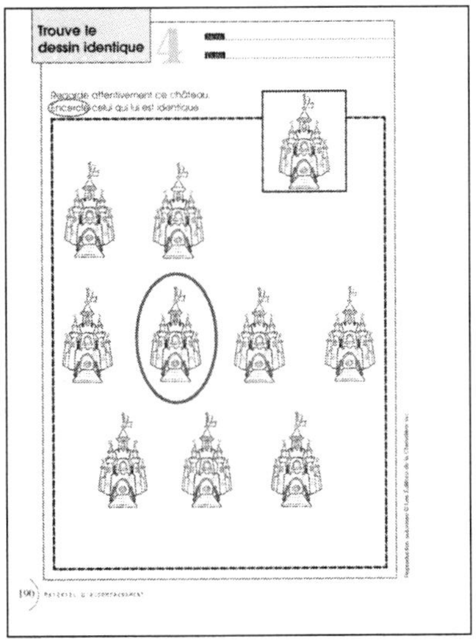

Page 191

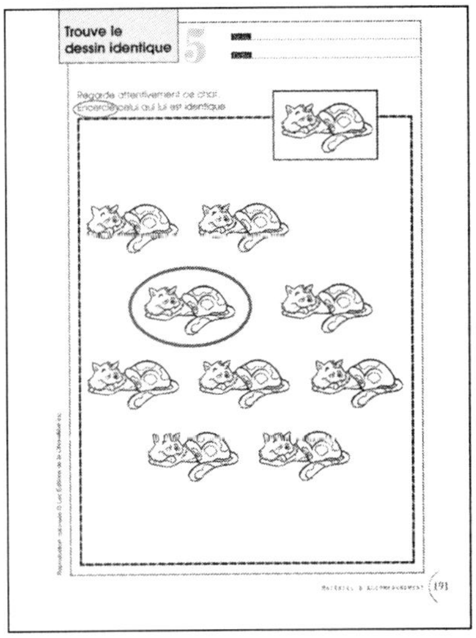

Page 210

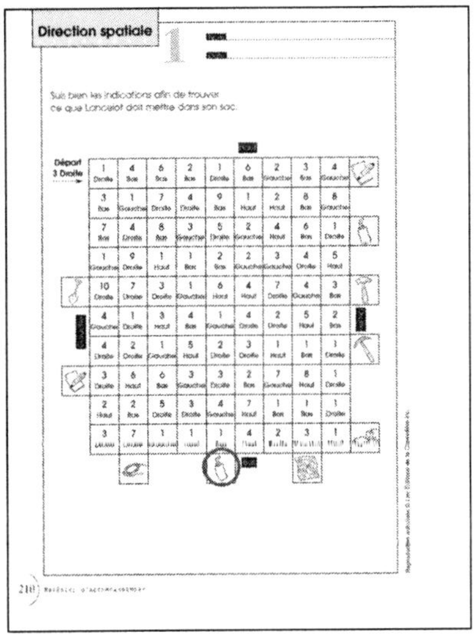

Page 211

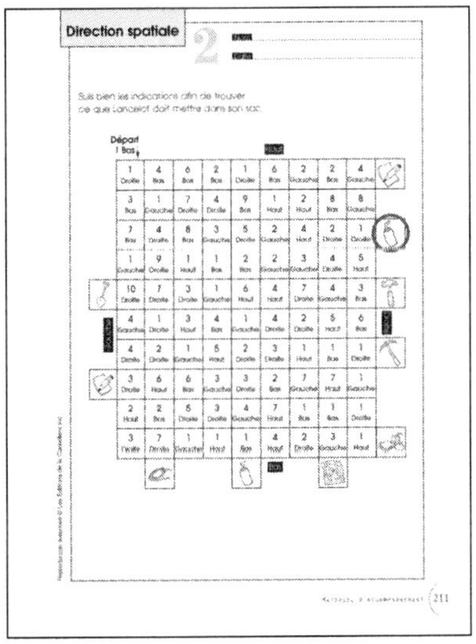

Page 212

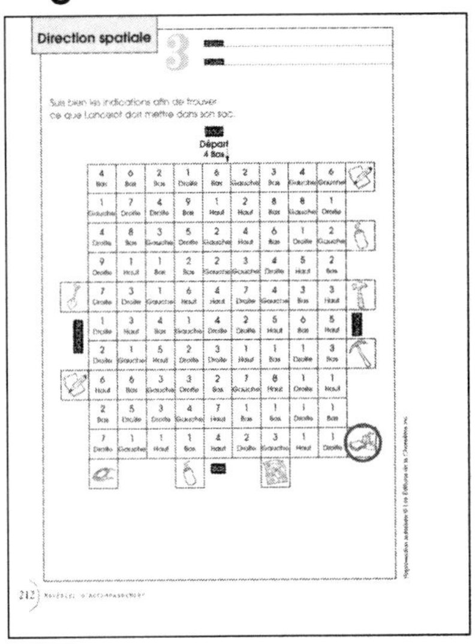

Page 213

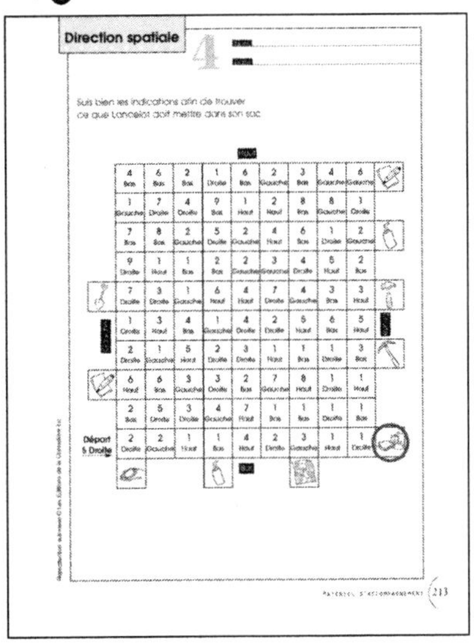

Page 216

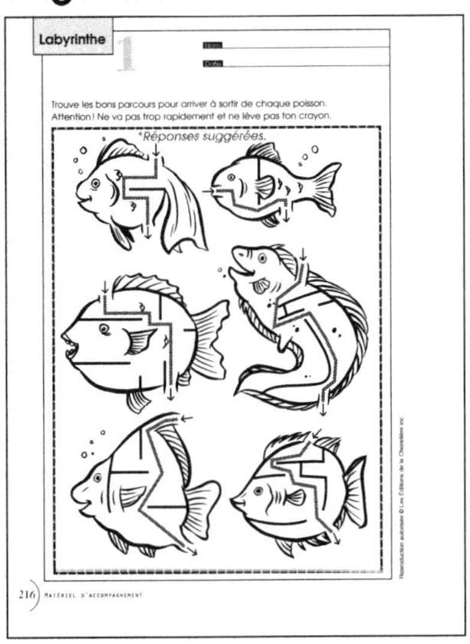

Page 217

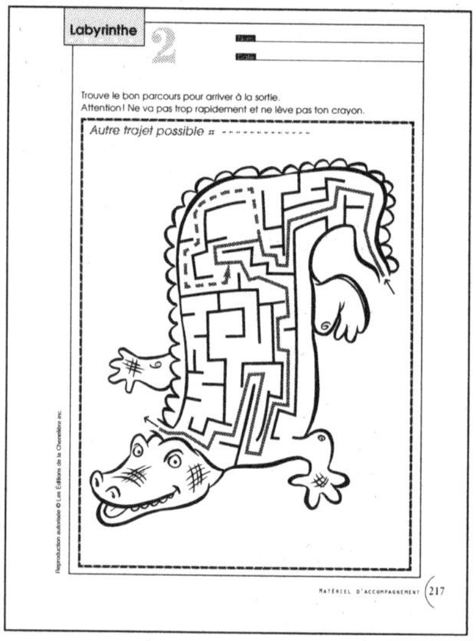

Page 218

Page 219

Page 220

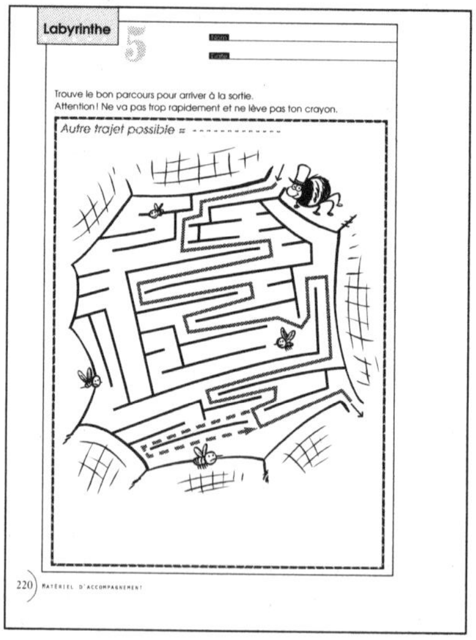

Page 221

Page 222

Page 223

Page 224

Page 225

Page 128

Jeu des sept erreurs

Nom ______________________

Date ______________________

Examine chaque série de dessins et encercle les sept différences.

Page 132

La mémoire des symboles

3

Nom

Date

La Terre comprend six continents.
Utilise les symboles ci-dessous pour écrire leur nom.

Carte du monde

Symboles

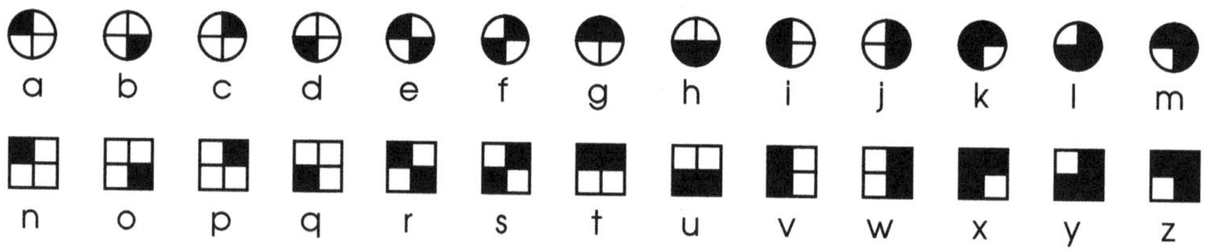

Continents

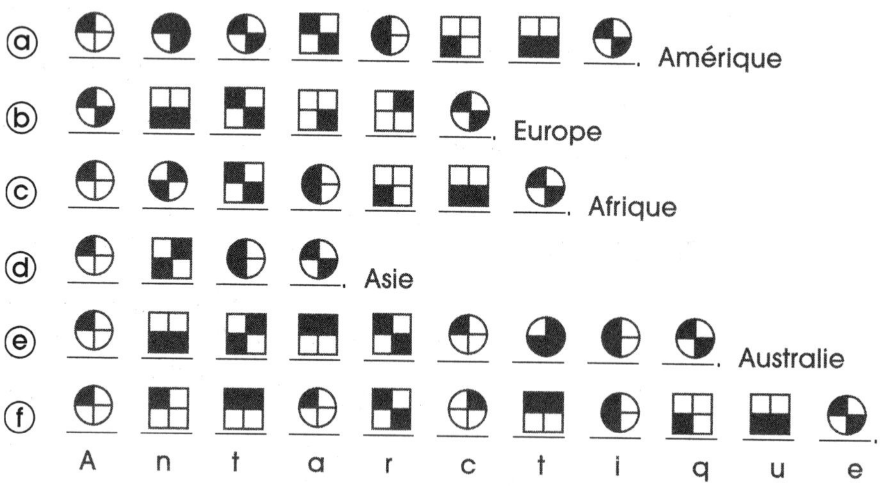

Page 133

La mémoire des symboles

4

Nom

Date

La Terre comprend cinq océans.
Utilise les symboles ci-dessous pour écrire leur nom.

Carte du monde

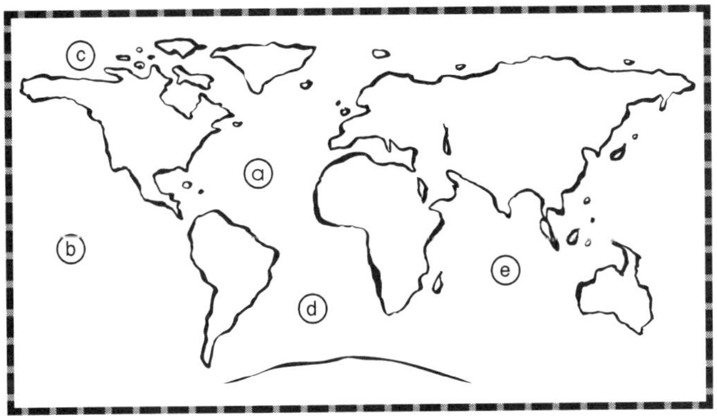

Symboles

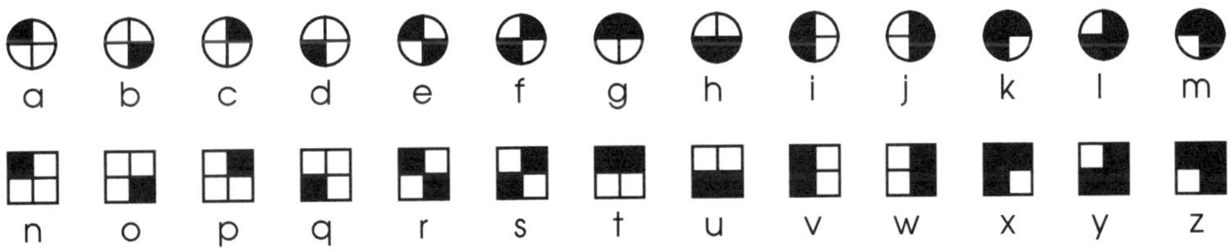

Océans

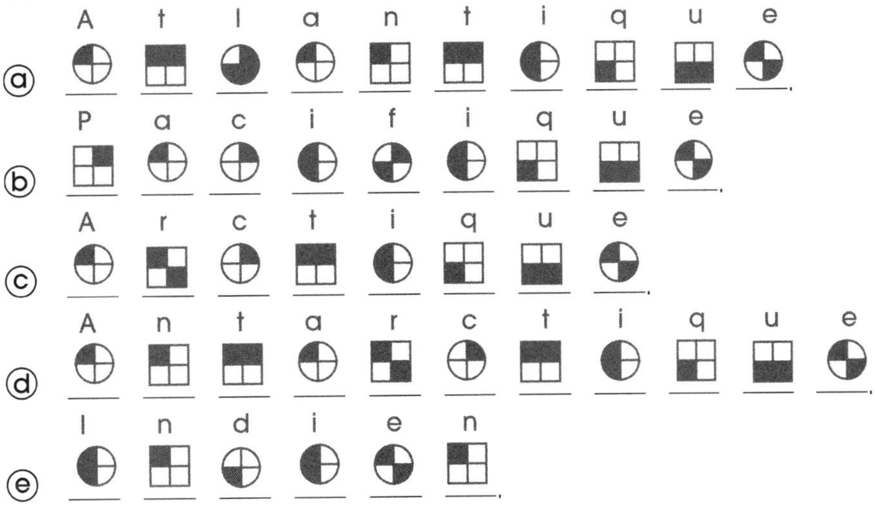

Formation offerte par une équipe multidisciplinaire dynamique

- **Initiation à la stimulation motrice, cognitive et du langage**
- **Présentation d'outils cliniques**
- **Discussion de cas, etc.**

Ces différents ateliers de formation s'adressent au personnel enseignant de même qu'aux autres professionnels du milieu pédagogique et à toute autre personne intéressée à approfondir davantage les aspects moteurs, cognitifs et du langage.

Les ateliers sont adaptés aux besoins de la clientèle; en effet, les présentatrices peuvent offrir leurs services en commun ou individuellement sur des thèmes variés.

Pour les joindre

Geneviève Daigneault, Ph.D
Neuropsychologue

Réseau de Santé Richelieu Yamaska
2750, boulevard Laframboise
St-Hyacinthe J2S 4Y8
450-771-3333, poste 4363
gedaigneault@hotmail.com

Josée Leblanc
Ergothérapeute

L'ergothérapie de la maison à l'école
10995, rue Tolhurst
Montréal H3L 3A8
514-337-8866, poste 2

Brigitte Stanké
Orthophoniste

Ortho-communications
30, rue Stanton
Westmount H3Y 3B2
514-939-3825